5e 6e

Pierre Pirson
Alain Bribosia
Philippe Snauwaert
André Tadino
René Van Elsuwé

MANUEL

CHIMIE

Sciences de base

 de boeck

Udiddit, la plateforme d'apprentissage en ligne pour les élèves et les enseignants

La plateforme *Udiddit* te donne, par exemple*, accès à :
- des exercices en ligne pour t'entraîner,
- un aperçu de tes progrès et de tes résultats,
- du matériel de cours,
- des jeux captivants,
- et bien plus encore...

* En fonction de la méthode

Crée-toi un compte sur www.udiddit.be et accède à ton contenu à l'aide du code d'activation ci-dessous :

CODE ÉLÈVE

VIANBZGTNT266D

Cette licence est valable pendant 1 an à partir de la date d'activation.

Tu présentes des difficultés d'apprentissage et tu dois utiliser une version numérique adaptée de ce manuel scolaire ? Contacte NUMABIB à l'adresse suivante : https://www.numabib.be/contact

Chimie 5e/6e - Sciences de base - Manuel
Couverture : [nor] production
Mise en pages : Nord Compo

Crédits photographiques :
© Imageselect (p. 48, 86, 97, 141, 215 bas) ; © http://dardel.info (p. 9 d) ; © KEYSTONE-FRANCE (p. 15) ; © www.geoforum.fr (p. 24) ; © 123RF/calyptra (p. 29) ; © Belgaimage/Science (p. 49) ; © ARENA Creative/Istockphoto (p. 61) ; © Securex white paper 2007 « La consommation d'alcool du salarié belge » (p. 62 bas) ; Marjan Laznik/Istockphoto (p. 63 d) ; © 2 Ph Bobak Ha'Eri (p. 79 bas) ; © BIS/Ph. DR Coll. Archives Larbor (p. 87 g et reprise p. 93) ; © Roger-Viollet (p. 110 g) ; dessin d'après Christophe Dang Ngoc Chan (p. 117) ; © Dmitry Naumov/Istockphoto (p. 119 bas) ; © www.autonewsinfo.com (p. 122 ht d) ; © www.ecoemballages.fr (p. 137 bas) ; © Cjp24, Wikipédia, DP (p. 140) ; © Ekopédagogue (p. 143) ; © ScienceSource/Belgaimage (p. 146) ; © SPL/Belgaimage (p. 149) ; © Nathan Griffith/Corbis (p. 156) ; © Sabine Kappel/Istockphoto (p. 159 m et reprise p. 167) ; © EPA/SANDOR H. SZABO/MAXPPP (p. 161 ht) ; d'après © leonello calvetti/Istockphoto (p. 169 bas) ; 4 Ph © A. Bribosia (p. 197, p. 211 g, p. 213 ht) ; © Ruslan Gilmanshin/Istockphoto (p. 199 m) ; © Brosen/Wikipedia (p. 206) ; © Luigi Chiesa (p. 213 bas) ; © Pagadesign/Istockphoto (p. 214 d) ; Design56/Istockphoto (p. 215 ht) ; © Claus Ableiter (p. 218 g) ; © Fotolia : Cybrain (pp. 6-7), Dmitrijs Dmitrijevs (p. 9 g), SemA (p. 11), Lamax (p. 25 g), Svenni (p. 30 h), coulanges (p. 30 b), Shocky (p. 32), Double Brain (p. 3 4), TheJuice (p. 35 g), Walex101 (p. 35 m), Michael Nivelet (p. 35 d), tiero (p. 46), TheJuice (p. 47 bas), Sylvie Thenard (p. 48 g ballon), Chris DeArmitt (p. 48 g fullerène), JumalaSika ltd (p. 50), Evgenyb (p. 51 g), Sebastian Kaulitzki (p. 51 m), Arnybob (p. 51 d), ibreakstock (p. 56 m g), logos2012 (p. 56 m d), ibreakstock (p. 56 bas), Firenight (p. 63 g), tomas del amo (pp. 64-65), Joshua Haviv (p. 66), trubavink (p. 66 g), rcfotostock (p. 67 d), Anna Khomulo (p. 77 ht), Natalia Vainshtein (p. 77 bas), der Weltenbummler (p. 79 ht), Patrick Bonnor (p. 81 ht), Terex (p. 81 bas), rcfotostock (p. 87 m), psdesign1 (p. 87 d et reprise p. 93), Le Borgne Kelly (p. 95), Henrik Dolle (p. 102), cucumber images (p. 103 g), Weim (p. 99 d), artnovielysa (pp. 93-94), Kheng Guan Toh (p. 102), Alta. C (p. 103 g), monregard (p. 103 m), Vil Karimov (p. 103 d), fkruger (p. 112), Arsen Shirokov (p. 113 g), Frédéric Massard (p. 113 m), Kesu (p. 113 d), pandore (p. 116 d), Nathalie Pothier (p. 118 d), KaferPhoto (p. 120), Argus (p. 121), Photlook (p. 122 g), Gamgrafik (p. 123 h), Alexandr Mitiuc (p. 123), tacna (p. 126), laurine45 (p. 127), monticelllo (p. 128), Fabien Cimetière (p. 129 g), Daniel Derouin (p. 129 m), SDVIG (p. 129 d), Terence Mendoza (p. 133), Alabrap (p. 134 h), Unclesam (p. 134 b), Roman Milert (p. 135 h), Mimon (p. 135 ht), Bouba (p. 135 m), Stéphane Maindron (p. 135 bas), Jacques PALUT (p. 136 ht g), Olivier Le Moal (p. 136 bas g), digitalstock (p. 136 ht d), Roberto Fasoli (p. 137 ht), Michal Ludwiczak (pp. 144-145), trotzolga (p. 147 g), Earl Robbins (p. 147 m), Pixelmania (p. 147 d), Floris70 (p. 153), trotzolga (p. 155), stockdevil (p. 157), Deyan Georgiev (p. 158), caneren (p. 164), Sandor Kacso (p. 169 ht), meailleluc.com (p. 172), Phi&Lo (p. 184 g), Laurely (p. 187 m), Oleg-F (p. 187 d), C. Bluesman (p. 189), cris13 (p. 196), Zanoza-Ru (p. 198), Desrousseaux Cyril (p. 199 d), Unclesam (p. 207 ht), DayWalker (p. 207 bas), jpramirez (p. 209 ht), Gudellaphoto (p. 210), Graphies.thèque (p. 211 d), Kelpfish (p. 217 ht), Michael Flipp. (p. 218 d).

L'éditeur s'est efforcé d'identifier tous les détenteurs de droits. Si, malgré cela, quelqu'un estime entrer en ligne de compte en tant qu'ayant droit, il est invité à s'adresser à l'éditeur.

Les photocopieuses sont d'un usage très répandu et beaucoup y recourent de façon constante et machinale. Mais la production de livres ne se réalise pas aussi facilement qu'une simple photocopie. Elle demande bien plus d'énergie, de temps et d'argent.
La rémunération des auteurs, et de toutes les personnes impliquées dans le processus de création et de distribution des livres, provient exclusivement de la vente de ces ouvrages.
En Belgique, la loi sur le droit d'auteur protège l'activité de ces différentes personnes.
Lorsqu'il copie des livres, en entier ou en partie, en dehors des exceptions définies par la loi, l'usager prive ces différentes personnes d'une part de la rémunération qui leur est due.
C'est pourquoi les auteurs et les éditeurs demandent qu'aucun texte protégé ne soit copié sans une autorisation écrite préalable, en dehors des exceptions définies par la loi.

© éditions VAN IN, Mont-Saint-Guibert – Wommelgem, 2022, De Boeck publié par VAN IN

Tous droits réservés.
En dehors des exceptions définies par la loi, cet ouvrage ne peut être reproduit, enregistré dans un fichier informatisé ou rendu public, même partiellement, par quelque moyen que ce soit, sans l'autorisation écrite de l'éditeur.

1re édition, 2022
ISBN 978-2-8041-9852-7
D/2022/0078/55
Art. 601235/01

Ce manuel de chimie s'adresse aux élèves du troisième degré qui suivent le cours de sciences à 3 périodes par semaine (Sciences de base).

Il s'inscrit dans le cadre des nouveaux référentiels élaborés par des représentants des différents réseaux d'enseignement de la Fédération Wallonie-Bruxelles.

Ce manuel est organisé en **quatre unités d'acquis d'apprentissage (UAA)** : les deux premières à l'intention des élèves de 5e année, les deux suivantes à l'intention des élèves de 6e année.

5e année	UAA 5 Les liaisons chimiques
	UAA 6 Les équilibres chimiques
6e année	UAA 7 Notions de base de chimie organique
	UAA 8 Grandes classes de réactions chimiques

Chaque UAA présente les développements attendus.

Ces développements sont répartis selon trois catégories :
– expliciter des **connaissances** (C) : acquérir et structurer des ressources ;
– **appliquer** (A) : exercer et maîtriser des savoir-faire ;
– **transférer** (T) : développer des compétences.

Dans ce manuel, l'approche qualitative est privilégiée. C'est pourquoi l'aspect quantitatif est volontairement limité : les applications numériques à résoudre se limitent le plus souvent à l'utilisation d'une seule formule.

Dans de nombreux chapitres de ce manuel, l'**expérimentation**, fondamentale en sciences, est présente et est visualisée par le logo .

Les expériences proposées seront réalisées :
– soit par les élèves en groupes de 2 ou 3 ;
– soit par le professeur qui veillera à la participation active de ses élèves.

Quant aux développements attendus (processus), ils intègrent les ressources (savoirs et savoir-faire) qui y trouvent leur sens.

Tout au long des chapitres, des encarts marqués par le logo proposent des **ouvertures** sur des applications relatives au sujet traité : elles sont ancrées le plus souvent dans l'actualité.

Les pages «Pour en savoir plus...» à la fin des chapitres poursuivent le même objectif.

L'apprentissage à travers ce manuel permettra aux jeunes de décoder des situations auxquelles ils sont confrontés et d'y faire face.

Ils se prépareront ainsi à trouver leur place de citoyenne et de citoyen dans le monde technoscientifique qui est le nôtre et à y agir de façon responsable.

Tout en restant fidèles à la démarche pédagogique de nos manuels, nous avons voulu cette nouvelle édition encore plus attractive que les précédentes : présentation revue tant sur le fond que sur la forme, réponses à des exercices, nombreuses photos et illustrations...

Ce manuel devrait, dès lors, répondre à l'intérêt des élèves pour lesquels il est conçu ainsi qu'aux attentes de nombreux collègues.

Nous remercions chaleureusement nos familles pour leur soutien et les éditions De Boeck pour leur professionnalisme.

Enfin, nous remercions d'avance celles et ceux qui, par leurs avis et suggestions, voudront bien nous aider à améliorer notre travail.

Les auteurs

COMMENT UTILISER CE MANUEL ?

Ce manuel comporte **quatre unités d'acquis d'apprentissage (UAA)** : les deux premières à l'intention des élèves de 5ᵉ année, les deux suivantes à l'intention des élèves de 6ᵉ année.

Chaque UAA est découpée en chapitres (voir table des matières en fin de manuel) présentant chacun la même structure.

En début de chapitre, une liste de savoirs, savoir-faire et processus aidera les élèves dans leur travail d'étude.

Porteuse de sens, la **mise en situation** contient un questionnement dont la réponse sera généralement amorcée par une démarche expérimentale ou par la lecture d'un texte.

Les expériences proposées seront réalisées :
– soit par les élèves en groupes de 2 ou 3 ;
– soit par le professeur qui veillera à la participation de ses élèves.

Elles sont signalées par le logo.

Le logo signale des extensions d'appropriation sous le titre « Pour aller plus loin ».

En s'appuyant sur les résultats de l'expérimentation ou de la lecture de documents, les élèves découvrent de nouvelles notions dont la définition est signalée par le logo.

Définies, structurées, développées, ces notions débouchent, à leur tour, sur d'autres nouvelles notions.

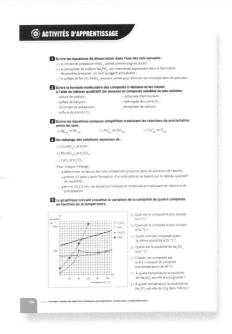

Des QR Codes permettent, grâce à l'application Sésame de visionner des vidéos de contenu pour un apprentissage complet !

Des encarts marqués par le logo  proposent des ouvertures sur des applications au sujet traité. Ces applications sont ancrées le plus souvent dans la vie quotidienne.

Les exercices et les problèmes nombreux et diversifiés permettent aux élèves de consolider leurs savoirs et savoir-faire et d'effectuer des tâches relatives aux processus visés.

Chaque chapitre se termine par un document qui étoffe le sujet traité.

Ce document culturel est lié à l'actualité et aux domaines scientifique, historique, technologique, éthique, socio-économique...

1. Télécharge l'application **« Sésame »** des Éditions Van In.

2. Scanne le QR code sur la page : tu auras directement accès à la vidéo !

Les liaisons chimiques

UAA5

Au cours de cette unité d'acquis d'apprentissage, tu développeras les compétences suivantes :

- à partir du modèle de Lewis et d'informations du tableau périodique des éléments, représenter une molécule avec ses liaisons ;
- représenter la configuration spatiale d'espèces chimiques et prévoir leur comportement dans l'eau. • • • • • •

SOMMAIRE

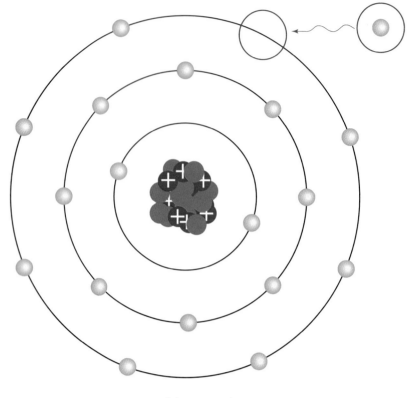

Chlore : Cl

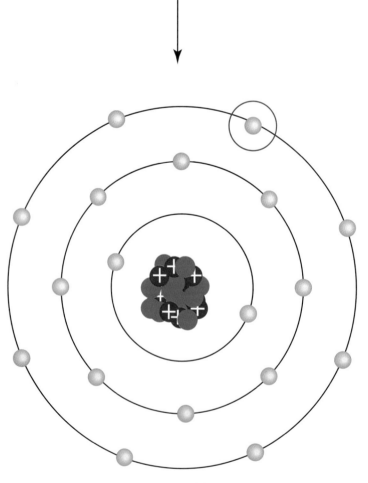

Anion chlore : Cl⁻

Formation et charge des ions

Modèle de l'octet et de Lewis

Pour acquérir le maximum de stabilité, certains atomes perdent ou gagnent des électrons, devenant ainsi des ions positifs ou négatifs.

La charge de ces ions monoatomiques est en relation directe avec l'acquisition d'un octet ou d'un duet d'électrons sur leur dernière couche électronique.

Le modèle de Lewis nous permettra de représenter simplement la dernière couche électronique des atomes des familles a. ······

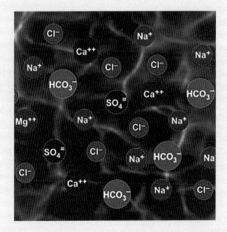

Ressources et processus à mobiliser

À la fin de ce chapitre, tu seras capable de...

SAVOIRS

définir ion, cation, anion ;

expliciter l'octet et le duet d'électrons externes ;

expliquer pourquoi les atomes tentent d'acquérir un octet (ou un duet) d'électrons sur leur couche externe ;

donner la charge :

→ des ions correspondants aux atomes métalliques des familles Ia, IIa et IIIa,

→ des ions correspondants aux atomes non métalliques des familles VIa et VIIa ;

expliciter le modèle de Lewis des atomes des familles a.

SAVOIR-FAIRE

déterminer la charge de l'ion dérivant d'un atome qui a donné ou capté un certain nombre d'électrons ;

écrire l'équation symbolisant la perte ou le gain d'électron(s) par un atome ;

écrire correctement le symbole d'un ion avec sa charge ;

comparer la structure d'un atome avec celle de son ion ;

retrouver la charge d'un ion polyatomique à partir de la formule de l'acide correspondant ;

représenter, selon le modèle de Lewis, un atome de la famille a.

PROCESSUS

décrire la structure électronique externe d'un atome à partir de sa position dans le tableau périodique des éléments et en déduire la valence (C).

Tu as appris, précédemment, ce qu'est un ion et tu as pris conscience de l'existence d'ions monoatomiques Na^+, Ca^{2+}, F^-, Cl^-..., mais sans pouvoir justifier la charge de ceux-ci.

> Un **ion monoatomique** est un atome chargé électriquement par la perte ou le gain d'électron(s).
>
> Un **cation** est un ion positif.
>
> Un **anion** est un ion négatif.

Ayant acquis aussi le modèle atomique de Bohr, tu devrais être à même de justifier la charge spécifique des ions monoatomiques et leur stabilité particulière.

Dans ce cadre, tu vas t'intéresser à un certain nombre d'ions contenus dans les eaux de distribution.

Comme tu vas le voir, certains ont un rôle bénéfique lors de la production de la bière.

D'autres ont un rôle néfaste.

Dans ce cas, les procédés de production prendront en compte leur élimination ou neutralisation.

Le document ci-dessous te donne les principaux effets de ces ions. • • • • • •

Ions favorables	
Cl^-	favorise la décantation de la bière et améliore la stabilité et le moelleux de la bière (si la concentration en Cl^- est < 300 mg.L^{-1})
SO_4^{2-}	assure un bon brassage, favorise une bière sèche et amère
CO_3^{2-}	neutralise une acidité trop élevée
Ca^{2+}	stimule l'activité des enzymes qui décomposent les protéines du malt, aide à éliminer le trouble
Al^{3+}	peut acidifier (normalement absent des eaux de distribution)

Ions défavorables	
K^+	défavorise l'activité des levures (si la concentration en K^+ > 10 mg.L^{-1})
Na^+	provoque un goût de moins bonne qualité
NO_3^-	défavorise l'activité des levures (si la concentration en NO_3^- > 30 mg.L^{-1})
HCO_3^-	empêche un bon brassage
S^{2-}	provoque un mauvais goût ou une mauvaise odeur (normalement absent des eaux de distribution)

Ions indifférents	
F^-	est sans rôle dans la fabrication de la bière mais protège de la carie dentaire

Expliquer la charge des ions

Mettre en relation la charge des ions monoatomiques figurant dans le document et leur modèle de Bohr.

a) Dresse la liste qui distingue les cations et les anions monoatomiques repris dans le document précédent.

b) Représente, selon le modèle de Bohr, la répartition des e^- pour les atomes Na et F figurés ci-dessous :

c) Détaille, selon le modèle Bohr, la répartition électronique, en couches K, L, M..., des cations Na^+ et Ca^{2+} et des anions F^- et S^{2-}.

Qu'ont-ils en commun sur leur dernière couche ?

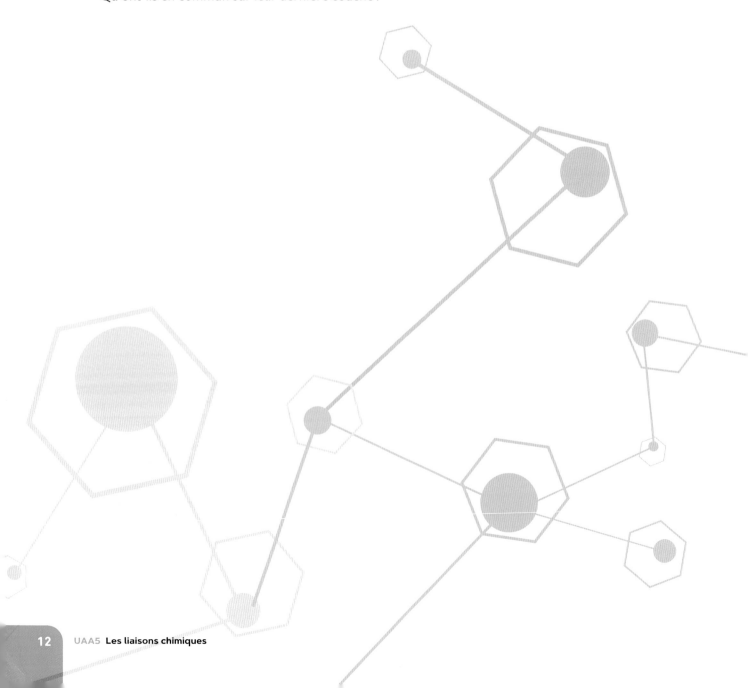

⇒ Charge des cations monoatomiques

Modèle de l'octet

Pour les cations contenus dans l'eau de distribution, tu as remarqué que le nombre de charge(s) des ions et le nombre d'électrons sur la couche externe des atomes correspondants sont les mêmes.

Ainsi,

- l'atome sodium Na possède **un seul électron sur la couche externe** : en libérant un électron, il forme l'ion **Na⁺** qui a une charge égale à 1+ :

$$Na \quad \rightarrow \quad Na^+ \quad + \quad 1e^-$$

- l'atome calcium Ca possède **deux électrons sur la couche externe** : en libérant deux électrons, il forme l'**ion Ca²⁺** qui a une charge égale à 2+ :

$$Ca \quad \rightarrow \quad Ca^{2+} \quad + \quad 2e^-$$

- l'atome aluminium Al possède **trois électrons sur la couche externe** : en libérant trois électrons, il forme l'**ion Al³⁺** qui a une charge égale à 3+ :

$$Al \quad \rightarrow \quad Al^{3+} \quad + \quad 3e^-$$

On peut admettre que les atomes métalliques des familles Ia, IIa et IIIa cèdent respectivement 1, 2 ou 3 électrons pour obtenir la répartition électronique du gaz inerte qui les précède dans le tableau périodique et donc acquérir le maximum de stabilité.

Les **atomes métalliques des familles a** sont donc des **donneurs d'électrons** ; ils deviennent ainsi des cations (ions positifs).

Le tableau ci-après permet de comparer la répartition électronique des atomes Na, Ca, Al à celle de leurs ions Na⁺, Ca²⁺, Al³⁺.

Nous remarquons que les ions formés possèdent tous **8 électrons sur leur couche externe** : ces 8 électrons constituent ce qu'on appelle un **octet d'électrons**.

Or, dans le tableau périodique, il existe une famille d'atomes possédant un octet d'électrons sur leur couche externe : la **famille des gaz inertes**.

Tu as appris que les gaz de la famille VIIIa se distinguent par leur absence presque totale de réactivité. C'est pourquoi on les appelle gaz inertes.

Ainsi, Na⁺ et Al³⁺ ont une répartition électronique semblable à celle du gaz inerte Ne et Ca²⁺ a une répartition électronique semblable à celle du gaz inerte Ar.

Ces ions qui ont donc la répartition électronique des gaz inertes qui les précèdent directement dans le tableau périodique sont stables également. Ils s'en distinguent cependant par la composition de leur noyau.

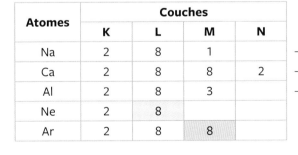

Atomes	Couches					Couches			Ions
	K	L	M	N		K	L	M	
Na	2	8	1		−1e⁻ →	2	8		Na⁺
Ca	2	8	8	2	−2e⁻ →	2	8	8	Ca²⁺
Al	2	8	3		−3e⁻ →	2	8		Al³⁺
Ne	2	8							
Ar	2	8	8						

Modèle du duet

Contrairement aux autres gaz inertes et stables, l'hélium He ne possède que 2 électrons sur sa seule couche électronique K. On parle, dans ce cas, d'un duet d'électrons.

Cette couche électronique K étant complète avec 2 électrons, l'hélium est donc aussi un gaz inerte stable.

Cela explique que le lithium Li se stabilise en devenant Li⁺, suite à la libération de son électron externe. Il a une charge égale à 1+ :

$$Li \rightarrow Li^+ + 1e^-$$

Il en va de même pour le béryllium Be qui se stabilise en devenant Be²⁺, suite à la libération de ses deux électrons externes. Il a une charge égale à 2+ :

$$Be \rightarrow Be^{2+} + 2e^-$$

Ils acquièrent ainsi le même nombre d'électrons externes que He qui les précède dans le tableau périodique, comme le montre le tableau ci-dessous :

Atomes	Couches			Couche	Ions
	K	L		K	
Li	2	1	−1e⁻ →	2	Li⁺
Be	2	2	−2e⁻ →	2	Be²⁺
He	2				

L'hydrogène est un cas particulier puisqu'il est placé dans la famille Ia alors qu'il n'a pas les mêmes propriétés que les alcalins.

Par contre, il possède comme eux un électron sur sa couche externe. Il a donc tendance à le libérer et à devenir l'ion H⁺ dont la charge vaut +1.

Tu étudieras en 6ᵉ les propriétés particulières de cet ion.

⇨ Charge des anions monatomiques

Pour les anions contenus dans l'eau de distribution, tu as remarqué que le nombre de charge(s) d'un anion est égal au nombre d'électron(s) capté(s) par l'atome correspondant.

Ainsi,

- l'atome fluor, avec 7 électrons sur la couche externe, devient l'ion F⁻, en captant 1 électron. Sa charge est 1− :

$$F + 1e^- \rightarrow F^-$$

- l'atome chlore, avec 7 électrons sur la couche externe, devient l'ion Cl⁻, en captant 1 électron. Sa charge est 1− :

$$Cl + 1e^- \rightarrow Cl^-$$

- l'atome soufre, avec 6 électrons sur la couche externe, devient l'ion S²⁻, en captant 2 électrons. Sa charge est 2− :

$$S + 2e^- \rightarrow S^{2-}$$

Le tableau ci-après permet de comparer la répartition électronique des atomes F, Cl et S à celle de leurs ions F⁻, Cl⁻ et S²⁻.

Nous remarquons que les ions formés possèdent 8 électrons sur leur couche externe, c'est-à-dire un octet.

Ainsi, F⁻ a une répartition électronique semblable à celle du gaz inerte néon Ne et Cl⁻ et S²⁻ ont une répartition électronique semblable à celle du gaz inerte argon Ar.

Ces ions ont donc la répartition électronique des gaz inertes qui les suivent directement dans le tableau périodique et sont donc stables.

Atomes	Couches				Couches			Ions
	K	L	M		K	L	M	
F	2	7		+1e⁻ →	2	8		F⁻
Cl	2	8	7	+2e⁻ →	2	8	8	Cl⁻
S	2	8	6	+3e⁻ →	2	8	8	S²⁻
Ne	2	8						
Ar	2	8	8					

On peut donc admettre que les atomes des familles VIa et VIIa captent respectivement 1 ou 2 électrons sur leur couche externe pour acquérir un octet et donc une stabilité semblable à celle du gaz inerte qui les suit dans le tableau périodique.

Les atomes non métalliques des familles VIa et VIIa sont donc des capteurs d'électrons et deviennent des anions (ions négatifs).

Les atomes des familles IVa et Va non envisagés jusqu'à présent acquerront un octet d'électrons d'une autre manière : tu l'étudieras au chapitre 3.

Pour aller plus loin : Charge des ions polyatomiques

Dans la liste des ions présents dans l'eau de distribution et pouvant avoir un effet favorable ou défavorable lors de la production de la bière, tu as remarqué qu'il y a, outre des ions monoatomiques, des groupements d'atomes affectés d'une charge : NO_3^-, HCO_3^-, SO_4^{2-}... : ce sont des ions polyatomiques.

La plupart des ions polyatomiques sont des anions. L'objet de ce paragraphe n'est pas d'étudier leur formation ou de justifier leur stabilité, mais bien d'apprendre à retrouver la charge de ces anions.

Pour ce faire, tu utiliseras la méthode basée sur les formules des acides ternaires correspondants.

Ainsi, pour déterminer la charge du groupement SO_4, il faut :

- écrire la formule de l'acide ternaire correspondant au groupement SO_4, soit H_2SO_4 ;
- compter le nombre d'ions hydrogène H^+ pouvant être libérés par l'acide, soit 2 ions H^+ de charge totale 2+ ;
- déterminer la charge de l'anion égale, mais de signe contraire, à la charge totale positive des H^+, soit 2– ;
- écrire la formule de l'anion : SO_4^{2-}.

Tu peux de la même façon, déterminer la charge des groupements NO_3, HCO_3 et CO_3 :

- l'ion nitrate s'écrit toujours NO_3^- car cet ion dérive de l'acide HNO_3 auquel un H^+ a été enlevé ;
- l'ion hydrogénocarbonate s'écrit toujours HCO_3^- car cet ion dérive de l'acide H_2CO_3 auquel un H^+ a été enlevé ;
- l'ion carbonate s'écrit toujours CO_3^{2-} car cet ion dérive de l'acide H_2CO_3 auquel deux H^+ ont été enlevés.

Pour terminer nous attirons ton attention sur deux ions que tu rencontreras par la suite :

- l'anion hydroxyde OH^- dérivant formellement de la molécule H_2O à laquelle un H^+ a été enlevé ;
- le cation ammonium NH_4^+ dérivant de la molécule NH_3 à laquelle un H^+ a été ajouté.

Tu trouveras en annexe la liste des principaux cations et anions.

⇒ Modèle de Lewis des atomes des familles a

Pour schématiser la composition électronique de la couche externe des atomes, les chimistes utilisent souvent le modèle de Lewis[1].

G. Lewis

Lewis symbolise la couche électronique externe d'un élément par une croix qui contient de 1 à 8 électrons selon la famille.

1) D'abord, il distribue successivement dans la croix les quatre premiers électrons représentés par un point « • ».

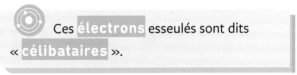

Ces électrons esseulés sont dits « célibataires ».

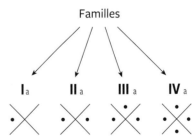

Familles

| | I_a | II_a | III_a | IV_a |

---

1. Gilbert Newton Lewis (1875-1946), physico-chimiste américain.

Ainsi, aux modèles de Bohr suivants :

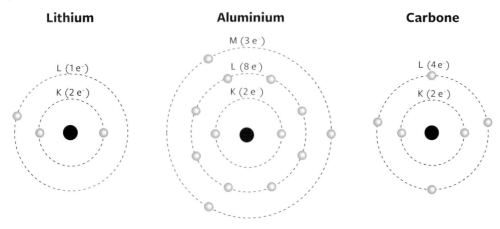

correspondent les modèles de Lewis suivants :

2) Ensuite, il distribue les électrons supplémentaires de façon à constituer, avec les e⁻ déjà placés, des paires d'électrons représentées par une barre « — » (ou parfois par deux points « •• »).

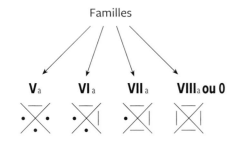

Les **électrons** d'une paire sont dits « **appariés** » : ils constituent ce que les chimistes appellent un **doublet électronique**.

Ainsi aux modèles de Bohr suivants :

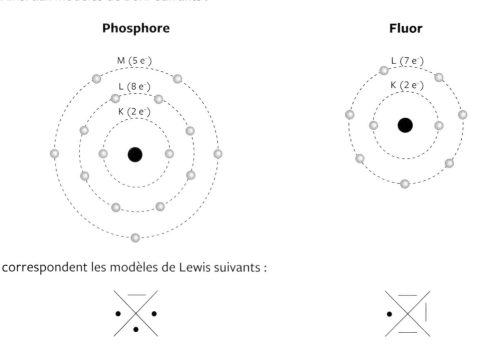

correspondent les modèles de Lewis suivants :

3) En général, tu retrouveras ces croix dessinées au-dessus des familles a du tableau périodique, ce qui signifie que tous les atomes d'une même famille a ont le même nombre d'électrons sur leur couche externe.

	Ia	IIa	IIIa	IVa	Va	VIa	VIIa	0	
1	**1** 1s¹ 2,1 **H** Hydrogène 1,01							**2** 1s² **He** Hélium 4,00	K
2	**3** 1,0 1s²2s¹ **Li** Lithium 6,94	**4** 1,5 1s²2s² **Be** Béryllium 9,01	**5** 2,0 1s²2s²2p¹ **B** Bore 10,81	**6** 2,5 1s²2s²2p² **C** Carbone 12,01	**7** 3,0 1s²2s²2p³ **N** Azote 14,01	**8** 3,5 1s²2s²2p⁴ **O** Oxygène 16,00	**9** 4,0 1s²2s²2p⁵ **F** Fluor 19,00	**10** 1s²2s²2p⁶ **Ne** Néon 20,18	K L
3	**11** 0,9 (Ne)3s¹ **Na** Sodium 22,99	**12** 1,2 (Ne)3s² **Mg** Magnésium 24,31	**13** 1,5 (Ne)3s²3p¹ **Al** Aluminium 26,98	**14** 1,8 (Ne)3s²3p² **Si** Silicium 28,09	**15** 2,1 (Ne)3s²3p³ **P** Phosphore 30,97	**16** 2,5 (Ne)3s²3p⁴ **S** Soufre 32,07	**17** 3,0 (Ne)3s²3p⁵ **Cl** Chlore 35,45	**18** (Ne)3s²3p⁶ **Ar** Argon 39,95	K L M

Si Lewis veut représenter un élément particulier d'une des familles a, il indique autour du symbole de cet élément, le ou les électrons externes et ignore le noyau et les électrons internes.

Ainsi,

– pour l'atome H, la représentation de Lewis est H• ;

– pour l'atome Al, la représentation de Lewis est • Al • ou • Al • ;

– pour l'atome C, la représentation de Lewis est • C • ou $\overset{..}{C}\overset{..}{}$;

– pour l'atome O, la représentation de Lewis est • O̅ | ou • O̅ • ou O ;

– pour l'atome Cl, la représentation de Lewis est • C̅l |.

Tu trouves maintenant une explication de la position de l'hydrogène dans le tableau périodique. Bien qu'il ne soit pas un alcalin, il est placé dans la colonne Ia et non dans la colonne VIIa, parce qu'il ne possède qu'un seul électron sur la couche externe.

Si nous mettons en parallèle le nombre d'électrons célibataires sur la dernière couche des éléments des familles Ia à VIIa et leur capacité de liaison, c'est-à-dire leur valence, nous constatons que la capacité de liaison d'un atome d'une famille est égale au nombre d'électrons célibataires de cet atome.

Nous trouvons ainsi une justification aux valences des éléments que tu as mémorisées en 3ᵉ année.

Iₐ	IIₐ	IIIₐ	IVₐ	Vₐ	VIₐ	VIIₐ	VIIIₐ
1 e⁻ célibataire	2 e⁻ célibataires	3 e⁻ célibataires	4 e⁻ célibataires	3 e⁻ célibataires	2 e⁻ célibataires	1 e⁻ célibataire	0 e⁻ célibataire
1 capacité de liaison	2 capacités de liaison	3 capacités de liaison	4 capacités de liaison	3 capacités de liaison	2 capacités de liaison	1 capacité de liaison	0 capacité de liaison

De plus, si nous mettons en relation le nombre d'e⁻ périphériques de l'élément et le numéro attribué à la famille a, nous constatons que le nombre d'e⁻ célibataires et d'e⁻ appariés externes entourant l'élément correspond au numéro attribué à la famille a. Ainsi, un élément qui possède :

- deux électrons externes appartient à la famille IIa ;
- huit électrons externes appartient à la famille VIIIa.

1 Donner la raison qui permet de dire que la structure électronique idéale de la couche externe d'un atome est celle des gaz inertes.

2 Trouver les ions formés à partir des atomes suivants : brome, baryum, potassium, magnésium, strontium, iode.

3 Écrire l'équation de formation des ions de la question n° 2.

4 Écrire la structure électronique des ions suivants : Mg^{2+}, K^+, H^+, Cl^-, O^{2-}.

5 Critiquer et corriger la formule des ions monoatomiques figurant sur l'étiquette d'eau minérale ci-dessous.

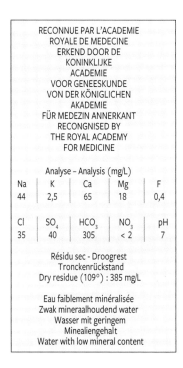

RECONNUE PAR L'ACADEMIE
ROYALE DE MEDECINE
ERKEND DOOR DE
KONINKLIJKE
ACADEMIE
VOOR GENEESKUNDE
VON DER KÖNIGLICHEN
AKADEMIE
FÜR MEDEZIN ANNERKANT
RECONGNISED BY
THE ROYAL ACADEMY
FOR MEDICINE

Analyse – Analysis (mg/L)

Na	K	Ca	Mg	F
44	2,5	65	18	0,4

Cl	SO_4	HCO_3	NO_3	pH
35	40	305	< 2	7

Résidu sec - Droogrest
Tronckenrückstand
Dry residue (109°) : 385 mg/L

Eau faiblement minéralisée
Zwak mineraalhoudend water
Wasser mit geringem
Minealiengehalt
Water with low mineral content

6 Écrire la formule des ions monoatomiques contenus dans l'eau minérale dont la composition est fournie ci-dessous.

Composition mg/L			
CATIONS		ANIONS	
Calcium	80	Bicarbonates	263
Sodium	8	Sulfates	13
Potassium	2	Chlorures	12
Magnésium	8	Nitrates	0,6
Résidus secs à 180 °C : 300 mg/L			

7 Quel est l'ion qui possède 13 protons dans son noyau et dont la structure électronique est la suivante : K = 2 ; L = 8 ?

8 Déterminer l'ion dont la charge est 2– et la structure électronique K2 L8 M8.

9 Parmi les entités suivantes, déterminer celles qui ont la même configuration électronique : S^{2-} ; Ar ; K ; Ca^{2+} ; Br^-.

10 Compléter le tableau suivant :

Ions	Z	Nombre de	
		e^-	p^+
Na^+	11		
I^-			53
S^{2-}			16
Mg^{2+}			

11 Compléter le tableau suivant :

Famille	Nom de la famille	Nombre d'e^- externes	Nombre d'e^- célibataires	Nombre de doublets	Modèle de Lewis
Ia					
IIa					
IIIa					
IVa					
Va					
VIa					
VIIa					
VIIIa					

12 Compléter le tableau suivant :

Élément	Symbole	Z	Nombre de particules		Structure en couches électroniques				Nbre d'e^- externes	Structure de Lewis	N° et nom famille « a »	N° période
			e^-	p^+	K	L	M	N				
calcium												
	P											
			14									
					2	8	18	3				
									5			4
										$\mid \overline{X} \bullet \atop \bullet$		2

13 Le sélénium Se a été découvert par Berzélius, l'auteur des symboles chimiques. En 1817, Berzélius décela le sélénium dans une usine productrice de gaz sulfureux. Il se révéla qu'il accompagnait un autre élément déjà connu, le tellure Te.

Comme le nom « tellure » dérivait du mot « terre » (« tellus » en latin), il s'imposa de donner à son élément satellite un nom évocateur de la Lune (« Selênê » en grec) d'où le nom « sélénium ».

a) Qu'y a-t-il de commun et de différent entre les atomes S, Se et Te ?

b) Rechercher quels ions peuvent former ces 3 atomes.

14 Cher chimiste, voici une lettre anonyme que j'ai reçue. Pouvez-vous identifier l'auteur de cette lettre ?

Cher ami Chlore,

Je suis un métal argenté, de rayon atomique pas très grand. Ma densité est de 0,86.

Je suis plus jeune que vous de 33 ans puisque l'année de ma naissance est 1807 : c'est Humphrey Davy qui m'a découvert.

J'ai décidé de vous écrire afin de savoir si vous avez profité de l'électron que je vous ai envoyé. Il ne me manque pas vraiment car j'en ai encore assez et je ressemble maintenant à un gaz inerte.

J'émets une couleur mauve lorsque je suis chauffé dans la flamme d'un bec bunsen. Ma température de fusion est 63,3 °C et ma température d'ébullition est 759 °C.

Je suis un des éléments majeurs servant dans la fabrication des engrais.

Je suis en effet essentiel à la vie des plantes comme d'ailleurs à la perméabilité cellulaire chez les êtres humains.

Dans l'attente de notre prochaine liaison, je vous adresse l'assurance de ma réactivité.

15 Après avoir lu « Pour en savoir plus… Quand ion rime avec nutrition », répondre aux questions suivantes :

a) Le développement optimal des plantes exige-t-il la présence des mêmes ions que le processus de fabrication de la bière ?

b) Pourquoi doit-on mélanger de temps en temps de l'engrais à la terre cultivable ? Y a-t-il des précautions à prendre ?

16 Rechercher la charge des ions polyatomiques correspondant aux groupements suivants : HSO_4, PO_4 et SO_3.

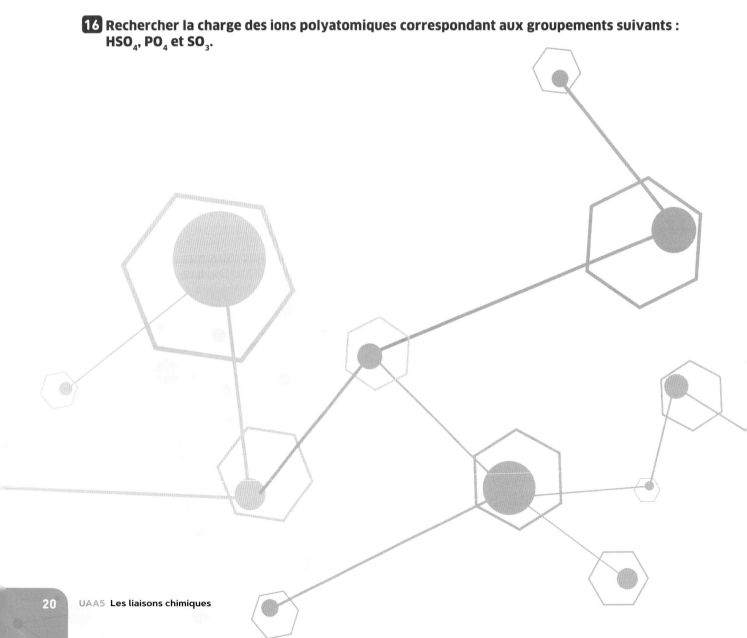

Quand ion rime avec nutrition...

L'extrait d'un « Guide-jardins » reproduit ci-dessous conseille aux cultivateurs et aux jardiniers de faire analyser régulièrement les sols de culture pour pouvoir pallier les éventuelles carences en éléments nutritifs essentiels à l'alimentation minérale des plantes.

Nous analysons votre sol

Nous mesurons son degré d'acidité (ou pH) et nous vérifions si tous les éléments nutritifs essentiels (azote, phosphore, potassium, calcium) sont bien présents dans les proportions et quantités voulues.

Attention :
- *Prélever soigneusement l'échantillon de terre en suivant les conseils développés dans notre Guide-jardins.*
- *Pour chaque échantillon, faire un virement bancaire de ... euros pour participation aux frais.*

Cette « radiographie » du sol nous permet de « conseiller » – en connaissance de cause – le traitement à appliquer et les règles à suivre afin de lui donner santé, tonus et fertilité.

Extrait d'un Guide-jardins

Les éléments chimiques cités dans l'extrait sont, en effet, indispensables au développement optimal des plantes. Leur rôle est repris dans le tableau ci-dessous.

Éléments majeurs	azote (N)	Assure le développement des tiges, feuilles et racines.
	phosphore (P)	Fortifie la plante et stimule la floraison.
	potassium (K)	Favorise la circulation de la sève ; améliore la solidité des tissus et la résistance aux maladies ; donne couleur, saveur et parfums aux fruits, légumes et fleurs.
Éléments secondaires	calcium (Ca)	Forme le squelette de la plante, contribue à la vie et à l'équilibre chimique du sol.
	magnésium (Mg)	Favorise la synthèse chlorophyllienne.
Éléments mineurs	soufre (S), fer (Fe), bore (B), manganèse (Mn) et zinc (Zn)	Présentent peu de risques de carences quand l'acidité et la teneur en humus sont normales.

Bien que la lecture des manuels de jardinage porte à croire que les éléments chimiques présents dans le sol sont sous forme atomique, ils y sont, en fait, sous forme d'ions :

- ions monoatomiques : Na^+, K^+, Ca^{2+}, Mg^{2+}, H^+...
- ions polyatomiques : NO_3^-, PO_4^{3-}, NH_4^+...

Ce sont ces ions qui assurent la nutrition minérale des plantes.

Pour comprendre le processus de cette nutrition, il faut d'abord, par un modèle simplifié, décrire la structure du sol.

Le sol de culture idéal correspond à un mélange de 60 à 65 % de sable, 25 % d'argile, 5 à 10 % d'humus (matière organique provenant de la décomposition des végétaux et des animaux) et 5 % de calcaire.

Dans ce mélange, l'argile et l'humus forment des agrégats appelés « complexes argilo-humiques » ou, en abrégé, C.A.H., chargés négativement.

Ces charges négatives du C.A.H. attirent et fixent les cations Na^+, K^+, Ca^{2+}... présents dans le sol. Ensuite, des ions PO_4^{3-} se fixent sur les cations Ca^{2+}.

Cet ensemble, C.A.H. et ions, de diamètre approximatif de 2.10^{-3} mm, peut se schématiser comme ci-contre.

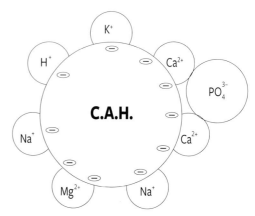

Entre ces ensembles existent de petites cavités remplies d'eau, appelée « eau du sol », qui contient les mêmes ions que ceux fixés au C.A.H. mais à l'état libre.

En s'enfonçant dans le sol, entre les C.A.H., les racines des plantes développent des racines adventives qui absorbent les ions libres contenus dans l'eau du sol.

La quantité d'ions libres de l'eau du sol diminue donc.

Le C.A.H. réenrichit alors l'eau du sol en cations et ions PO_4^{3-} en y libérant les ions manquants : le C.A.H. sert donc de réservoir d'ions nutritifs pour les plantes.

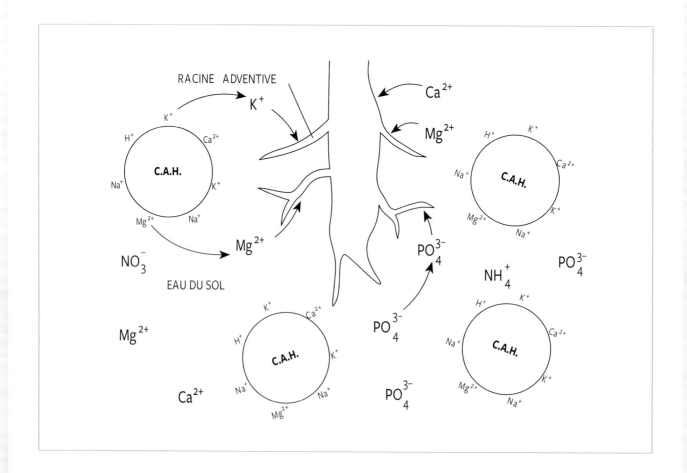

Ce processus ne peut cependant pas se répéter à l'infini, la réserve d'ions du C.A.H. s'épuisant rapidement suite à la nutrition des plantes.

C'est la raison pour laquelle les cultivateurs et jardiniers font analyser leur sol pour y déceler les carences en ions ; ils peuvent dès lors les pallier par un apport d'engrais naturels ou chimiques.

Cet apport doit se faire avec pondération pour éviter un excès d'ions dans le sol, surtout en ions NO_3^-.

En effet, les ions NO_3^- ne se fixent pas sur le C.A.H. : ils se retrouvent donc tous dans l'eau du sol.

S'ils ne sont pas rapidement absorbés par les racines, leur excès est entraîné vers les nappes phréatiques, les sources et les cours d'eau.

Or, ces eaux sont captées par les compagnies de distribution d'eau auxquelles la législation belge impose de distribuer une eau ne contenant pas plus de 50 mg.L^{-1} de NO_3^-.

Cette limite, que l'Union européenne voudrait voir abaissée à 25 mg.L^{-1}, trouve sa justification dans le fait qu'un excès d'ions NO_3^- dans l'eau potable peut être, à la longue, nocif pour les êtres humains.

Vu la difficulté et le coût élevé de l'élimination des ions NO_3^-, comme d'autres d'ailleurs, des eaux de distribution, il est impératif que les cultivateurs et jardiniers dosent de manière adéquate l'apport d'engrais aux sols de culture, surtout l'apport en ions nitrates NO_3^-. • • • • • •

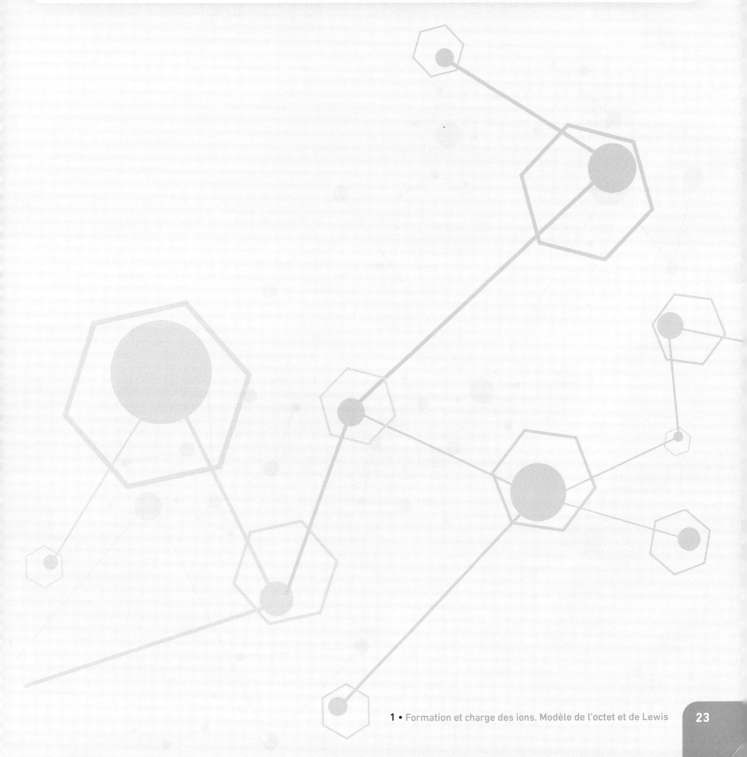

2 Liaison ionique et composés ioniques

Le transfert d'électrons entre atomes métalliques et non métalliques permet à ces atomes de se stabiliser.

De ce transfert résultent des ions de charge contraire établissant, grâce à l'attraction électrostatique, des liaisons ioniques dans les trois dimensions. Les composés ainsi formés, appelés composés ioniques, présentent des propriétés bien particulières dont celle de se dissocier dans l'eau. ••••••

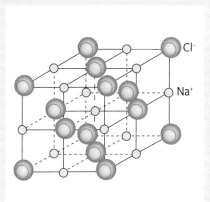

Ressources et processus à mobiliser

À la fin de ce chapitre, tu seras capable de...

SAVOIRS

définir :

→ liaison ionique,

→ composé ionique ;

expliquer pourquoi des atomes se lient au lieu de rester isolés ;

expliquer comment une liaison ionique s'établit.

SAVOIR-FAIRE

écrire l'équation de formation de composés ioniques binaires en utilisant la représentation de Lewis ;

écrire les équations de dissociation des sels MX et MXO et des hydroxydes MOH.

PROCESSUS

construire une représentation d'une molécule à partir du modèle de Lewis des atomes constitutifs sur base des informations extraites du tableau périodique des éléments (A) ;

écrire l'équation de dissociation d'un sel (A).

Peu de corps constitutifs de la matière sont formés d'atomes non liés. Nous l'avons vu, seuls les gaz inertes sont constitués d'atomes déjà stables, car entourés d'un octet (ou d'un duet) d'électrons externes.

C'est ainsi le cas,

- du gaz néon Ne, présent dans les tubes fluorescents ;
- du gaz hélium He, utilisé comme gaz de remplissage des ballons libres et des dirigeables ou comme gaz mélangé au dioxygène, pour les plongées en grande profondeur ;
- du gaz xénon Xe, utilisé dans les ampoules des phares de certains véhicules.

La plupart des corps naturels sont constitués de molécules dans lesquelles deux ou plusieurs atomes sont liés.

L'eau H_2O, le gaz carbonique CO_2, le glucose $C_6H_{12}O_6$, le sel de cuisine NaCl, le calcaire $CaCO_3$, l'alumine Al_2O_3, le sulfate de cuivre (II) $CuSO_4$, le dichlore Cl_2... en sont quelques exemples parmi les milliers de composés existants.

Dès lors, deux questions fondamentales se posent :

- pourquoi les atomes s'unissent-ils ?
- comment les atomes s'unissent-ils ?

Nous allons commencer à répondre à ces deux questions en essayant de comprendre la structure d'un composé très connu, le chlorure de sodium ou sel de cuisine. ● ● ● ● ● ●

Préparer du sel de cuisine NaCl[1] (sous hotte) et déterminer le type de liaison unissant le sodium et le dichlore

Pour ce faire :

- placer un petit morceau de sodium sur une toile métallique au-dessus de la flamme d'un bunsen ;
- fermer le bunsen dès que le sodium fond ;
- retourner sur le sodium un erlenmeyer rempli de dichlore[2] Cl_2 ;
- observer le déroulement de la réaction et noter ses caractéristiques essentielles ;
- observer l'état physique, la couleur... du produit formé ;
- représenter, selon le modèle de Lewis, les atomes Na et Cl ;
- déterminer s'ils appartiennent au groupe des métaux ou au groupe des non-métaux ;
- trouver comment chacun des atomes peut acquérir son octet et établir la charge électrique du sodium et du dichlore après le transfert d'électrons ;
- établir un modèle du transfert d'électrons ;
- proposer un nom au type de liaison existant dans NaCl.

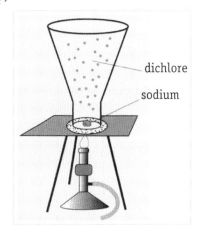

dichlore

sodium

---

1. Si les moyens techniques disponibles ne permettent pas de réaliser l'expérience, il est possible de la visualiser en réalisant une recherche sur internet.
2. Le dichlore Cl_2 se prépare, sous hotte, par action de HCl concentré sur de l'eau de Javel.

➡ Liaison ionique

Nous avons préparé du sel NaCl par réaction entre du sodium et du dichlore. Ce dernier réagit au contact du sodium sous forme d'atomes • $\overline{Cl}$ |.

En utilisant le modèle de Lewis des atomes Na et Cl, tu peux comprendre comment ces atomes se stabilisent en acquérant un octet d'électrons sur leur dernière couche :

- l'atome Na donne un électron à l'atome Cl et devient l'ion Na⁺. L'atome Cl capte cet électron et devient l'ion Cl⁻.

- les ions Na⁺ et Cl⁻ ainsi formés, étant de signes contraires, s'attirent mutuellement par attraction électrostatique.

$$Na^{\oplus} + |\overline{Cl}|^{\ominus} \rightarrow Na^{\oplus} |\overline{Cl}|^{\ominus} \text{ (soit NaCl)}$$

> La **liaison ionique** est la liaison qui résulte de l'attraction électrostatique entre ions de signes contraires.
> En général, la liaison ionique s'établit entre les atomes métalliques donneurs d'électrons des familles Ia, IIa et IIIa, et les atomes non métalliques capteurs d'électrons des familles VIa et VIIa.

Voici d'autres exemples de liaisons ioniques dans lesquels les atomes en présence sont entourés uniquement des électrons de la couche externe.

- dans KBr

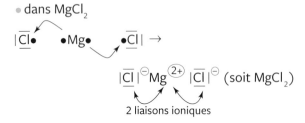

➡ Composés ioniques

Dans le composé NaCl, nous l'avons dit, les ions Na⁺ et Cl⁻ s'attirent fortement par attraction électrostatique. En se rapprochant, ces ions

effectuent un travail[3] : ils libèrent de l'énergie, ce qui a bien été observé lors de la préparation du sel de cuisine (flamme, échauffement, dans l'erlenmeyer…) :

$$Na^+ + Cl^- \rightarrow Na^+ Cl^- + \text{énergie}$$

Les ions ainsi associés sont alors dans un état encore plus stable : ils possèdent en effet moins d'énergie qu'à l'état séparé (principe de l'énergie minimale).

Quand un 3ᵉ ion, puis un 4ᵉ, se rapprochent de l'association précédente, il en résulte une association possédant une énergie encore plus faible. L'équation suivante symbolise cette association :

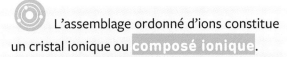

L'association des ions se poursuit ainsi dans les trois dimensions pour réaliser un assemblage électriquement neutre dans lequel les ions de signes contraires sont « liés » par attraction électrostatique.

> L'assemblage ordonné d'ions constitue un cristal ionique ou **composé ionique**.

La figure ci-dessous illustre la structure d'un cristal de chlorure de sodium solide où alternent des ions Na⁺ et Cl⁻, suivant les trois dimensions.

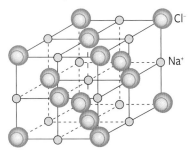

Dans ce modèle, tu remarques qu'il y a une unité de structure.

L'unité de structure du cristal est appelée « **maille** ». Cette maille est, dans le cas du chlorure de sodium, **cubique**.

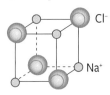

Cette maille cubique répétée un très grand nombre de fois dans les trois dimensions explique la forme cubique des cristaux de

---

3. Les notions de travail et d'énergie sont abordées au cours de Physique.

chlorure de sodium, observables sur la photo ci-dessous.

Signalons que tous les composés ioniques ne cristallisent pas comme NaCl en formant des mailles cubiques.

La forme globale (macroscopique) d'un cristal résulte de la forme de sa maille (microscopique).

En résumé, les atomes métalliques et non-métalliques s'unissent pour :
- se stabiliser en devenant des cations et des anions ;
- acquérir un état énergétique plus stable encore en se liant par attraction électrostatique.

Le « pourquoi » de leur union réside donc dans la recherche d'un état stable tant sur le plan électronique (octet) que sur le plan énergétique (tendance à l'énergie minimale).

Le « comment » de leur union s'explique par le transfert d'électrons d'un atome à l'autre suivi de l'attraction des ions ainsi formés (constitution d'un cristal ionique).

⇒ Comportement du sel de cuisine NaCl dans l'eau

Nous savons maintenant que les cristaux de NaCl sont des assemblages d'ions Na^+ et Cl^-.

Nous avons observé en 3e que du $NaCl_{(s)}$ mis en solution conduit le courant : il y a donc présence d'ions dans sa solution.

Ces ions proviennent de la réaction de dissociation des ions Na^+ et Cl^- présents dans les cristaux ioniques de NaCl.

Cette **réaction de dissociation** se traduit par une équation de dissociation qui s'écrit :

$$NaCl_{(s)} \xrightarrow{H_2O} Na^+_{(aq)} + Cl^-_{(aq)}$$

où

H_2O au-dessus de la flèche indique que l'eau joue le rôle de solvant.

Tous les composés ioniques (sels et hydroxydes) se dissocient selon ce même modèle.

⇒ Écriture des équations de dissociation des composés ioniques

De façon générale, pour écrire une équation de dissociation d'un composé ionique, il faut appliquer la méthode suivante :
1. dans le membre de gauche de l'équation, écrire la formule moléculaire du composé ;
2. dans le membre de droite de l'équation, écrire le cation et l'anion formés en solution, avec leur charge correcte[4] ;
3. pondérer et vérifier l'électroneutralité de l'équation c'est-à-dire vérifier que la somme des charges + et des charges – est égale à zéro.

Appliquons cette méthode aux cas des sels et des hydroxydes.

Cas des sels MX

Soit à écrire l'équation de dissociation du chlorure de calcium.

1. Dans le membre de gauche de l'équation, écrire la formule moléculaire du composé :

$$CaCl_{2(s)} \xrightarrow{H_2O}$$

2. Dans le membre de droite de l'équation, écrire le cation et l'anion formés en solution, avec leur charge correcte :

$$CaCl_{2(s)} \xrightarrow{H_2O} Ca^{2+}_{(aq)} + Cl^-_{(aq)}$$

3. Pondérer et vérifier l'électroneutralité de l'équation :

$$CaCl_{2(s)} \xrightarrow{H_2O} Ca^{2+}_{(aq)} + 2\,Cl^-_{(aq)}$$

$$\text{Charges} \quad 0 \quad = \quad \underbrace{(+2) + 2 \cdot (-1)}_{0}$$

Puisque $CaCl_2$ est une entité électriquement neutre, la somme algébrique des charges des ions dans le membre de droite doit être égale à zéro.

De façon générale, les sels MX se dissocient en M^+ et X^-.

---

4. Une table des principaux cations et anions est reprise en annexe.

Des sels bien utiles en hiver

Le chlorure de sodium est utilisé en hiver pour éviter l'apparition de verglas sur les routes, en abaissant la température de fusion de l'eau, si la température ambiante n'est pas inférieure à $-8\,°C$.

Aux températures inférieures à $-8\,°C$, le chlorure de sodium est alors mélangé au chlorure de calcium.

Cas des sels MXO

Soit à écrire l'équation de dissociation du carbonate de sodium Na_2CO_3.

1. Dans le membre de gauche de l'équation, écrire la formule moléculaire du composé :

$$Na_2CO_{3(s)} \xrightarrow{\;H_2O\;}$$

2. Dans le membre de droite de l'équation, écrire le cation et l'anion formés en solution, avec leur charge correcte :

$$Na_2CO_{3(s)} \xrightarrow{\;H_2O\;} Na^+_{(aq)} + CO^{2-}_{3(aq)}$$

3. Pondérer et vérifier l'électroneutralité de l'équation :

$$Na_2CO_{3(s)} \xrightarrow{\;H_2O\;} 2\,Na^+_{(aq)} + CO^{2-}_{3(aq)}$$

Charges $\quad 0 \qquad = \quad 2.(+1)+(-2)$

$$0$$

> De façon générale, les sels MXO se dissocient en M^+ et XO^-.

 La soude Solvay, une histoire belge

La synthèse du carbonate de sodium Na_2CO_3 a été mise au point par le Belge E. Solvay[5].

Il est utilisé abondamment pour :

– la fabrication du verre, comme fondant, afin d'abaisser la température de fusion de la silice du sable et de faciliter la manipulation de la pâte de verre ;

– la fabrication de savons où il aide à la transformation des graisses en savons, en rendant le milieu basique ;

– le blanchiment du linge dans les poudres à lessiver ;

– le blanchiment de la pâte à papier lors de la fabrication du papier ;

– l'entretien des sols, des sanitaires...

 Pour aller plus loin...

Cas des hydroxydes MOH

En utilisant la démarche vue ci-avant, il est possible d'écrire l'équation de dissociation de l'hydroxyde de calcium :

$$Ca(OH)_{2(s)} \xrightarrow{\;H_2O\;} Ca^{2+}_{(aq)} + 2\,OH^-_{(aq)}$$

> De façon générale, les hydroxydes MOH se dissocient en M^+ et OH^-.

 L'hydroxyde de calcium : un antivermine

L'hydroxyde de calcium, $Ca(OH)_2$, est un solide blanc. Mis en suspension dans l'eau, il forme le lait de chaux utilisé pour  chauler les murs et le tronc des arbres, en vue d'éliminer la vermine.

---

5. Ernest Solvay (1836-1922), industriel et chimiste belge.

1 Lesquels des atomes suivants, Ca, C et K, forment avec des atomes Cl un composé ionique ?

2 En utilisant la représentation de Lewis des atomes, écrire l'équation de formation de KI, Na_2S, $AlBr_3$.

3 Rechercher la charge qu'auraient les entités suivantes dans un composé ionique : Br ; Li ; Zn ; S ; OH ; Al.

4 Pour les composés suivants en solution aqueuse :

– $Zn(NO_3)_2$ – $AgNO_3$ – K_2SO_4 – K_2S
– $FeCl_3$ – $Cu(NO_3)_2$ – $Ba(OH)_2$ – Na_2CO_3
– $CuBr_2$ – $Mg(ClO_4)_2$

a) Écrire les équations de dissociation à l'aide de la table des cations et anions en annexe.

b) Donner le nom de chacun de ces composés.

5 Écrire les équations de dissociation des composés suivants en solution aqueuse :

a) carbonate de sodium
b) chlorate de potassium
c) sulfate d'aluminium
d) sulfure de sodium
e) nitrate de baryum
f) hydroxyde de potassium

6 L'analyse d'une solution aqueuse permet d'identifier la nature des ions.

Déterminer la formule moléculaire et donner le nom du soluté dans les solutions contenant respectivement :

a) des ions $Fe^{3+}_{(aq)}$ et $Br^-_{(aq)}$
b) des ions $Na^+_{(aq)}$ et $PO_4^{3-}_{(aq)}$
c) des ions $Li^+_{(aq)}$ et $OH^-_{(aq)}$
d) des ions $H^+_{(aq)}$ et $ClO_4^-_{(aq)}$

7 Choisir, parmi les modèles proposés, le modèle qui correspond le mieux à une solution aqueuse de bromure de calcium. Justifier le choix.

Ca^{2+} Br^- H_2O H_2O Ca^{2+} Ca^{2+} H_2O Br^- H_2O Ca^{2+} H_2O Br^- Ca^{2+} Br^- H_2O Ca^{2+} Br^-	Ca^{2+} Br^-_2 H_2O Br^-_2 H_2O Ca^{2+} Br^-_2 H_2O Ca^{2+} H_2O H_2O Ca^{2+} H_2O H_2O Br^-_2 Ca^{2+} H_2O Br^-_2
Modèle A	Modèle B
Br^- Ca^{2+} Br^- H_2O Br^- Ca^{2+} Ca^{2+} H_2O Br^- Br^- H_2O Br^- Ca^{2+} Br^- H_2O Br^- Ca^{2+} Br^- H_2O Br^-	Ca^+ H_2O Br^- Br^- H_2O Ca^+ H_2O Br^- Ca^+ H_2O H_2O Br^- H_2O Ca^+ Ca^+ Br^- H_2O
Modèle C	Modèle D

Le chlorure de sodium : un sel qui conserve...

Dans l'histoire de la conservation des aliments, la salaison a joué un rôle important ; les écrits en mentionnent déjà l'usage chez les Chinois mille ans avant notre ère, chez les Grecs et les Romains ensuite.

Et qui n'a jamais vu de film sur les longs voyages en mer aux siècles des grandes découvertes ? Les bateaux transportaient alors dans leurs cales d'énormes barriques remplies d'aliments conservés dans du sel.

Par quel processus le chlorure de sodium freine-t-il considérablement la putréfaction d'aliments d'origine animale ou végétale ?

Le mécanisme de la conservation des poissons, grâce au sel, nous servira d'exemple pour répondre à la question.

Dans la peau, la bouche et les branchies des poissons se trouvent déjà des bactéries et des champignons microscopiques. Après la mort du poisson, ces micro-organismes se multiplient rapidement grâce aux substances nutritives contenues dans le cytoplasme des cellules de l'animal. Les résidus provenant de cette activité sont toxiques et se caractérisent généralement par une odeur et un goût désagréables.

Si l'on répand du chlorure de sodium sur les poissons, le sel les déshydrate fortement et ralentit leur putréfaction. Il se passe, en effet, dans ce cas, un phénomène appelé osmose. L'osmose est essentiellement un phénomène de diffusion d'eau qui s'opère d'une solution moins concentrée vers une solution plus concen-

trée, au travers d'une membrane semi-perméable laissant passer le solvant et non les substances dissoutes.

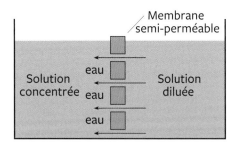

Lors du salage des poissons, ce phénomène d'osmose s'opère au travers des membranes cellulaires jouant le rôle de membranes semi-perméables : l'eau cytoplasmique migre des cellules vers le sel qui les recouvre.

L'eau et le sel forment alors ce qu'on appelle une saumure ; celle-ci empêche la putréfaction car elle provoque, de la même façon, la déshydratation des micro-organismes qui, asséchés, ne peuvent plus se développer ni accomplir leur travail de dégradation. Les poissons salés peuvent ainsi se conserver longtemps.

La stérilisation des aliments, imaginée en 1810, puis l'invention des machines frigorifiques, à partir de 1870, prirent le relais dans la conservation des aliments. Elles furent suivies, plus tard, par d'autres procédés de conservation : lyophilisation, pasteurisation, upérisation, irradiation... La pratique de la salaison, quant à elle, n'est plus utilisée que de façon artisanale.

L'inventivité des humains est remarquable, non ? Bon appétit !
••••••

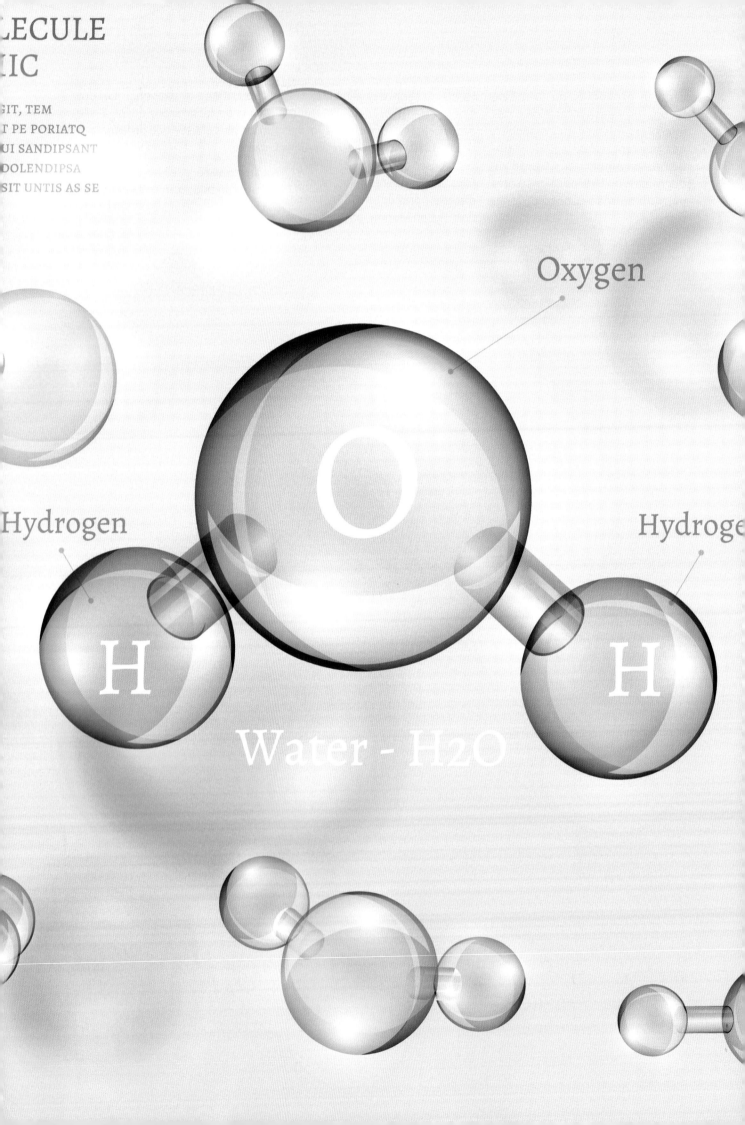

CHAPITRE 3

Liaisons covalentes parfaite et polarisée

Des atomes non métalliques peuvent aussi se stabiliser en mettant en commun leurs électrons célibataires.

Les liaisons covalentes ainsi formées sont tantôt parfaites, tantôt polarisées, et cela en fonction de la différence d'électronégativité entre les atomes liés. ••••••

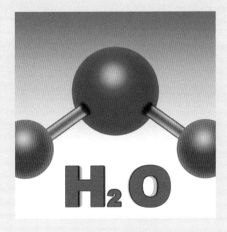

Ressources et processus à mobiliser

À la fin de ce chapitre, tu seras capable de...

SAVOIRS

expliquer pourquoi des atomes se lient au lieu de rester isolés ;

expliquer comment une liaison chimique s'établit entre deux atomes ;

définir :

→ électronégativité,

→ liaison covalente,

→ liaison covalente parfaite,

→ liaison covalente polarisée,

→ composés covalents.

SAVOIR-FAIRE

prévoir, en te basant sur le numéro de la famille « a », si la liaison entre deux atomes est ionique ou covalente ;

distinguer une liaison covalente parfaite d'une liaison covalente polarisée ;

attribuer une ou des charges partielles aux atomes constitutifs de molécules simples.

PROCESSUS

construire une représentation d'une molécule à partir du modèle de Lewis des atomes constitutifs sur base des informations extraites du tableau périodique des éléments (A) ;

caractériser une liaison à partir de l'électronégativité des atomes constitutifs (A).

Au chapitre précédent, tu as appris pourquoi et comment des atomes métalliques et non métalliques se lient pour former des composés ioniques de type MX (NaCl), MXO (Cu(NO$_3$)$_2$) et MOH (NaOH).

Mais qu'en est-il pour les composés de type X$_2$ (Cl$_2$), XO (CO$_2$), HX (HCl) ou HXO (H$_2$SO$_4$) dans lesquels il n'y a que des atomes non métalliques ?

Modèles de quelques molécules

Une grande majorité des corps chimiques existants appartiennent à ces dernières catégories.

Parmi ceux-ci, le dihydrogène H$_2$ peut être facilement préparé en classe. • • • • • •

 Préparer du dihydrogène H$_2$ et s'interroger sur la nature des liaisons expliquant la stabilité des molécules H$_2$

Pour ce faire :

- verser un peu d'une solution d'acide chlorhydrique diluée dans un tube à essais (A) contenant un morceau de magnésium ;
- coiffer immédiatement le tube à essais (A) d'un autre tube à essais (B), ouverture vers le bas ;
- sans retourner le tube à essais (B), le présenter légèrement incliné au-dessus de la flamme d'un bunsen pour faire détoner le gaz contenu dans le tube à essais (test caractéristique de la présence d'H$_2$) ;
- dessiner, selon le modèle de Lewis, la structure électronique des atomes H ;
- trouver comment, dans la molécule H$_2$, chacun des atomes H peut acquérir son duet d'électrons en faisant référence à l'analogie suivante.

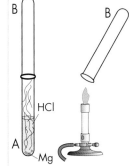

Lors de manœuvres, il est fréquent que, pour alléger leur paquetage, deux militaires portent chacun une demi-tente.

Pour passer la nuit, ils mettent bien sûr en commun leurs demi-tentes afin de monter la tente commune qui leur permettra de dormir confortablement.

➡ Liaison covalente ou covalence

Grâce à l'analogie proposée, tu as sans doute trouvé que, dans la molécule H_2, chaque atome H a mis son électron célibataire en commun avec l'électron célibataire de l'autre atome H pour former une paire électronique liant les deux atomes.

$$H\bullet + \bullet H \rightarrow H\overset{\bullet}{\underset{\bullet}{()}}H \rightarrow H\text{–}H$$

électrons célibataires   paire liante commune

Cette paire liante (représentée par un trait « — ») appartient alors à chaque atome H. Il en résulte que chaque atome H lié dispose d'un doublet d'électrons et a la même configuration externe qu'un atome de gaz inerte He. Dès lors, les deux atomes H sont stabilisés et la molécule H_2 résultant de leur association est stable également.

Ce type de liaison s'établit, en général, entre atomes non métalliques. Les chimistes lui ont donné le nom de « liaison covalente ».

> La **liaison covalente** ou **covalence** est la liaison qui résulte de la mise en commun de deux électrons célibataires.

Le modèle de la liaison covalente permet de rendre compte de l'existence de molécules stables comme HCl, H_2O, NH_3, CH_4 ainsi que beaucoup d'autres.

- Ainsi, dans la molécule HCl, l'atome Cl est lié à l'atome H par une covalence :

$$H\bullet + \bullet\bullet\overline{Cl}| \rightarrow H\overset{\bullet}{\underset{\bullet}{()}}\overline{Cl}| \rightarrow H\text{–}\overline{Cl}|$$

L'acide chlorhydrique HCl est utilisé dans la vie courante sous le nom d'esprit de sel. L'étiquette commerciale collée au récipient renferme plusieurs informations à son sujet.

- Ainsi, dans la molécule H_2O, l'atome O est lié aux deux atomes H par deux covalences :

$$H\bullet + \bullet\overline{O}\bullet + \bullet H \rightarrow H\overset{\bullet}{\underset{\bullet}{()}}\overline{O}\overset{\bullet}{\underset{\bullet}{()}}H$$

noté $H\text{–}\overline{O}\text{–}H$

- Ainsi, dans la molécule NH_3, l'atome N est lié aux trois atomes H par trois covalences :

$$|\overset{\bullet}{\underset{\bullet}{N}}\bullet + 3H\bullet \rightarrow |\overset{\bullet}{\underset{\bullet}{N}}()H \quad \text{noté} \quad |N\text{–}H$$

(avec les atomes H en haut, milieu et bas)

L'ammoniaque commercial est une solution à 25 % en masse, en moyenne, d'ammoniac NH_3.

L'étiquette commerciale donne quelques informations à son sujet.

ammoniaque - ammoniak
contenant de 10 à 35% de NH_3 - met 10 tot 35% NH_3

Irrite la peau, les yeux et les voies respiratoires. Eviter d'en respirer les émanations. En cas de contact avec la peau ou les yeux, rincer abondamment à l'eau. Tenir le flacon bien fermé et à l'abri des acides.

Produit de lavage dégraissant - attaque les huiles et graisses naturelles sauf l'huile à graisser - attaque les peintures synthétiques sauf le latex - s'emploie le plus souvent fortement dilué.

Prikkelt huid, ogen en ademhalingsorganen. Inademen van dampen vermijden. Bij aanraking met huid of ogen, grondig spoelen met water. De verpakking goed gesloten bewaren. Verwijderd houden van zuren.

Ontvettend reinigingsmiddel - tast natuurlijke oliën en vetten aan, behalve smeerolie - tast ook synthetische verven aan, behalve latex - wordt meestal in sterk verdunde vorm gebruikt.

- Ainsi, dans la molécule de méthane CH_4, l'atome C est lié aux quatre atomes H par quatre covalences :

$$\bullet\overset{\bullet}{\underset{\bullet}{C}}\bullet + 4H\bullet \rightarrow H()\overset{\bullet}{\underset{\bullet}{C}}()H \quad \text{noté} \quad H\text{–}C\text{–}H$$

Le méthane est le constituant principal du gaz naturel ; il se forme par l'action de bactéries sur des matériaux organiques.

Parmi les mammifères domestiques, les principaux producteurs de méthane sont les vaches ; leurs bactéries intestinales en produisent en moyenne 300 L par jour.

Ces quatre molécules HCl, H_2O, NH_3 et CH_4 sont stables car les atomes Cl, O, N et C sont entourés d'un octet d'électrons et les atomes H d'un duet d'électrons.

 Des composés comme l'esprit de sel, l'eau, l'ammoniac et le méthane, constitués de molécules dans lesquelles les atomes sont liés par des liaisons covalentes, sont appelés **composés covalents**.

➡ Électronégativité des atomes

Nous venons d'introduire le modèle de la covalence entre atomes identiques et entre atomes différents.

Dans ce modèle, les atomes mettent en commun leurs électrons célibataires pour former des paires d'électrons les unissant : les paires liantes.

Nous pouvons cependant nous demander si la covalence est de même nature entre atomes identiques et entre atomes différents. La « mise en commun » se fait-elle de façon équivalente ?

Pour répondre à cette question, nous allons comparer le comportement des molécules H–H (H_2) avec celui des molécules H–F (HF), placées entre deux plaques chargées, l'une positivement et l'autre négativement.

Cette comparaison sera établie à partir des résultats de l'expérience schématisée ci-dessous :

$$\ominus \left| \begin{array}{c} H-H \\ H \\ | \\ H \\ H-H \\ H-H \\ H \\ H \end{array} \right| \oplus \quad \ominus \left| \begin{array}{c} H-F \\ H-F \\ H-F \\ H-F \end{array} \right| \oplus$$

Les molécules H-H se placent, entre les plaques, sans orientation particulière, alors que les molécules H-F ont tendance à s'aligner en orientant l'atome F vers la plaque positive et l'atome H vers la plaque négative.

Ces observations permettent de conclure que, dans les molécules H-F, le fluor est chargé négativement (puisqu'il s'oriente vers la plaque positive), alors que l'hydrogène (orienté vers la plaque négative) est chargé positivement.

Cela implique donc que l'atome F dispose d'un surplus électronique par rapport à l'atome H : les électrons de la paire liante « appartiennent davantage » au fluor qu'à l'hydrogène.

Par contre, pour les molécules H-H, l'observation montre que les molécules sont orientées au hasard entre les deux plaques : leurs extrémités ne sont donc ni positives ni négatives.

Dans ce cas, les électrons de la paire liante « appartiennent » de façon équivalente aux deux atomes, ce qui n'est pas étonnant puisque ces atomes sont identiques.

Le partage des paires liantes ne se fait donc pas de manière équivalente dans les deux molécules H–H et H–F : l'affinité de l'atome F pour les e$^-$ de liaison est supérieure à celle de l'atome H. Des expériences similaires montrent que d'autres atomes que F ont aussi une affinité plus ou moins marquée pour les e$^-$ de liaison. Afin de comparer l'attraction des atomes envers les électrons de liaison, les chimistes utilisent une propriété des atomes : leur électronégativité (symbolisée par la lettre grecque χ (khi)).

 L'**électronégativité** (χ) d'un atome est sa tendance à attirer les e$^-$ de liaison.

Le chimiste américain L. Pauling[1] a calculé l'électronégativité des différents atomes. Ces valeurs d'électronégativité sont indiquées dans le coin supérieur droit de chaque case du tableau périodique :

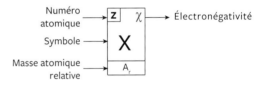

Remarquons, dans le tableau périodique reproduit en partie ci-après, que les valeurs d'électronégativité des atomes augmentent de gauche à droite dans les périodes et de bas en haut dans les familles. L'atome le plus électronégatif est donc l'atome fluor F ($\chi = 4,0$) et les atomes les moins électronégatifs sont les atomes césium et francium Cs et Fr ($\chi = 0,7$).

---

1. Linus Pauling (1901-1994), chimiste américain, prix Nobel de Chimie en 1954 et prix Nobel de la Paix en 1962.

	Ia	IIa	IIIa	IVa	Va	VIa	VIIa	0
1	**H** 1 — 2,1 — 1s^1 — Hydrogène 1,01							**He** 2 — 1s^2 — Hélium 4,00
2	**Li** 3 — 1,0 — 1s^{2}2s^1 — Lithium 6,94	**Be** 4 — 1,5 — 1s^{2}2s^2 — Béryllium 9,01	**B** 5 — 2,0 — 1s^{2}2s^{2}2p^1 — Bore 10,81	**C** 6 — 2,5 — 1s^{2}2s^{2}2p^2 — Carbone 12,01	**N** 7 — 3,0 — 1s^{2}2s^{2}2p^3 — Azote 14,01	**O** 8 — 3,5 — 1s^{2}2s^{2}2p^4 — Oxygène 16,00	**F** 9 — 4,0 — 1s^{2}2s^{2}2p^5 — Fluor 19,00	**Ne** 10 — 1s^{2}2s^{2}2p^6 — Néon 20,18
3	**Na** 11 — 0,9 — (Ne)3s^1 — Sodium 22,99	**Mg** 12 — 1,2 — (Ne)3s^2 — Magnésium 24,31	**Al** 13 — 1,5 — (Ne)3s^{2}3p^1 — Aluminium 26,98	**Si** 14 — 1,8 — (Ne)3s^{2}3p^2 — Silicium 28,09	**P** 15 — 2,1 — (Ne)3s^{2}3p^3 — Phosphore 30,97	**S** 16 — 2,5 — (Ne)3s^{2}3p^4 — Soufre 32,07	**Cl** 17 — 3,0 — (Ne)3s^{2}3p^5 — Chlore 35,45	**Ar** 18 — (Ne)3s^{2}3p^6 — Argon 39,95
4	**K** 19 — 0,8 — (Ar)4s^1 — Potassium 39,10	**Ca** 20 — 1,0 — (Ar)4s^2 — Calcium 40,08	**Ga** 31 — 1,6 — (Ar)3d^{10}4s^{2}4p^1 — Gallium 69,72	**Ge** 32 — 1,8 — (Ar)3d^{10}4s^{2}4p^2 — Germanium 72,64	**As** 33 — 2,0 — (Ar)3d^{10}4s^{2}4p^3 — Arsenic 74,92	**Se** 34 — 2,4 — (Ar)3d^{10}4s^{2}4p^4 — Sélénium 78,96	**Br** 35 — 2,8 — (Ar)3d^{10}4s^{2}4p^5 — Brome 79,90	**Kr** 36 — (Ar)3d^{10}4s^{2}4p^6 — Krypton 83,80

Le schéma ci-dessous visualise l'évolution de l'électronégativité des atomes en fonction du numéro des familles a et des périodes.

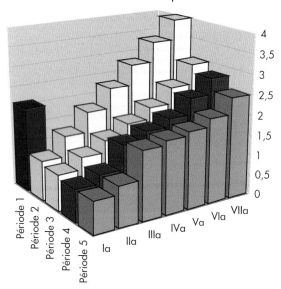

⇒ Types de liaisons covalentes[1]

L'intérêt de ces valeurs d'électronégativité des atomes est de nous permettre de savoir si, dans une molécule,

- les e$^-$ de liaison appartiennent autant à un atome qu'à l'autre qui lui est lié : dans ce cas, la liaison est dite « **liaison covalente parfaite** » ;

- les e$^-$ de liaison appartiennent plus à un atome qu'à l'autre qui lui est lié : dans ce cas, la liaison est dite « **liaison covalente polarisée** ».

Voyons à présent comment distinguer ces deux types de covalence.

La covalence parfaite

La **covalence parfaite** résulte de la mise en commun de deux électrons célibataires et du partage de cette paire d'électrons entre deux atomes de même électronégativité.

Ce type de liaison se rencontre dans des molécules H$_2$, Cl$_2$...

$$H \bullet\!-\!\bullet H \quad \rightarrow \quad H\!-\!H$$
$$|\overline{Cl} \bullet\!-\!\bullet \overline{Cl}| \quad \rightarrow \quad |\overline{Cl}\!-\!\overline{Cl}|$$

Remarquons que, dans Cl$_2$, chaque Cl possède en plus de la paire liante, 3 paires d'e$^-$ ne participant pas à la liaison : ce sont des **paires ou doublets libres** (représentés par un trait —).

Alors que les atomes des molécules H$_2$ et Cl$_2$ ne mettent chacun en commun qu'un e$^-$ célibataire, d'autres atomes, pour se lier, mettent chacun en commun 2 ou 3 e$^-$ célibataires, partageant ainsi deux ou trois paires d'e$^-$.

- Ainsi, deux atomes oxygène mettent chacun en commun 2 électrons célibataires pour former la molécule O$_2$:

$$\overline{O} \bullet\!-\!\bullet \overline{O}| \quad \rightarrow \quad |\overline{O}\!=\!\overline{O}$$

---

1. Nous attirons ici l'attention sur le fait que toutes les représentations des différentes molécules reprises dans ce chapitre ne sont que des modèles. Dans certains cas, d'autres arguments théoriques ou expérimentaux nécessiteront, dans la suite, d'élaborer de nouveaux modèles.

Les deux atomes oxygène sont liés par deux covalences parfaites formant une **double liaison**.

- Ainsi, 2 atomes N mettent chacun en commun 3 électrons célibataires pour former la molécule N_2 :

$$|\overline{N} \cdot\cdot \overline{N}| \quad \rightarrow \quad |N \equiv N|$$

Les deux atomes azote sont liés par trois covalences parfaites formant une **triple liaison**.

Ce type de covalence parfaite se rencontre aussi dans les molécules constituées d'atomes différents mais de même électronégativité.

C'est le cas, par exemple, dans la phosphine PH_3 et le sulfure de carbone CS_2.

$$H \cdot\cdot \overline{P} \cdot\cdot H \quad \rightarrow \quad H - \overline{P} - H$$
$$| \qquad\qquad\qquad |$$
$$H \qquad\qquad\qquad H$$

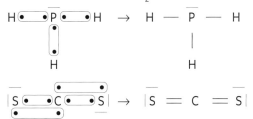

$$|S \cdot\cdot \cdot C \cdot\cdot \cdot S| \quad \rightarrow \quad |\overline{S} = C = \overline{S}|$$

La covalence polarisée

 La **covalence polarisée** résulte de la mise en commun de deux électrons célibataires entre deux atomes d'électronégativité différente.

- Ainsi, dans la molécule HCl, les atomes H• et • $\overline{Cl}|$ mettent chacun en commun un électron célibataire et forment une paire liante.

$$H \cdot\cdot \overline{Cl}| \quad \rightarrow \quad H - \overline{Cl}|$$

L'atome Cl ($\chi = 3,0$) étant plus électronégatif que l'atome H ($\chi = 2,1$), attire davantage à lui les électrons de liaison que l'atome H.

Ceci a pour conséquence de faire apparaître :

- sur le chlore (plus électronégatif que l'hydrogène) une charge partielle négative inférieure à la charge entière de l'électron et notée δ^- ;

- sur l'hydrogène (moins électronégatif que le chlore) une charge partielle positive notée δ^+ :

$$\overset{1\delta^+}{H} \longrightarrow \overset{1\delta^-}{\overline{Cl}|}$$

La flèche au milieu de la barre de liaison indique vers lequel des deux atomes les e⁻ de liaison sont attirés préférentiellement.

Cette covalence est dite polarisée parce que la molécule présente deux pôles : l'un positif, l'autre négatif.

Alors que, pour se lier, les atomes H et Cl ne mettent en commun qu'un électron célibataire, d'autres atomes mettent en commun plusieurs électrons célibataires.

- Ainsi, dans la molécule H_2O, l'atome • $\overline{O}$ • ($\chi = 3,5$) met en commun chacun de ses e⁻ célibataires avec l'e⁻ célibataire de chacun des deux atomes H • ($\chi = 2,1$) :

$$H \cdot\cdot \overline{O} \cdot\cdot H \quad \rightarrow \quad H - \overline{O} - H$$

Les deux liaisons covalentes sont polarisées vers l'atome oxygène plus électronégatif : l'atome O acquiert ainsi une charge partielle négative notée $2\delta^-$ et chaque atome H, une charge partielle positive notée δ^+ :

$$\overset{1\delta^+}{H} \longrightarrow \overset{2\delta^-}{\underline{O}} \longleftarrow \overset{1\delta^+}{H}$$

- Ainsi, dans la molécule CO_2, les deux atomes O ($\chi = 3,5$) mettent chacun en commun 2e⁻ célibataires avec les 4e⁻ célibataires de l'atome C ($\chi = 2,5$) :

$$|O \cdot\cdot \cdot C \cdot\cdot \cdot O| \quad \rightarrow \quad |\underline{O} = C = \underline{O}|$$

Les deux doubles liaisons sont polarisées vers les atomes oxygène : chaque atome O acquiert ainsi une charge partielle négative $2\delta^-$ et l'atome C, une charge partielle positive $4\delta^+$.

$$|O \cdot\cdot \cdot C \cdot\cdot \cdot O| \quad \rightarrow \quad \overset{2\delta^-}{\underline{O}} \rightleftarrows \overset{4\delta^+}{C} \rightleftarrows \overset{2\delta^-}{\underline{O}}$$

Le dioxyde de carbone, ou gaz carbonique, est produit lors de toute combustion de substances carbonées et lors de la respiration.

Ce gaz est indispensable pour la photosynthèse et n'est pas toxique par lui-même.

Cependant, son accumulation dans l'atmosphère s'ajoutant à d'autres gaz, tel le méthane CH_4, produit notamment par biofermentation, contribue à l'**effet de serre**.

Tu as pu remarquer que, dans chacun des exemples, la somme algébrique des charges partielles, portées par les atomes, est égale à 0 : les molécules sont électriquement neutres.

➡ Écriture, selon Lewis, des formules de structure de quelques molécules

Les propriétés d'un corps dépendent non seulement de la nature des atomes constitutifs des molécules ou des ions mais aussi de leur agencement.

L'agencement des atomes dans une molécule ou dans un ion se visualise par une formule de structure appelée « **formule de Lewis** ».

Tu en as déjà écrit certaines dans le paragraphe précédent.

Ainsi, les formules de Lewis de Cl_2, H_2O et CO_2 sont :

$$|\overline{Cl} - \overline{Cl}| \; , \; H - \overline{O} - H \; \text{et} \; |\overline{O} = C = \overline{O}|$$

> Toutes ces formules de Lewis ont été écrites en appliquant la méthode suivante :
>
> 1) écrire les représentations de Lewis de chacun des atomes constituant la molécule ;
>
> 2) former des liaisons covalentes entre les atomes par mise en commun d'électrons célibataires et vérifier la présence d'un octet d'électrons autour de chaque atome (ou d'un duet autour de chaque atome H) ;
>
> 3) écrire la formule de Lewis de la molécule.

Nous allons appliquer cette méthode d'écriture de formules de Lewis à quelques autres molécules binaires et ternaires.

Formule de Lewis de molécules binaires

Suivons la méthode décrite pour écrire les formules de Lewis de S_2, CH_4 et NH_3.

1) Écriture des représentations de Lewis de chacun des atomes constituant la molécule		
$2|\overline{S}\bullet$ avec points	$\bullet C \bullet$ et $4\,H\bullet$	$\bullet \overline{N} \bullet$ et $3H\bullet$
2) Formation de liaisons covalentes et vérification de la présence des octets (ou duets)		
3) Écriture de la formule de Lewis		
$|S = S|$	H — C — H avec H en haut et H en bas	H — $\overline{N}$ — H avec H en bas

Formule de Lewis de molécules ternaires

Suivons la même méthode pour écrire les formules de Lewis de HClO, HNO_2 et H_2CO_3.

1) Écriture des représentations de Lewis de chacun des atomes constituant la molécule		
$H\bullet$; $|\overline{Cl}\bullet$; $\bullet\overline{O}\bullet$	$H\bullet$; $\bullet\overline{N}\bullet$; $2\,\bullet\overline{O}\bullet$	$2\,H\bullet$; $\bullet C\bullet$; $3\,\bullet\overline{O}\bullet$

2) Formation de liaisons covalentes et vérification de la présence des octets (ou duets)		
a) Former autant de groupements OH qu'il y a de H dans la formule moléculaire		
H⊙ ⊙O⦁	H⊙ ⊙O⦁	H⊙ ⊙O⦁ H⊙ ⊙O⦁
b) Mettre en commun l'e⁻ célibataire de chaque groupement OH avec un e⁻ célibataire de l'atome caractéristique de la molécule		
H⊙ ⊙O⊙ ⦁Cl|	H⊙ ⊙O⊙ ⦁N⦁	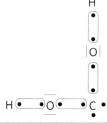
c) Mettre en commun les e⁻ célibataires restant sur l'atome caractéristique avec les deux e⁻ célibataires de l'oxygène non encore liés		
	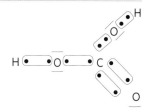	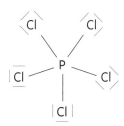 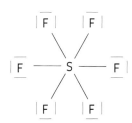
3) Écriture de la formule de Lewis		
H — O̅ — C̅l|	H — O̅ — N̅ 　　　　　 ⟍ 　　　　　　O|	H 　　　　　　 ⟋ 　　　　　 O̸ H — O̅ — C 　　　　　 ⟍ 　　　　　　O|

Limite du modèle de l'octet

Les chimistes ont pu isoler des molécules stables telles que PCl_5 et SF_6 dont la formule de Lewis peut s'écrire :

　　　　Ĉl　　Ĉl　　　　　\|F̅\|　　\|F̅\|
　　　　　⟍　⟋　　　　　　　⟍　⟋
　\|Cl — P　　　　　\|F̅ — S — F̅\|
　　　　⟋　⟍　　　　　　⟋　⟍
　　　Cl　　Cl　　　　　\|F̅\|　　\|F̅\|
　　　　　\|
　　　\|Cl\|

Tu remarques que, dans ces molécules, le phosphore P est entouré de 10 e⁻ et le soufre S de 12 e⁻. Dans ces molécules, P et S sont entourés de plus de 8 e⁻ (octet).

Tu étudieras peut-être, plus tard, d'autres modèles qui rendent compte de ces « anomalies » par rapport à la règle de l'octet.

1 Réaliser le test d'association suivant :

a) liaison ionique
b) liaison covalente

1. partage de paire(s) d'e⁻
2. transfert d'e⁻
3. liaison entre ions
4. électrovalence
5. covalence
6. liaison entre atomes

2 Écrire la formule de Lewis des molécules suivantes : HI, H_2Se, PCl_3, C_2H_6, $SiCl_4$, H_2SiO_3.

3 Indiquer le sens de la polarisation et les charges partielles dans les molécules suivantes :

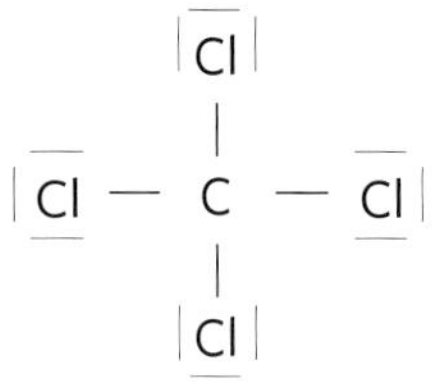

$$
\begin{array}{c}
\overline{Cl} \\
| \\
\overline{Cl} - C - \overline{Cl} \\
| \\
\overline{Cl}
\end{array}
$$
tétrachlorure de carbone

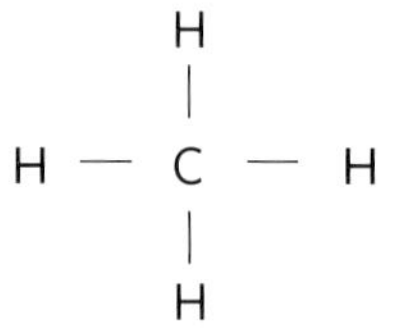

$$
\begin{array}{c}
H \\
| \\
H - C - H \\
| \\
H
\end{array}
$$
méthane

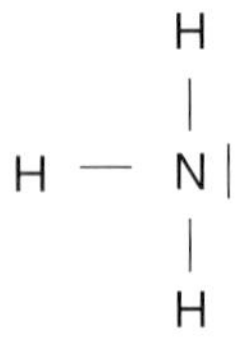

$$
\begin{array}{c}
H \\
| \\
H - N| \\
| \\
H
\end{array}
$$
ammoniac

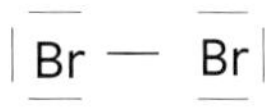

$$\overline{Br} - \overline{Br}$$ dibrome

$$\langle S = C = S \rangle$$ sulfure de carbone

4 Écrire la formule de Lewis de :

a) H_2S : le sulfure d'hydrogène, gaz qui a une odeur d'œuf pourri ;

b) Cl_2 : le dichlore, qui sert parfois à désinfecter l'eau des piscines ;

c) SiO_2 : le dioxyde de silicium ou silice, constituant cristallin de nombreuses roches telles que le granit, le sable…

Indiquer, s'il y a lieu, les flèches sur les liaisons et les charges partielles sur les atomes.

5 **Écrire la formule de Lewis de :**

a) BF_3 : le fluorure de bore, servant de catalyseur ;

b) CO : le monoxyde de carbone, gaz très toxique.

Dans le cadre du modèle de Lewis, quelle « anomalie » constates-tu à propos de ces deux molécules ?

6 **Parmi les molécules suivantes : Ne_2, Cl_2O, CF_4, NO, I_2 et PCl_5, lesquelles ne peuvent exister dans le cadre du modèle de Lewis (modèle de l'octet) ? Pour quelle(s) raison(s) ?**

7 **En utilisant le tableau ci-dessous, préciser si les énoncés suivants sont vrais ou faux :**

a) la molécule GX présente une liaison covalente ;

b) la molécule AX présente une liaison ionique ;

c) la molécule LX_4 présente une liaison ionique ;

d) la molécule Z_2 présente une liaison covalente ;

e) la molécule EZ présente une liaison covalente.

	Ia													IIIa	IVa	Va	VIa	VIIa	VIIIa
	G	IIa																	
	A															D		X	
		E												L		Z			

8 **Après avoir lu « Pour en savoir plus... Le carbone sous toutes ses formes », répondre aux questions suivantes :**

a) Les énoncés suivants sont-ils vrais ou faux ? Justifier ta réponse.

– Sous sa forme graphite, le carbone est un bon conducteur d'électricité.

– Sous sa forme fullerène, le carbone est moins dur que sous sa forme graphite.

– Sous sa forme diamant, le carbone est d'un coût très élevé.

b) Alors que le graphite et le diamant ne contiennent tous deux que du carbone, le diamant est très dur, tandis que le graphite est un solide friable. Expliquer cette différence de dureté en fonction des structures spatiales de ces deux corps.

Le carbone sous toutes ses formes

Les dispositions différentes que peuvent prendre les atomes constituant les solides atomiques covalents président à la formation de variétés différentes appelées variétés allotropiques (de *allos*, autre, et *tropos*, genre, manière, direction...).

Les variétés allotropiques des solides atomiques covalents constitués uniquement d'atomes carbone sont le diamant, le graphite, les fullerènes et le graphène.

Le diamant

Le schéma ci-après illustre le réseau d'atomes carbone dans le diamant : chaque point représente un atome carbone.

Cette configuration, ressemblant à l'armature en acier d'un bâtiment, confère à l'ensemble une excellente rigidité et une grande dureté.

Le diamant est le corps le plus dur connu actuellement : rien ne peut le rayer. Il est aussi un excellent conducteur de la chaleur.

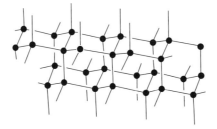

La qualité d'un diamant s'apprécie suivant 4 critères :

- sa masse, mesurée en carats (un carat métrique vaut 0,2 g) ;

- sa taille : en brillant, en poire, en carré... ;

- sa couleur : les incolores sont rares et des normes internationales codifient les nuances ;

- sa pureté, évaluée internationalement, dépend de la nature, du nombre, de la dimension et de la position des inclusions naturelles dans le cristal.

Les diamants de bonne qualité portés en bague, en pendentifs... suscitent la convoitise des dames et... des messieurs. Ceux de qualité moindre sont utilisés industriellement comme abrasifs : leur dureté permet de couper ou de polir tous les autres corps (verre, marbre...), leur conductibilité thermique facilite l'élimination (ou la diffusion) de la chaleur interne résultant du frottement lors du découpage ou du polissage.

Les diamants naturels se trouvent en de rares endroits, dans le sol, encastrés dans une roche molle appelée kimberlite (rappelant le nom de Kimberley, ville d'Afrique du Sud connue pour sa mine de diamant).

Cette roche forme des « tuyaux » volcaniques par lesquels les diamants remontent à la surface après s'être formés, sous l'effet de pressions énormes, dans les profondeurs de la Terre.

Depuis 1953, des diamants synthétiques industriels sont produits par cristallisation du carbone à des températures et des

lubrifiant et comme additif à certains aciers et au caoutchouc synthétique des pneumatiques, améliorant ainsi la résistance à l'usure.

Les mines de crayons sont constituées de graphite. Lors de l'utilisation, ils laissent, par frottement sur le papier, une mince couche de graphite.

Il est également utilisé comme pigment dans les encres d'imprimerie et les peintures.

Le graphite a aussi la propriété d'être conducteur du courant électrique.

Cette propriété est due au fait que, autour de chaque atome C, subsiste un électron libre ; l'ensemble des électrons libres peut se déplacer facilement au sein des feuillets.

pressions très élevées (1500 °C et 58 000 atm).

Le graphite

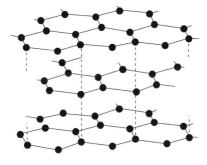

Dans un même plan, chaque atome C est lié, par covalence, à trois atomes carbone voisins.

Le graphite consiste en un empilement de feuillets plats, constitués d'atomes carbone disposés en hexagones.

La structure de chaque feuillet ressemble à un grillage en fil de fer.

Sa configuration fait que, contrairement au diamant, le graphite est friable car les liaisons entre feuillets sont faibles.

Sa friabilité permet de l'utiliser, sous l'appelation noir de carbone (constitué, en fait, de très petits cristaux de graphite), comme

La conductibilité électrique du graphite est exploitée dans la fabrication des électrodes dans les piles et pour les balais des dynamos et des moteurs électriques.

Le graphite se retrouve à l'état naturel dans les gisements de charbon dans lesquels il a subi une lente métamorphose.

On le fabrique aussi industriellement à partir de barres de charbon chauffées en l'absence d'air dans des fours électriques.

Les fullerènes

Jusqu'en 1985, on ne connaissait que deux formes allotropiques du carbone : le diamant et le graphite.

En 1985, des chercheurs provoquant l'impact d'un rayon laser sur le graphite, dans une atmosphère inerte, observèrent la formation de petites boules de carbone constituées chacune de 60 atomes carbone disposés aux sommets de pentagones et d'hexagones formant une cage ressemblant à un ballon de football.

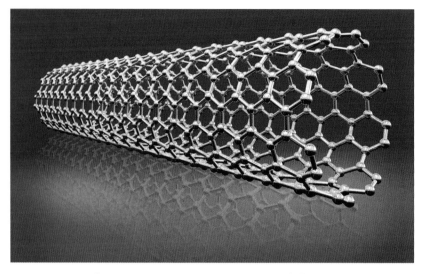

Cette trouvaille, C_{60}, fut baptisée « fullerène ». Cette appellation vient du nom de B. Fuller, architecte précurseur, puisqu'il réalisa en 1967, pour l'exposition universelle de Montréal, un dôme géodésique ayant la structure du C_{60}.

Des laboratoires, dans le monde entier, se mirent à rechercher des méthodes de synthèse du fullerène C_{60}. Leurs recherches furent couronnées de succès et bien au-delà puisqu'elles mirent en évidence qu'à côté du C_{60}, s'étaient synthétisées d'autres « cages » de carbone C_{28}, C_{50}, C_{70}... C_{240}, ayant parfois la forme d'un ballon de rugby ou d'un dirigeable. Les schémas ci-dessous illustrent la structure spatiale du fullerène C_{60} et du fullerène C_{70}. Dans ces structures, chaque atome carbone est lié par trois covalences, aux carbones voisins.

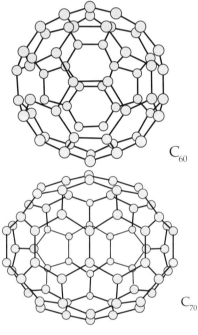

C_{60}

C_{70}

Ces molécules-cages ont d'incroyables propriétés : elles ont une remarquable stabilité et une grande dureté. Elles sont également bonnes conductrices de l'électricité, peuvent abriter d'autres molécules et se greffer sur d'autres.

Ces propriétés offrent de nouvelles perspectives dans des domaines variés :

- la pharmacologie : elles pourraient véhiculer des médicaments, des hormones, des anti-corps, vers des organes distants ;
- la réalisation de matériaux ultra-résistants ou supraconducteurs ;
- la synthèse de nouveaux lubrifiants et de carburants pour fusées ;
- ...

Stimulés par la découverte de fullerènes, les chimistes sont parvenus à synthétiser de nouveaux arrangements d'atomes de carbone, sous la forme de tubes appelés « nanotubes ».

Ces molécules aux propriétés fascinantes, différentes de celles de tous les autres matériaux, ouvrent une nouvelle fenêtre sur le monde de la chimie.

Le graphène[1]

Le graphène est un matériau constitué d'une seule couche d'atomes carbone et donc d'épaisseur d'un atome de carbone.

Il fut découvert en 2004 par les russes André Geim et Konstantin Novoselov qui reçurent le prix Nobel de Physique en 2010.

En plus d'être transparent, il est à la fois souple et extrêmement solide : deux cents fois plus solide que l'acier à masse égale.

Il est aussi imperméable à tous les gaz et très bon conducteur électrique.

Ce matériau intéresse des entreprises qui investissent massivement dans sa production et dans la recherche de nouvelles propriétés qui pourraient résoudre un certain nombre de nos problèmes.

Ainsi :

– la firme IBM affirme avoir créé un transistor à base de graphène qui pourrait être utilisé dans nos ordinateurs ;

– l'Institut Nanosciences et Cryogénie de Grenoble et l'Institut des Matériaux de Nantes viennent de mettre au point des batteries lithium-ion qui comprennent des électrodes en graphène : leur performance est

multipliée par 10 et le nombre de cycles de charge/décharge des batteries est considérablement augmenté. Ceci intéresse au plus haut point les fabricants de voitures électriques.

Ainsi, la firme Tesla travaille sur une voiture possédant des batteries lithium-ion dopées au graphène qui auraient une autonomie de 800 km ;

– Nokia et Samsung espèrent que le graphène remplacera avantageusement l'oxyde d'indium-étain présent dans les cellules photovoltaïques et les écrans de smartphones.

Ces oxydes sont rares, chers, toxiques et fragiles. Le graphène transparent et bon conducteur les remplacerait dans l'avenir et permettrait de fabriquer des écrans pliables ou des vêtements intelligents capables de contenir un ordinateur miniature.

Mais la route est encore longue :

– la production de graphène en grande quantité, de bonne qualité et de très grande pureté n'est pas encore pour demain ;

– les dangers potentiels du graphène sur notre santé doivent encore être étudiés.

Il n'en reste pas moins que le graphène pourrait révolutioner dans le futur nos modes de vie, dans de multiples domaines.
• • • • • •

---

1. Inspiré de l'article « Graphène : le champion toutes catégories », Revue *Athéna* 308, février 2015. Texte de Thibault Grandjean.

4

Configuration spatiale et solubilité dans l'eau

Les molécules ont dans l'espace une configuration bien déterminée. La théorie de Gillespie permet d'établir le modèle spatial de ces molécules. La connaissance du type de liaison et de la configuration spatiale des molécules permet de rendre compte de leur solubilité ou non dans l'eau. ••••••

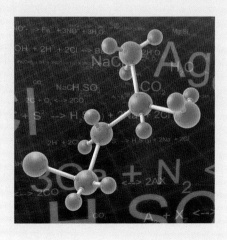

Ressources et processus à mobiliser

À la fin de ce chapitre, tu seras capable de...

SAVOIRS

définir configuration spatiale ;

attribuer un nom aux différents arrangements de paires d'e⁻, autour de l'atome central ;

donner les critères justifiant la polarité d'une molécule ;

décrire la « liaison hydrogène » ou « pont hydrogène ».

SAVOIR-FAIRE

expliquer pourquoi les molécules d'eau sont polaires ;

déterminer le nombre de paires électroniques externes autour de l'atome central d'une molécule ;

orienter 2, 3 ou 4 paires électroniques autour de l'atome central de façon qu'elles soient le plus éloignées possible ;

dessiner la configuration spatiale de molécules comportant uniquement des liaisons simples ;

dessiner la configuration spatiale de molécules comportant une ou des liaisons multiples ;

déterminer, à partir de sa configuration spatiale, si une molécule est polaire ou non polaire ;

déterminer, à partir de sa configuration spatiale, si une molécule est soluble ou non dans l'eau ;

expliquer comment le chlorure de sodium se dissocie dans l'eau.

PROCESSUS

représenter la configuration spatiale d'espèces chimiques (H_2O, CH_4, CO_2, O_2, NaCl) et prévoir leur comportement dans l'eau (T) ;

expliquer un comportement de la matière à partir de sa modélisation atomique/ionique/moléculaire (T).

Dans le chapitre précédent, nous avons appris à écrire des formules de Lewis dans lesquelles les atomes sont liés par covalence.

Dans certaines molécules, les atomes sont liés par covalence polarisée, ce qui induit des charges partielles sur les atomes.

Dans ce chapitre, nous allons voir si la connaissance de la formule de Lewis des molécules d'un corps et des éventuelles charges partielles de leurs atomes constitutifs permet de rendre compte de certaines propriétés du corps, notamment de sa solubilité dans l'eau. • • • • • •

 Observer le comportement d'un fin filet d'eau distillée, à l'approche d'un tube de verre électrisé et interpréter le phénomène observé

Pour ce faire :

- laisser couler d'une burette un fin filet d'eau distillée et en approcher un tube de verre préalablement électrisé par frottement avec un sac en plastique ;
- observer le phénomène et l'interpréter.

➡ Polarité des molécules H_2O

Lors de l'expérimentation, tu as pu voir qu'un mince filet d'eau était dévié par un tube de verre électrisé par frottement.

Si la molécule eau était linéaire (schéma a), il ne serait pas possible d'expliquer cette déviation.

$$\delta^+ \quad 2\delta^- \quad \delta^+$$
$$H \rightarrow \underline{O} \leftarrow H$$

Schéma a

En effet, dans une molécule linéaire, l'effet des deux charges δ^+ équivaut à l'effet d'une charge $2\delta^+$ (schéma b) située à mi-distance sur la droite qui joint les 2H.

$$\delta^+ \qquad 2\delta^+ \qquad \delta^+$$

Schéma b

La position de cette charge partielle $2\delta^+$ coïncide avec celle de la charge $2\delta^-$ portée par l'oxygène (schéma c) : les charges partielles se neutralisent.

$$2\delta^+$$
$$\overline{2\delta^-}$$

Schéma c

Sous cette forme linéaire, la molécule H_2O ne pourrait pas subir l'influence de charges électriques extérieures.

Or tu as observé une déviation du fin filet d'eau sous l'influence de l'approche d'un objet électrisé : *le modèle linéaire de la molécule eau ne peut donc être retenu.*

Quelle forme a alors la molécule H_2O pour que la résultante des charges positives ne coïncide pas avec le centre des charges négatives et pour que la molécule H_2O puisse dès lors être attirée par l'objet électrisé ?

Ne pouvant être linéaire, elle doit nécessairement avoir une forme angulaire (schéma a).

$$2\delta^-$$
$$\overline{O}$$
$$\delta^+ \nearrow \quad \nwarrow \delta^+$$
$$H \qquad H$$

Schéma a

Dans ce cas, la molécule présente deux pôles distincts (schéma b), formant ainsi un dipôle schématisé ci-après par un rectangle (schéma c).

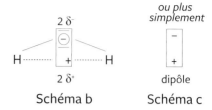

Schéma b

Schéma c

C'est pourquoi la molécule eau est dite « polaire ».

La polarité des molécules H_2O permet de comprendre qu'elles sont attirées par les charges électriques portées par l'objet électrisé et que le fin filet constitué de molécules H_2O dévie de sa trajectoire verticale.

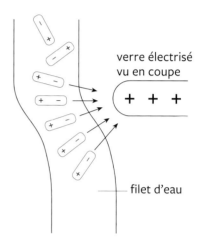

➡ Configuration spatiale de molécules

Théorie de Gillespie[1]

Comme nous venons de le voir à propos de la molécule eau, la seule connaissance de la formule de Lewis des molécules d'un corps ne permet pas de rendre compte de certaines de ses propriétés.

Pour ce faire, il faut également connaître la configuration spatiale des molécules du corps.

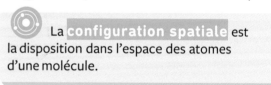

> La **configuration spatiale** est la disposition dans l'espace des atomes d'une molécule.

La configuration spatiale, résultant de l'orientation des liaisons autour d'un atome central, dépend directement de deux facteurs :

- du nombre de paires électroniques externes liantes et libres (non liantes).

---

1. R. J. Gillespie (1924-), chimiste canadien.

Considérons, par exemple, les formules de Lewis des composés chlorés : $BeCl_2$, BCl_3, PCl_3 et CCl_4.

Comptons le nombre de paires d'e⁻ autour de l'atome central (Be, B, P et C) :

– dans $BeCl_2$, BCl_3 et CCl_4, il y a respectivement 2, 3 et 4 paires liantes (qui unissent chacune deux atomes) ;

– dans PCl_3, il y a 3 paires liantes et 1 paire libre (non liante).

$$|\overline{Cl} - Be - \overline{Cl}| \qquad |\overline{Cl} - \overset{\displaystyle |\overline{Cl}|}{\underset{}{P}} - \overline{Cl}|$$

$$|\overline{Cl} - \overset{\displaystyle |\overline{Cl}|}{\underset{}{B}} - \overline{Cl}| \qquad |\overline{Cl} - \overset{\displaystyle |\overline{Cl}|}{\underset{\displaystyle |\overline{Cl}|}{C}} - \overline{Cl}|$$

• de l'arrangement des paires électroniques externes autour de l'atome central.

La théorie de Gillespie postule que la configuration spatiale la plus stable est celle où **les paires d'électrons externes se disposent de manière à former entre elles et l'atome central les plus grands angles possibles** puisque les paires électroniques se repoussent au maximum.

Pour visualiser la configuration spatiale des différentes molécules, nous indiquerons à l'aide des points situés à la surface d'une sphère la direction relative des différentes paires autour de l'atome central A se trouvant au centre de la sphère.

Les arrangements sont les suivants :

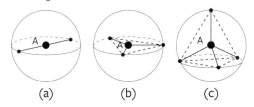

(a)   (b)   (c)

Ces arrangements portent des noms particuliers :

Arrangement	Nombre de paires	Nom de l'arrangement
a	2	linéaire
b	3	triangulaire équilatéral
c	4	tétraédrique

Configuration spatiale des molécules comportant uniquement des liaisons simples

Nous savons à présent quels sont les arrangements possibles des paires électroniques externes autour de l'atome central d'une molécule.

Cependant parmi ces paires, certaines sont liantes et d'autres non liantes (libres).

Deux configurations spatiales sont envisagées dans le cadre de ce cours.

Elles sont illustrées dans les exemples développés dans le point suivant.

> Pour prédire la configuration spatiale d'une molécule d'après la théorie de Gillespie, suivons les étapes résumées ci-dessous :
>
> 1) écrire la formule de Lewis de la molécule ;
>
> 2) déterminer le nombre de paires d'e⁻ liantes et de paires d'e⁻ libres autour de l'atome central ;
>
> 3) orienter les paires d'e⁻ liantes et libres autour de l'atome central de telle façon qu'elles soient les plus éloignées possible ;
>
> 4) lier à l'atome central les autres atomes par une liaison simple ;
>
> 5) établir la configuration spatiale de la molécule en représentant, autour de l'atome central, la ou les paire(s) libre(s) par un ou des doublet(s), s'il y en a ;
>
> 6) nommer la configuration spatiale de la molécule.

Appliquons cette démarche à deux molécules : CH_4 et H_2O.

Tu pourras visualiser ces molécules :

• en les construisant avec des modèles atomiques ;

• en utilisant des logiciels de représentation moléculaire en 3D disponibles sur internet.

1) Formule de Lewis	2) Nombre de paires autour de l'atome central	3) Arrangement des paires	4) Disposition des atomes liés à l'atome central	5) Configuration spatiale	6) Nom de la configuration spatiale*
CH_4 H—C—H avec H en haut et en bas	4 paires liantes, 0 paire libre	109°			tétraédrique
H_2O H—O—H	4 paires : 2 paires liantes et 2 paires libres		paires libres, paires liantes		en V ou angulaire (tous les atomes dans un même plan)

* Le nom de la configuration spatiale est donné en fonction de la position des atomes dans l'espace.

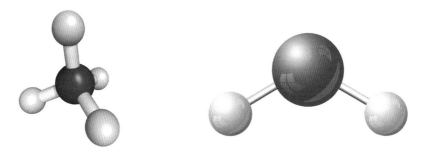

Configuration des molécules comportant une ou des liaisons multiples

Les étapes à suivre pour déterminer la configuration spatiale des molécules comportant une ou des liaisons multiples sont les mêmes que celles énoncées au point précédent sauf pour les étapes 2 et 4.

Ainsi, à l'étape 2, il faut déterminer le nombre de paires d'e⁻ liantes et libres autour de l'atome central **en considérant chaque liaison double ou triple comme une liaison simple**.

Et à l'étape 4, il faut lier à l'atome central les autres atomes par une simple, double ou triple liaison, en se référant à la formule de Lewis.

Pour la molécule suivante : CO_2, l'application de la méthode décrite ci-dessus te permettra de trouver la configuration spatiale ainsi que son nom.

1) Formule de Lewis	2) Nombre de paires autour de l'atome central*	3) Arrangement des paires	4) Disposition des atomes liés à l'atome central	5) Configuration spatiale	6) Nom de la configuration spatiale*
O=C=O	2	—C—	O=C=O	O=C=O	linéaire

* selon la règle énoncée dans l'étape 2 ci-dessus.

Quant à la molécule O_2 de formule O=O, elle est linéaire comme toute molécule binaire.

➦ Polarité ou non-polarité des molécules covalentes

Dans l'introduction de ce chapitre, pour expliquer qu'un fin filet constitué de molécules eau était attiré par un tube électrisé, nous avons dû admettre que les molécules eau présentent un dipôle comme schématisé ci-contre.

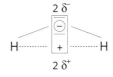

La théorie de Gillespie confirme la forme en V de la molécule H_2O. **La molécule H_2O**, présentant un dipôle, **est dite polaire**.

En se basant sur cette théorie, pouvons-nous prévoir la polarité ou la non-polarité d'une molécule comme CH_4 (méthane ou gaz naturel) ?

D'après la théorie de Gillespie, la molécule CH_4 est tétraédrique et présente la configuration spatiale ci-contre.

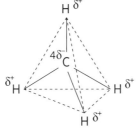

Dans cette molécule, chaque atome H est affecté d'une charge partielle δ^+ et l'atome C d'une charge partielle $4\delta^-$.

Or les atomes H (δ^+) sont disposés symétriquement autour du C ($4\delta^-$).

La résultante des 4 charges partielles δ^+, soit $4\delta^+$, coïncide donc avec la charge $4\delta^-$: il y a ainsi neutralisation des charges ; **la molécule CH_4** ne présentant pas de pôles est **non polaire**.

La théorie de Gillespie nous permet donc de prévoir si une molécule présente ou non des pôles distincts, c'est-à-dire si elle est polaire ou non polaire.

> Pour être **polaire**, une **molécule** doit :
>
> • posséder des charges partielles ;
>
> • avoir une configuration spatiale telle que la résultante des charges partielles positives ne coïncide pas avec la résultante des charges partielles négatives.

➦ Solubilité dans l'eau

Modèle d'une solution aqueuse d'un composé ionique : le chlorure de sodium NaCl

Nous savons que les cristaux de NaCl sont des assemblages d'ions Na^+ et Cl^- (*cf.* chap. 2 UAA5).

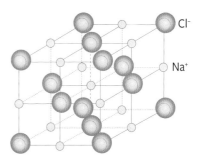

Nous avons observé précédemment que du $NaCl_{(s)}$ mis en solution aqueuse conduit le courant : il y a donc présence d'ions dans sa solution. Il doit donc exister entre les molécules eau et les ions présents dans les cristaux de NaCl une interaction telle que le cristal se dissocie en ions. Cette interaction importante « eau – ions du cristal » peut s'expliquer par le caractère polaire de la molécule H_2O.

Lorsqu'un cristal est mis dans l'eau, les molécules eau, molécules polaires angulaires s'orientent selon la charge des ions présents à la surface du cristal.

Sous l'action de l'agitation thermique combinée à l'attraction entre les pôles des molécules eau et les ions, les **ions du cristal se dissocient**.

Les ions, entourés de molécules eau (ions solvatés), se dispersent alors dans l'eau comme l'illustre le schéma ci-dessous :

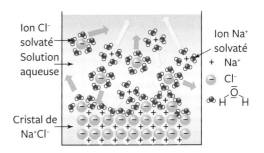

Tous les composés ioniques (sels et hydroxydes) se dissocient selon ce même modèle.

> Certains composés ioniques comme Na$^+$Cl$^-$ se dissocient et se dissolvent donc dans le solvant H$_2$O polaire.

Modèle d'une solution aqueuse d'un composé covalent polarisé : l'éthanol (alcool présent dans les boissons alcoolisées)

Nous savons que l'alcool éthylique ou éthanol de formule C$_2$H$_5$ — $\overline{O}$ — H est soluble dans l'eau.

Comment expliquer que l'éthanol se dissout dans l'eau ?

S'il y a dissolution de l'éthanol dans l'eau, c'est qu'il y a des interactions entre ces deux molécules.

- Dans les molécules coudées H$_2$O, il y a présence de charges partielles :

$$
\begin{array}{c}
2\delta^- \\
\overline{O} \\
\diagup \quad \diagdown \\
H \qquad H \\
\delta^+ \qquad \delta^+
\end{array}
$$

- Dans les molécules C$_2$H$_5$OH que nous schématiserons par la formule R–OH, l'atome H du groupement OH porte une charge partielle δ^+ et l'atome O une charge partielle δ^- suite à la forte polarisation de la liaison — $\overline{O}$ $\leftarrowtail$ H.

$$
\begin{array}{c}
\quad \delta^- \quad \delta^+ \\
R — \overline{O} \leftarrowtail H
\end{array}
$$

Comme la molécule H—$\overline{O}$—H, la molécule R—$\overline{O}$—H est coudée et nous la représenterons par le modèle suivant :

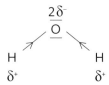

La présence du groupement — $\overset{\delta^-}{\overline{O}}$ $\leftarrowtail$ $\overset{\delta^+}{H}$ dans les molécules eau et éthanol permet à ces molécules mises en présence l'une de l'autre d'interagir comme le montre le modèle suivant :

Ces interactions croisées expliquent la solubilité de l'éthanol dans l'eau.

Les pointillés dans ce modèle schématisent les attractions électrostatiques entre un atome portant une charge partielle δ^- d'une molécule et un atome portant une charge δ^+ d'une autre molécule.

Ces attractions électrostatiques portent le nom de « ponts hydrogène » ou « liaisons hydrogène » parce qu'il y a interaction avec l'hydrogène.

🌐 Crèmes « hydratantes »

Certaines crèmes hydratantes contiennent de la lanoline.

Les molécules de lanoline (composé provenant de la laine) contiennent plusieurs groupement alcool —$\overline{O}$—H susceptibles d'établir des « ponts hydrogène » avec des molécules eau et ainsi de les retenir.

Grâce à ses nombreux groupements —$\overline{O}$—H, la lanoline peut former des émulsions[2] stables pouvant contenir jusqu'à 80 % d'eau.

L'application de la lanoline sur la peau contribue à hydrater celle-ci grâce à l'eau qu'elle fixe par ponts hydrogène.

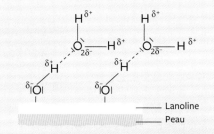

—— Lanoline
—— Peau

---

2. Une émulsion est une suspension de particules très fines d'un liquide dans un autre liquide.

Modèle d'une solution aqueuse de composés covalents non polarisés

Le méthane, composé non polaire n'est pas soluble dans l'eau, solvant polaire car il n'y a pas d'interaction entre les atomes des molécules méthane et eau.

Quant au gaz carbonique et au gaz dioxygène composés respectivement de molécules non polaires CO_2 et O_2, ils devraient être très peu solubles dans H_2O polaire car il n'y a pas d'interaction entre les atomes des molécules de CO_2, O_2 et H_2O.

Mais en pratique, d'autres facteurs peuvent expliquer que le CO_2 et O_2 sont légèrement solubles dans l'eau.

Ainsi :

– le gaz carbonique est relativement soluble dans l'eau et réagit avec l'eau pour former des molécules H_2CO_3, ce qui acidifie les boissons gazeuses ;

– le dioxygène est un peu présent dans l'eau et permet aux poissons d'y vivre.

En conclusion, nous pouvons dire que, **de façon générale**, un composé polaire est soluble dans un solvant polaire.

A contrario, un composé non polaire ne sera pratiquement pas soluble dans un solvant polaire.

1 Rechercher la configuration spatiale des molécules suivantes : HCN, SiCl$_4$, CS$_2$, H$_2$S et Br$_2$.

Conclure quant à la polarité ou non-polarité de ces molécules.

2 Quelle est l'orientation la plus plausible pour les 2 molécules H$_2$O ?
Justifier la réponse.

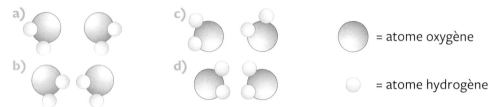

a) c) = atome oxygène

b) d) = atome hydrogène

3 L'alcool à brûler CH$_3$— $\overline{O}$ — H est-il soluble dans l'eau ? Justifier.

4 Le très sérieux « European Science and Environnement Forum » s'est risqué à
une plaisanterie qui montre combien on peut manipuler l'opinion publique et l'influencer.

Extrait de l'article

« L'industrie chimique utilise en quantité importante un composé chimique appelé hémioxyde d'hydrogène qui est à l'origine de fuites et d'infiltrations fréquentes.

Il se retrouve dans les rivières et dans la nourriture humaine et animale.

Il a les effets suivants sur l'environnement et la santé :

• c'est le composant majeur des pluies acides ;

• il participe à l'effet de serre ;

• il peut être mortel par inhalation accidentelle ;

• on le retrouve en quantité significative dans les tumeurs cancéreuses. »

À la question « Le produit est-il dangereux et faut-il réglementer son utilisation, voire l'interdire ? »,
76 % des personnes interrogées ont répondu oui, 19 % ne se prononcent pas, et seulement 5 % ont
répondu non.

Qu'en penses-tu ?

5 Une bouteille vide de limonade ou d'eau minérale d'1 L est percée de trois petits trous
distants d'environ 2 mm et situés à environ 3 cm de sa base.

En bouchant avec un doigt les trous, la bouteille est remplie entièrement d'eau de ville.

Lorsque le doigt est retiré, trois fins filets d'eau jaillissent de la bouteille.

En pinçant du pouce et de l'index les trois fins filets d'eau, ils se réunissent et ne font plus qu'un seul
filet d'eau.

Expliquer pourquoi, après avoir retiré les doigts, le filet d'eau ne se scinde plus.

Boire ou conduire... il faut choisir !

Aujourd'hui, l'alcool au volant tue malheureusement encore et toujours ! C'est une des premières causes de mortalité sur les routes : l'alcool est d'ailleurs impliqué dans un accident mortel sur quatre.

Rappelons que le seuil autorisé depuis 2012 par la loi belge est fixé à 0,5 g d'alcool/L de sang et 0,2 g d'alcool/L pour les nouveaux conducteurs.

Quel alcool est présent dans les boissons alcoolisées ?

L'alcool présent dans les boissons alcoolisées est un composé organique qui a pour nom *éthanol* ou *alcool éthylique*, de formule

$$CH_3- CH_2- \overline{O}-H$$

Il est soluble en toutes proportions dans l'eau en formant des ponts hydrogène.

L'éthanol est obtenu, entre autres, par fermentation à partir de sucres simples issus de l'hydrolyse[1] enzymatique de jus sucrés (canne, betterave...), de produits contenant de l'amidon (céréales, pomme de terre, manioc...) ou de la cellulose (bois, papiers...).

L'éthanol ainsi obtenu s'appelle « alcool agricole » ou « bioéthanol ».

$$C_{12}H_{22}O_{11} \xrightarrow{H_2O}$$
saccharose
(hydrolyse enzymatique)
$$C_6H_{12}O_6 \xrightarrow[\text{levures}]{\text{(fermentation)}} 2\ CO_2 + 2\ CH_3CH_2OH$$
glucose

$$(C_6H_{10}O_5)_nH_2O$$
amidon ou cellulose

Quel lien y a-t-il entre l'alcool présent dans les boissons alcoolisées absorbées et le taux d'alcool dans le sang ?

Les boissons alcoolisées possèdent un certain degré d'alcool. Lorsqu'une personne boit des boissons alcoolisées, chaque « verre » bu contient une certaine quantité d'alcool.

> Le **degré d'alcool** (°) équivaut à un pourcentage d'alcool en volume à 15 °C. Par exemple, une boisson à 5° contient 5 mL d'alcool dans 100 mL de boisson.

---

1. L'hydrolyse est une réaction chimique au cours de laquelle des molécules sont décomposées en molécules plus petites par l'action de l'eau.

Ainsi, 25 cL (soit 250 mL) de bière à 5° contiennent $250\text{mL} \cdot \dfrac{5}{100} = 12{,}5\text{mL}$ d'alcool, soit 10 g d'alcool (la masse volumique de l'alcool vaut 0,8 g/mL).

Quelle que soit la boisson alcoolisée absorbée, un « verre » représente dans chaque cas à peu près la même quantité d'alcool, soit environ 10 grammes (12,5 mL) d'alcool pur, comme l'illustre le schéma suivant :

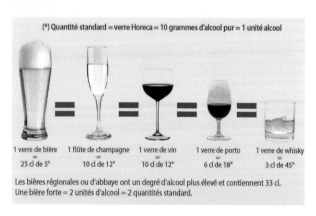

(*) Quantité standard = verre Horeca = 10 grammes d'alcool pur = 1 unité alcool

1 verre de bière	1 flûte de champagne	1 verre de vin	1 verre de porto	1 verre de whisky
=	=	=	=	=
25 cl de 5°	10 cl de 12°	10 cl de 12°	6 cl de 18°	3 cl de 45°

Les bières régionales ou d'abbaye ont un degré d'alcool plus élevé et contiennent 33 cl.
Une bière forte = 2 unités d'alcool = 2 quantités standard.

L'alcool présent dans la boisson alcoolisée absorbée va passer par le système digestif et se retrouver notamment dans le sang.

> Taux d'alcoolémie... ou plus exactement **alcoolémie** !
>
> L'alcoolémie est le taux d'alcool (éthanol) dans le sang, exprimé en grammes d'alcool par litre de sang.
>
> On peut également l'exprimer en milligrammes d'alcool par litre d'air expiré.
>
> Un gramme d'éthanol par litre de sang équivaut à un demi-milligramme d'éthanol par litre d'air expiré.

Chaque « verre » fait monter l'alcoolémie en moyenne de 0,20 g par litre de sang pour un homme de corpulence moyenne et de 0,30 g par litre de sang pour une femme de corpulence moyenne.

Cette augmentation de l'alcoolémie se fera plus ou moins rapidement : entre 20 et 45 minutes si l'on est à jeun et entre 1 et 2 heures après un repas copieux, riche en graisses.

Différents facteurs modifiant l'alcoolémie sont maintenant bien connus :

– l'alimentation : lorsque la boisson alcoolisée est ingérée au cours d'un repas, le taux d'alcool est abaissé ;

– la dilution de la boisson alcoolisée : le taux d'alcool est d'autant plus élevé que la boisson est plus concentrée ;

– le sexe de la personne : pour une même consommation, le taux d'alcool est plus élevé chez la femme que chez l'homme ;

– la masse corporelle de la personne : pour une même consommation, le taux d'alcool est plus élevé chez des personnes maigres.

Le tableau suivant donne un aperçu de la valeur de l'alcoolémie, en g/L, en fonction du sexe, de la corpulence et du fait d'avoir mangé ou non. Il s'agit de données approximatives qui peuvent varier d'une personne à l'autre.

Alcoolémie à jeun (g/L)				
Homme	60 kg	70 kg	80 kg	90 kg
1 verre	0,30	0,25	0,20	0,15
2 verres	0,55	0,45	0,40	0,30
3 verres	0,80	0,65	0,60	0,55
Femme	50 kg	60 kg	70 kg	80 kg
1 verre	0,40	0,30	0,25	0,25
2 verres	0,80	0,55	0,55	0,45
3 verres	1,20	1,00	0,90	0,75
Alcoolémie à la fin d'un repas (g/L)				
Homme	60 kg	70 kg	80 kg	90 kg
1 verre	0,20	0,15	0,15	0,10
2 verres	0,35	0,30	0,25	0,20
3 verres	0,55	0,45	0,40	0,30
Femme	50 kg	60 kg	70 kg	80 kg
1 verre	0,30	0,25	0,20	0,15
2 verres	0,60	0,45	0,35	0,30
3 verres	0,90	0,70	0,55	0,45

L'élimination de l'alcool présent dans le sang est très lente. Le foie peut éliminer, en moyenne,

0,15 gramme d'alcool par heure. Cela signifie que pour éliminer trois verres de vin bus au cours d'un repas (ce qui correspond à une alcoolémie d'environ à 0,45 g/L chez un homme de 70 kg), le foie mettra trois heures !

Afin de vérifier l'alcoolémie d'un conducteur, plusieurs techniques existent.

a) Techniques basées sur la quantité d'alcool présent dans l'air expiré :

– de manière préventive, si un conducteur a des doutes sur son état d'ébriété, il lui est recommandé d'effectuer un test grâce à un éthylotest avant de prendre le volant. Cet éthylotest est vendu dans certains magasins. Il est muni d'un embout, d'un sac de capacité d'un litre et d'un tube contenant le réactif chimique, du dichromate de potassium $K_2Cr_2O_7$ de couleur orangée.

Quelle est la réaction qui se passe dans l'éthylotest ?

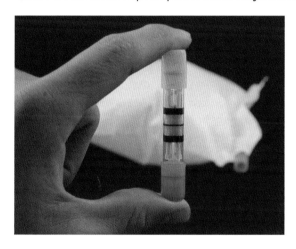

L'alcool éthylique, présent dans l'air insufflé dans le sac de 1 L, passe à travers le tube contenant le dichromate de potassium solide.

L'équation de la réaction qui a lieu lors du test est :

$$2K_2Cr_2O_7 + 8H_2SO_4 + 3CH_3–CH_2–OH \rightarrow$$
$$(orangé)\,2Cr_2(SO_4)_3 + 11H_2O + 3CH_3COOH$$
$$(vert) \qquad + 2K_2SO_4$$

Donc, en présence d'alcool éthylique, les cristaux orangés de $K_2Cr_2O_7$ se transforment en cristaux verts de $Cr_2(SO_4)_3$.

Si la coloration verte atteint ou dépasse l'anneau central du tube, le conducteur est au-dessus de 0,22 mg d'alcool par litre d'air, équivalent à 0,5 g d'éthanol par litre de sang et ne peut donc prendre le volant ;

– la police utilise maintenant, sur place, lors de contrôles routiers, des éthylomètres électroniques qui utilisent un capteur électrochimique mesurant un courant électrique proportionnel au nombre de grammes d'alcool présent dans le sang ;

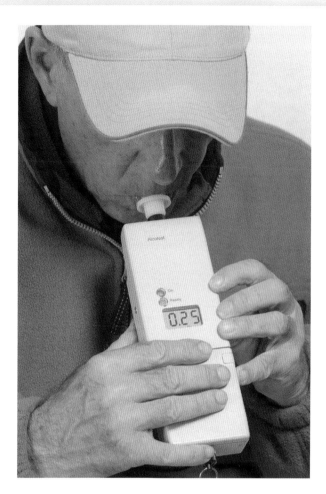

b) Technique basée sur la quantité d'alcool présent dans le sang. En cas de doute, la police peut faire procéder à une analyse de sang, qui fournit des données plus précises sur l'alcoolémie.

Quels sont les effets de l'absorption d'alcool sur le comportement d'un être humain et quelles en sont les conséquences lors de la conduite d'un véhicule motorisé ?

Lorsque le conducteur d'un véhicule est sous l'emprise de la boisson, sa vigilance est diminuée et ses réflexes sont atténués.

Outre cette diminution des réflexes, il existe d'autres effets liés à l'absorption d'alcool :

– augmentation de la sensibilité à l'éblouissement ;

– altération de l'appréciation des distances et des largeurs ;

– rétrécissement du champ visuel ;

– surestimation de ses capacités et effet euphorisant ;

– prise de risque plus importante : vitesse excessive, agressivité, non-port de la ceinture de la sécurité ou du casque ;

– ... • • • • • •

Les équilibres chimiques

UAA6

Au cours de cette unité d'acquis d'apprentissage, tu développeras la compétence suivante :

• prévoir le sens d'évolution d'une réaction réversible.

••••••

SOMMAIRE

L'état d'équilibre chimique

Les réactions chimiques peuvent être classées en réactions complètes et incomplètes.

Au terme d'une réaction chimique incomplète, un état d'équilibre dynamique s'installe entre les réactifs et les produits. Cet état d'équilibre peut être quantifié grâce à la constante d'équilibre K_c. ······

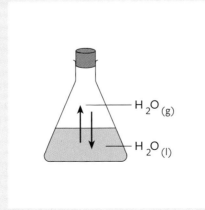

$H_2O_{(g)}$

$H_2O_{(l)}$

Ressources et processus à mobiliser

À la fin de ce chapitre, tu seras capable de...

SAVOIRS

définir :

→ système,

→ système isolé,

→ système chimique à l'état d'équilibre dynamique,

→ réaction directe et réaction inverse ;

énoncer :

→ les conditions nécessaires pour qu'un système chimique soit à l'état d'équilibre dynamique ;

→ la loi reliant les concentrations des composants d'un système à l'état d'équilibre dynamique (loi de Guldberg et Waage).

SAVOIR-FAIRE

calculer la concentration molaire d'une solution connaissant la masse ou la quantité de matière de soluté et le volume de la solution ;

décrire, à l'aide d'un exemple, le caractère dynamique d'un équilibre ;

reconnaître un système chimique à l'état d'équilibre dynamique ;

écrire une équation de réaction chimique aboutissant à l'état d'équilibre dynamique ;

utiliser le symbole correct des concentrations des composés d'un système avant réaction (C_x) et à l'état d'équilibre ([X]) ;

écrire l'expression de la constante d'équilibre K_c d'une réaction chimique aboutissant à un état d'équilibre, connaissant l'équation de la réaction ;

calculer la valeur de K_c à partir des valeurs des concentrations ;

calculer la valeur de la concentration à l'équilibre d'un réactif ou d'un produit, connaissant la valeur de K_c.

PROCESSUS

calculer une concentration molaire (A) ;

calculer la constante d'équilibre K_c associée à une transformation chimique (A) ;

utiliser une table des constantes d'équilibre pour distinguer une réaction complète d'une réaction limitée à un équilibre (A) ;

prévoir la concentration d'une espèce chimique présente dans un milieu réactionnel en équilibre, en utilisant la valeur de la constante d'équilibre K_c associée (A).

En 4ᵉ année, tu as appris à distinguer une réaction complète d'une réaction incomplète.

Rappelons qu'une réaction est :

– complète lorsque, au terme de la réaction, au moins un des réactifs a réagi complètement ;

– incomplète lorsque, au terme de la réaction, aucun des réactifs n'a réagi complètement.

Au terme d'une réaction incomplète, il est étonnant qu'une partie des réactifs soit encore présente et que le maximum de produits n'ait pas été formé. Bien qu'au niveau macroscopique plus rien ne se produit (pas de changement de coloration, pas d'apparition d'un gaz ou d'un précipité…) lorsque la réaction semble terminée, en est-il de même au niveau microscopique ?

Les questions qui se posent sont donc :

– lorsqu'une réaction incomplète est terminée, y a-t-il des interactions particulières entre les différentes substances présentes dans la solution finale ?

– comment décrire l'état du **système** ?

> Un système, en chimie, est le milieu réactionnel c'est-à-dire le milieu où se déroule la réaction.

Afin de répondre à ces questions, analysons le phénomène suivant et tentons d'y apporter une explication.

La mise en solution progressive de 29,4 g (0,1 mol) de dichromate de potassiun $K_2Cr_2O_7$ dans 100 mL d'eau aboutit à une solution orange avec finalement la présence de cristaux au fond du récipient comme le montre la photo ci-contre.

Un des cristaux est extrait de cette solution et est maintenu dans une solution saturée de $K_2Cr_2O_7$ **en système isolé**.

> Un système isolé est un système qui ne peut échanger ni matière ni énergie avec l'extérieur.

L'observation au binoculaire de ce cristal, de semaine en semaine, montre qu'il change de forme.

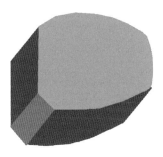

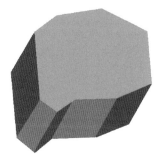

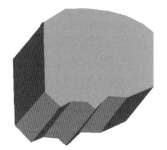

| 1ʳᵉ semaine | 2ᵉ semaine | 3ᵉ semaine |

D'autres mesures nous renseignent que la masse totale de ce cristal ne varie pas et que l'intensité de la coloration orange de la solution est toujours la même.

Pour interpréter ces différentes observations, nous définirons l'état dans lequel se trouve le système. ● ● ● ● ● ●

➡ État d'équilibre d'un système

Dans l'expérience présentée au début de ce chapitre, l'addition progressive du dichromate de potassium se déroule en plusieurs phases successives.

- Au départ, lorsque quelques grammes de sel solide sont versés dans 100 mL d'eau à 20 °C, le sel se dissout entièrement : la réaction est complète, tout le réactif a été transformé en produits.

  Le dichromate de potassium se dissout dans l'eau selon l'équation de dissociation :

  $$K_2Cr_2O_{7(s)} \xrightarrow{\ H_2O\ } 2K^+_{(aq)} + Cr_2O^{2-}_{7(aq)}$$

  La couleur de la solution est orange.

- Lorsque 12,1 g (0,041 mol) de sel ont été versés dans 100 mL d'eau à 20 °C, tout le sel s'est dissous et la **solution** est **saturée**.

- Lorsque quelques grammes de sel solide sont à nouveau versés dans la solution saturée, le sel ne se dissout plus ; il reste du réactif en présence des produits. La **solution** est dite **saturée avec excès**.

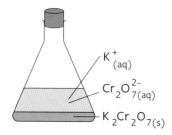

$K^+_{(aq)}$

$Cr_2O^{2-}_{7(aq)}$

$K_2Cr_2O_{7(s)}$

Solution saturée avec excès

Dans cette solution saturée avec excès, l'intensité de la coloration orange (due à l'ion dichromate) reste constante ainsi que la masse de dichromate de potassium solide, si la température reste constante.

On dit que ce **système a atteint son état d'équilibre**.

> Un système a atteint son état d'équilibre lorsque ses propriétés macroscopiques restent constantes.

Cette condition est nécessaire mais n'est cependant pas suffisante.

Dans notre exemple en effet, si le volume de solvant ou la température varie, les propriétés macroscopiques varient également : le système ne sera plus alors en état d'équilibre.

Par conséquent, pour maintenir un même état d'équilibre, il est nécessaire d'isoler le système, c'est-à-dire faire en sorte que la masse totale du système et sa température ne varient pas.

> Pour rester à l'état d'équilibre, un système chimique doit être isolé.

Modèle de l'état d'équilibre dynamique

Nous sommes arrivés à la conclusion qu'à l'état d'équilibre, les propriétés macroscopiques d'un système isolé restent constantes.

Cependant, dans la mise en situation, nous avons signalé que le cristal de $K_2Cr_2O_7$ changeait de forme de semaine en semaine sans pour autant changer de masse.

Pour rendre compte de ces observations, il faut envisager le problème au niveau microscopique.

Dans la solution saturée avec excès du dichromate de potassium, ions et molécules eau sont perpétuellement en mouvement. Il y a donc des chocs entre les parties constitutives de la solution (ions et molécules eau) et le cristal.

Nous pouvons dès lors imaginer que des transformations ont lieu au niveau microscopique.

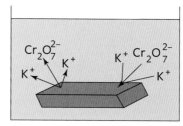

- Lors de la réaction de dissolution, des ions K^+ et $Cr_2O^{2-}_7$ quittent le cristal :

  $$K_2Cr_2O_{7(s)} \rightarrow 2K^+_{(aq)} + Cr_2O^{2-}_{7(aq)}$$

- Lors de la réaction de cristallisation, des ions K^+ et $Cr_2O^{2-}_7$ se déposent sur le cristal :

  $$2K^+_{(aq)} + Cr_2O^{2-}_{7(aq)} \rightarrow K_2Cr_2O_{7(s)}$$

Les propriétés macroscopiques étant constantes, il faut admettre que ces deux réactions se passent à la même vitesse.

Ce modèle selon lequel les propriétés macroscopiques du système isolé ne changent pas et où il se produit constamment des transformations inverses à vitesse égale au niveau microscopique est appelé **modèle dynamique**.

Ce modèle est applicable au cas des réactions incomplètes.

Trois conditions sont donc nécessaires pour reconnaître un **système à l'état d'équilibre dynamique** :

1. le système est isolé ;
2. les propriétés macroscopiques du système ne varient pas ;
3. deux réactions inverses s'y produisent en permanence à vitesse égale.

Un **système chimique à l'état d'équilibre dynamique** est un système isolé dans lequel deux réactions inverses se déroulent à vitesse égale et où les concentrations des réactifs et des produits demeurent constantes.

Pour illustrer le modèle de l'état d'équilibre dynamique d'un système, envisageons l'analogie suivante : un naufragé sur l'océan, dans un canot qui prend l'eau. L'eau qui s'introduit dans le bateau est analogue à la réaction directe, et l'eau qui est rejetée par-dessus bord est assimilée à la réaction inverse. Si l'eau est rejetée aussi vite qu'elle n'entre dans le canot, le niveau de l'eau à l'intérieur du bateau restera constant tout comme les concentrations des réactifs et des produits d'une réaction à l'état d'équilibre.

⇛ Écriture de l'équation traduisant un système à l'état d'équilibre dynamique

Les deux réactions simultanées et inverses décrites plus haut sont combinées dans une seule équation qui s'écrit :

$$K_2Cr_2O_{7(s)} \rightleftharpoons 2K^+_{(aq)} + Cr_2O^{2-}_{7(aq)}$$

Les deux flèches de même longueur, mais de sens contraire, indiquent que les deux réactions sont simultanées, inverses et s'effectuent à la même vitesse.

Dans une réaction aboutissant à un état d'équilibre dynamique, la **réaction directe** est la réaction de gauche à droite et la **réaction inverse** est celle de droite à gauche.

Réaction directe
$$R \rightleftharpoons P$$
Réaction inverse

Notons qu'on a gardé l'habitude d'appeler *réactifs* les substances qui figurent à gauche dans l'équation chimique et *produits* celles qui y figurent à droite, tout en sachant que la réaction se déroule simultanément dans les deux sens.

Cette écriture sera, dès lors, utilisée pour toute équation de **réaction incomplète** aboutissant à un état d'équilibre dynamique.

Ainsi, la réaction incomplète entre les ions $Fe^{3+}_{(aq)}$ et $SCN^-_{(aq)}$ étudiée en 4e année s'écrit :

$$Fe^{3+}_{(aq)} + SCN^-_{(aq)} \rightleftharpoons FeSCN^{2+}_{(aq)}$$

⇛ Étude quantitative de l'état d'équilibre dynamique

La constante d'équilibre K_c

Au point précédent, nous avons décrit un système chimique à l'état d'équilibre dynamique. Dans cet état d'équilibre, les réactifs restants et les produits formés, issus d'une réaction incomplète, subissent en permanence des réactions directes et inverses se déroulant à même vitesse : par conséquent, les concentrations des différents composés restent constantes.

En vue de quantifier la relation existant entre les concentrations des différents composés du système à l'état d'équilibre dynamique, nous répondrons à la question suivante : *quelles que soient les concentrations initiales des réactifs, existe-t-il une relation mathématique reliant, à l'état d'équilibre, les différentes concentrations des réactifs et des produits ?*

Pour répondre à la question, intéressons-nous à la formation de l'ion $FeSCN^{2+}$ à température ambiante vue précédemment :

$$Fe^{3+}_{(aq)} + SCN^-_{(aq)} \rightleftharpoons FeSCN^{2+}_{(aq)}$$

Rappelons que la concentration molaire correspond à un rapport entre la quantité de matière dissoute et le volume de la solution.

La **concentration molaire c** (exprimée en mol.L⁻¹) d'une solution est le rapport entre la quantité de matière n (exprimée en mol) de soluté et le volume V (exprimé en L) de la solution.

$$\text{Concentration molaire C} = \frac{\text{quantité de matière de soluté}}{\text{volume total de la solution}}$$

$$C \ (\text{mol.L}^{-1}) = \frac{n(\text{mol})}{V(\text{L})}$$

Ainsi, si 20 g de $NaOH_{(s)}$ (soit 0,5 mol) sont dissous dans de l'eau pour obtenir 2 L de solution, la concentration molaire a pour valeur : $C = \dfrac{0,5}{2} = 0,25$ mol.L⁻¹.

Afin de distinguer sans ambiguïté les concentrations initiales des réactifs et les concentrations des réactifs et des produits à l'état d'équilibre, les chimistes ont adopté les conventions d'écriture suivantes :

- C_x représente la concentration en mol.L⁻¹ d'un composé (où X est la formule du composé) **avant réaction** c'est-à-dire à l'état initial.

    Exemple : $C_{Fe^{3+}} = 3,00 . 10^{-3}$ mol.L⁻¹

- [X] représente la concentration en mol.L⁻¹ d'un composé X à l'**état d'équilibre**.

    Exemple : $[Fe^{3+}] = 2,56 . 10^{-3}$ mol.L⁻¹

Soit quatre expériences réalisées, à 25 °C, à partir de concentrations initiales différentes en Fe^{3+} et SCN^-. Des mesures ont permis de déterminer les valeurs des concentrations des réactifs et des produits à l'état d'équilibre.

Le but de ces expériences est de chercher, par une approche heuristique (par essais et erreurs), s'il y a moyen de trouver un rapport constant entre les concentrations des produits et des réactifs à l'état d'équilibre.

Le tableau ci-dessous résume les conditions expérimentales (concentrations initiales en réactifs et concentrations à l'équilibre en réactifs et en produit) ainsi que le résultat de deux calculs de rapport de concentrations en ions à l'équilibre.

Exp. n°	Avant réaction		À l'état d'équilibre			Rapport produit/réactif	
	$C_{Fe^{3+}}$ (10⁻³ mol.L⁻¹)	C_{SCN^-} (10⁻³ mol.L⁻¹)	$[Fe^{3+}]$ (10⁻³ mol.L⁻¹)	$[SCN^-]$ (10⁻³ mol.L⁻¹)	$[FeSCN^{2+}]$ (10⁻³ mol.L⁻¹)	$\dfrac{[FeSCN^{2+}]}{[Fe^{3+}].[SCN^-]}$	$\dfrac{[FeSCN^{2+}]}{[Fe^{3+}].[SCN^-]}$
1	3,00	1,00	2,56	0,56	0,44	$3,1.10^2$	0,14
2	6,00	2,00	4,80	0,80	1,20	$3,1.10^2$	0,21
3	9,00	3,00	6,95	0,95	2,05	$3,1.10^2$	0,26
4	12,00	4,00	9,03	1,03	2,97	$3,2.10^2$	0,29

L'analyse des résultats de ce tableau montre que, aux erreurs expérimentales près, un seul rapport produit/réactifs donne une valeur quasi constante pour les quatre expériences :

$$\frac{[FeSCN^{2+}]}{[Fe^{3+}].[SCN^-]} = \text{constante}$$

Cette valeur quasi constante est la moyenne des quatre valeurs calculées du rapport :

$$\frac{[FeSCN^{2+}]}{[Fe^{3+}].[SCN^-]} = 3,1.10^2$$

On peut en conclure que, dans ce système à l'état d'équilibre dynamique, **il existe une relation mathématique qui établit un rapport constant** entre la **concentration du produit** de la réaction et le **produit des concentrations des réactifs restants**.

Deux scientifiques norvégiens, C.M. GULDBERG[1] et P. WAAGE[2] ont proposé, en 1864, une loi générale, appelée « loi de Guldberg et Waage », s'appliquant à toute réaction chimique aboutissant à un état d'équilibre.

---

1. Cato Maximilian Guldberg (1836-1902), mathématicien et chimiste.
2. Peter Waage (1833-1900), physicien.

Pour tout système à l'état d'équilibre dont l'écriture est

$$aA + bB \rightleftharpoons mM + nN$$

la loi de Guldberg et Waage reliant les concentrations à l'équilibre est :

$$K_C = \frac{[M]^m \cdot [N]^n}{[A]^a \cdot [B]^b}$$

La constante K_C porte le nom de **constante d'équilibre**, l'indice c signifiant que la constante est exprimée en termes de concentration molaire.

Ainsi, dans le cas de la réaction dont l'équation est

$$Fe^{3+}_{(aq)} + SCN^-_{(aq)} \rightleftharpoons FeSCN^{2+}_{(aq)}$$

la constante d'équilibre a pour expression

$$K_C = \frac{[FeSCN^{2+}]}{[Fe^{3+}] \cdot [SCN^-]}$$

De même, dans le cas de la synthèse de l'acide iodhydrique HI gazeux dont l'équation est

$$H_{2(g)} + I_{2(g)} \rightleftharpoons 2HI_{(g)}$$

la constante d'équilibre a pour expression

$$K_C = \frac{[HI]^2}{[H_2] \cdot [I_2]}$$

Expression et valeur de K_C

L'expression et la valeur de K_C sont propres à chaque système chimique étudié.

- Dans l'expression de K_C :
  - les concentrations au **numérateur** sont celles **des produits** à l'état d'équilibre ;
  - les concentrations au **dénominateur** sont celles **des réactifs** à l'état d'équilibre ;
  - chacune des concentrations est élevée à une puissance identique à son coefficient stœchiométrique dans l'équation pondérée ;
  - la concentration des composants du système à l'état solide n'apparait pas.

  Ainsi, la réaction ayant pour équation

  $$AgCl_{(s)} \rightleftharpoons Ag^+_{(aq)} + Cl^-_{(aq)}$$

  a pour expression de la constante d'équilibre $K_C = [Ag^+] \cdot [Cl^-]$.

- La valeur de K_C :
  - n'a pas d'unité ;
  - permet aux chimistes d'estimer les proportions des produits formés par rapport aux réactifs restants quand l'état d'équilibre est atteint.

Plus la valeur de K_C est élevée, plus la proportion de produits (P) formés par rapport aux réactifs (R) restants est élevée et **plus la réaction tend à être complète**.

Inversement, plus la valeur de K_C est petite, plus la réaction est incomplète.

Le graphique suivant illustre l'évolution du pourcentage de produit formé en fonction de la valeur de K_C pour une réaction de type

$$R \rightleftharpoons P \text{ avec } K_C = \frac{[P]}{[R]}.$$

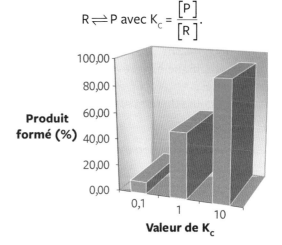

On dit également que le **degré d'avancement** de la réaction est fort ou peu élevé selon que la valeur de K_C est grande ou petite.

Le tableau suivant reprend un ensemble de réactions, classées de la plus complète à la plus incomplète.

	Équation de la réaction	K_C
1	$C_3H_{8(g)} + 5O_{2(g)} \rightleftharpoons 3CO_{2(g)} + 4H_2O_{(g)}$	10^{400}
2	$C_{(s)} + O_{2(g)} \rightleftharpoons CO_{2(g)}$	10^{69}
3	$Zn_{(s)} + Cu^{2+}_{(aq)} \rightleftharpoons Zn^{2+}_{(aq)} + Cu_{(s)}$	10^{39}
4	$NaOH_{(aq)} + HCl_{(aq)} \rightleftharpoons NaCl_{(aq)} + H_2O_{(l)}$	$3,1.10^{17}$
5	$H_{2(g)} + I_{2(g)} \rightleftharpoons 2HI_{(g)}$	50
6	$PbSO_{4(s)} + 2KI_{(aq)} \rightleftharpoons PbI_{2(s)} + K_2SO_{4(aq)}$	$5,5$
7	$PCl_{5(g)} \rightleftharpoons PCl_{3(g)} + Cl_{2(g)}$	$3,8.10^{-2}$
8	$AgCl_{(s)} \rightleftharpoons Ag^+_{(aq)} + Cl^-_{(aq)}$	10^{-10}

Comme on le voit, la valeur de K_C peut prendre des valeurs extrêmes et il a fallu choisir une valeur arbitraire de K_C pour délimiter le domaine des réactions complètes et incomplètes :

- si $K_C > 10^3$ alors la réaction est considérée comme complète ;
- si $K_C \leq 10^3$ alors la réaction est considérée comme incomplète.

Donc, les équations numérotées 1, 2, 3 et 4 correspondent à des réactions considérées comme complètes.

Dans la pratique, on a l'habitude de mettre une simple flèche ($\rightarrow$) entre les deux membres de l'équation d'une réaction complète.

Ainsi, l'équation n° 1 s'écrit :

$$C_3H_{8(g)} + 5\,O_{2(g)} \rightarrow 3\,CO_{2(g)} + 4\,H_2O_{(g)}$$

Quant aux équations numérotées 5, 6, 7 et 8, elles correspondent à des réactions incomplètes. Dans ce cas, une double flèche ($\rightleftharpoons$) est placée entre les deux membres de l'équation.

Comme nous l'avons vu en 4e, il est possible de visualiser graphiquement l'évolution de la quantité de matière en réactif et en produit d'une réaction au cours du temps.

Cela permet de :

– déterminer si la réaction est une réaction complète ou incomplète ;

– calculer la valeur de K_C si la réaction est incomplète.

Soit la réaction dont l'équation est :

$$N_2O_{4(g)} \rightleftharpoons 2\,NO_{2(g)}$$

Le graphique ci-dessous donne l'évolution de la quantité de matière de $N_2O_{4(g)}$ et de $NO_{2(g)}$ en fonction du temps.

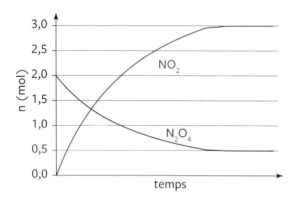

L'analyse du graphique montre qu'il s'agit d'une réaction incomplète, puisqu'à partir d'un certain moment, la quantité de matière de N_2O_4 reste constante et est différente de zéro (0,5 mol).

Sachant que le volume est de 2 L, il est possible de calculer la valeur de K_C.

Ainsi, le calcul des concentrations à l'équilibre donne :

$$[NO_2] = \frac{3\ mol}{2\ L} = 1,5\ mol.L^{-1}$$

$$[N_2O_4] = \frac{0,5\ mol}{2\ L} = 0,25\ mol.L^{-1}$$

Dès lors, l'expression et la valeur de K_C sont :

$$K_C = \frac{[NO_2]^2}{N_2O_4} = \frac{1,5^2}{0,25} = 9$$

Calcul de la constante d'équilibre K_C

Pour rechercher la valeur de la constante d'équilibre, il n'est pas nécessaire, dans la pratique, de connaître toutes les concentrations des réactifs et des produits à l'état d'équilibre, comme cela a été réalisé précédemment. Il est possible, en effet, de calculer ces valeurs à partir de quelques données seulement.

Exemple 1

La réaction incomplète entre l'acide acétique CH_3COOH et l'éthanol CH_3CH_2OH est une réaction qui aboutit à la formation d'acétate d'éthyle $CH_3COOCH_2CH_3$ et d'eau H_2O selon l'équation :

$$CH_3COOH + CH_3CH_2OH$$
$$\rightleftharpoons CH_3COOCH_2CH_3 + H_2O$$

Si on place initialement, 1,00 mol d'acide acétique en présence de 1,00 mol d'éthanol, dans un récipient d'un volume de 1,00 L à la température de 120 °C, il y a 0,67 mol d'acétate d'éthyle et 0,67 mol d'eau formés à la fin de la réaction.

Calculer la valeur de la constante d'équilibre K_C de cette réaction.

En utilisant la méthode du bilan de matière développée lors de la résolution de problèmes stoechiométriques, il est possible, après avoir identifié les différentes données (en caractère gras), de construire le tableau suivant :

Volume = **1,00 L**	CH_3COOH + CH_3CH_2OH $\rightleftharpoons$ $CH_3COOCH_2CH_3$ + H_2O			
Quantité de matière initiale = n_i (mol)	**1,00**	**1,00**	**0**	**0**
Quantité de matière qui disparait et qui apparait = n_r (mol)	−0,67	−0,67	+0,67	+0,67
Quantité de matière finale = $n_{éq}$ (mol)	0,33	0,33	**0,67**	**0,67**
Concentration à l'équilibre = $\frac{n_{éq}}{V}$ = [X] (mol.L^{-1})	$\frac{0,33}{1,00}$ = 0,33	$\frac{0,33}{1,00}$ = 0,33	$\frac{0,67}{1,00}$ = 0,67	$\frac{0,67}{1,00}$ = 0,67

L'expression et la valeur de la constante d'équilibre K_C sont :

$$K_C = \frac{[CH_3COOCH_2CH_3] \cdot [H_2O]}{[CH_3COOH] \cdot [CH_3CH_2OH]} = \frac{0,67 \cdot 0,67}{0,33 \cdot 0,33} = 4,1$$

Exemple 2

À 458 °C, un ballon de 2,00 L contient, avant réaction, 1,00 mol de dihydrogène gazeux et 1,00 mol de diiode gazeux. L'équation de la réaction entre le dihydrogène et le diiode est :

$$H_{2(g)} + I_{2(g)} \rightleftharpoons 2HI_{(g)}$$

À l'équilibre, il reste 0,22 mol de chaque réactif qui n'a pas réagi.

Calculer la valeur de la constante d'équilibre K_C de la réaction.

Volume = **2,00 L**	$H_{2(g)}$ +	$I_{2(g)}$ $\rightleftharpoons$	$2HI_{(g)}$
Quantité de matière initiale = n_i (mol)	**1,00**	**1,00**	**0**
Quantité de matière qui disparait et qui apparait = n_r (mol)	−0,78	−0,78	+1,56
Quantité de matière finale = $n_{éq}$ (mol)	**0,22**	**0,22**	1,56
Concentration à l'équilibre = $\dfrac{n_{éq}}{V}$ = [X] (mol.L^{-1})	$\dfrac{0,22}{2,00} = 0,11$	$\dfrac{0,22}{2,00} = 0,11$	$\dfrac{1,56}{2,00} = 0,78$

L'expression et la valeur de la constante d'équilibre K_C sont :

$$K_C = \frac{[HI]^2}{[H_2] \cdot [I_2]} = \frac{0,78^2}{0,11 \cdot 0,11} = 50$$

Calcul des concentrations en réactif(s) ou en produit(s) à l'équilibre

Il est possible de calculer les valeurs des concentrations des composants d'un système à l'état d'équilibre lorsque sont connues :

– la valeur de K_C ;

– la quantité de matière initiale et à l'équilibre d'un seul réactif.

Exemple

La réaction entre le dioxyde de soufre gazeux et le dioxygène gazeux, pratiquement complète à température ordinaire, aboutit à un état d'équilibre lorsqu'elle est effectuée à 830 °C.

La valeur de K_C est alors de 25.

L'équation de la réaction est :

$$2SO_{2(g)} + O_{2(g)} \rightleftharpoons 2SO_{3(g)}$$

a) *Calculer la quantité de matière initiale en $O_{2(g)}$.*

b) *Calculer les concentrations à l'équilibre sachant que la quantité de matière initiale et à l'équilibre de $SO_{2(g)}$ est respectivement de 0,16 mol et 0,06 mol dans un volume total de 1,00 L.*

Pour résoudre ce problème, appliquons la méthode du bilan de matière en indiquant en gras, dans le tableau, les données de l'énoncé.

Sachant que la réaction est incomplète et ne disposant pas de la quantité de matière initiale en O_2, nous la remplacerons par une inconnue *x*, que nous déterminerons par calcul.

$V = \mathbf{1,00\ L}$ $K_C = \mathbf{25}$	$2SO_{2(g)}$	$+$	$O_{2(g)}$	$\rightleftharpoons$	$2SO_{3(g)}$
n_i (mol)	**0,16**		x		**0**
n_r (mol)	−0,10		−0,05		+0,10
$n_{éq}$ (mol)	**0,06**		$x − 0,05$		0,10
$[X]$ (mol.L^{-1})	$\dfrac{0,06}{1,00} = 0,06$		$\dfrac{x − 0,05}{1,00} = x − 0,05$		$\dfrac{0,10}{1,00} = 0,10$

Pour déterminer x, il faut partir de l'expression de la constante d'équilibre :

$$K_C = \frac{[SO_3]^2}{[SO_2]^2 \cdot [O_2]}$$

En insérant les données de concentration déterminées par la méthode du bilan de matière, on obtient :

$$\frac{(0,06)^2}{(0,10)^2 \cdot (x − 0,05)} = 25$$

Finalement, on trouve que la valeur de x est 0,06.

La quantité de matière initiale en O_2 valait donc 0,06 mol.

En remplaçant x par 0,06 dans le bilan de matière, les concentrations des différentes espèces à l'équilibre ont pour valeur :

$$[SO_2] = 0,06\ \text{mol.L}^{-1}$$
$$[O_2] = 0,06 − 0,05 = 0,01\ \text{mol.L}^{-1}$$
$$[SO_3] = 0,10\ \text{mol.L}^{-1}$$

⚙ ACTIVITÉS D'APPRENTISSAGE

A. État d'équilibre dynamique d'un système

1 **Repérer, parmi les systèmes suivants, ceux qui répondent aux conditions de l'état d'équilibre dynamique. Justifier la réponse.**

a) De l'éther qui s'évapore sur la main.

b) Une solution saturée avec excès de chlorure de sodium contenue dans un erlenmeyer bouché et maintenue à température constante.

c) De l'essence qui brûle.

d) Du sulfate de cuivre dissous sans excès dans de l'eau.

e) Un dépôt de chlorure d'argent dans une solution saturée.

f) Un verre d'eau pétillante.

g) De l'eau pure dans une bouteille fermée et remplie à ras bord, à température constante.

h) L'eau minérale d'une bouteille fermée contenant, à température constante, du gaz carbonique dissous.

2 **Parmi les exemples ci-dessus, écrire les équations des réactions chimiques qui aboutissent à un état d'équilibre dynamique.**

3 **Considérons, comme un système isolé, une équipe de football répartie sur le terrain et sur le banc des réserves, au cours d'un match.**

Parmi les exemples repris ci-dessous, repérer celui qui n'est pas un exemple d'équilibre en système isolé.

a) Un joueur quitte le jeu, rejoint le banc des réserves et est remplacé par un joueur de réserve.

b) Un joueur est exclu du jeu, renvoyé aux vestiaires et n'est pas remplacé.

c) Un joueur de l'avant permute avec un joueur de l'arrière.

d) Un joueur de l'avant permute avec un joueur de l'arrière et ce dernier est lui-même remplacé, à la mi-temps, par un joueur de réserve.

4 **Dans une réaction, lorsque l'état d'équilibre est atteint :**

a) il y a 50 % de réactifs et 50 % de produits ;

b) macroscopiquement, il n'y a plus aucun changement, mais à l'échelle moléculaire, les réactions directe et inverse se poursuivent à vitesse égale ;

c) les réactions directe et inverse continuent à évoluer jusqu'à atteindre une vitesse limite, puis tout s'arrête.

Choisir la ou les bonnes réponses.

5 **Déterminer dans le tableau suivant les réactions qui peuvent être considérées comme complètes :**

Équation de la réaction	Valeur de K_c
$SO_{2(g)} + NO_{2(g)} \rightleftharpoons SO_{3(g)} + NO_{(g)}$	4,2
$2\,O_{3(g)} \rightleftharpoons 3\,O_{2(g)}$	$2,5.10^{12}$
$N_2O_{4(g)} \rightleftharpoons 2\,NO_{2(g)}$	2.10^{-1}
$Hg^{2+}_{(aq)} + S^{2-}_{(aq)} \rightleftharpoons HgS_{(s)}$	10^{52}
$CaCO_{3(s)} \rightleftharpoons CaO_{(s)} + CO_{2(g)}$	10^{-23}

B. Expression et calcul de la valeur de K_c

1 **Parmi les propositions suivantes, choisir la ou les affirmations correctes en toute circonstance pour une réaction à l'état d'équilibre dynamique.**

a) Toutes les concentrations des réactifs et des produits sont égales.

b) Le produit des concentrations des réactifs est égal au produit des concentrations des produits.

c) La somme des concentrations des réactifs est égale à la somme des concentrations des produits.

d) Les réactifs réagissent pour former les produits à la même vitesse que les produits réagissent pour former les réactifs ; la concentration des uns et des autres demeure constante.

e) Il y a plusieurs combinaisons des concentrations à l'équilibre qui correspondent à la valeur de K_c.

2 **Écrire l'expression correcte de K_c pour les systèmes suivants aboutissant à un état d'équilibre :**

a) $N_2O_{4(g)} \rightleftharpoons 2\,NO_{2(g)}$

b) $N_{2(g)} + 3\,H_{2(g)} \rightleftharpoons 2\,NH_{3(g)}$

c) $CaCO_{3(s)} \rightleftharpoons CaO_{(s)} + CO_{2(g)}$

d) $Ca_3(PO_4)_{2(s)} \rightleftharpoons 3\,Ca^{2+}_{(aq)} + 2\,PO^{3-}_{4\,(aq)}$

e) $CH_3COOH_{(aq)} + H_2O_{(l)} \rightleftharpoons CH_3COO^-_{(aq)} + H_3O^+_{(aq)}$

f) $2\,SO_{2(g)} + O_{2(g)} \rightleftharpoons 2\,SO_{3(g)}$

3 **L'acétate d'octyle est un ester qu'il est facile de synthétiser pour produire des essences artificielles d'orange. Ce composé reproduit en effet la saveur et l'arôme distinctifs des oranges amères.**

La réaction permettant d'obtenir l'acétate d'octyle (ester) met en œuvre un alcool et un acide et aboutit à un état d'équilibre représenté par l'équation simplifiée :

$$alcool_{(l)} + acide_{(l)} \rightleftharpoons ester_{(l)} + eau_{(l)}$$

Sachant que la valeur de la constante d'équilibre K_C vaut 10, choisir, parmi les propositions suivantes, l'expression correcte :

a) [ester].[eau] = [alcool].[acide]

b) [ester] = [alcool] et [eau] = [acide]

c) [alcool].[acide] = 0,10 [ester].[eau]

d) [acide] = [alcool].[ester].[eau] = 10

4 **Choisir la réaction qui sera la plus complète (ou qui aura le degré d'avancement le plus élevé) en motivant la réponse :**

a) $AgI_{(s)} \rightleftharpoons Ag^+_{(aq)} + I^-_{(aq)}$ $K_C = 1,5.10^{-16}$

b) $AgBrO_{3(s)} \rightleftharpoons Ag^+_{(aq)} + BrO_3^-_{(aq)}$ $K_C = 5,8.10^{-5}$

c) $AgIO_{3(s)} \rightleftharpoons Ag^+_{(aq)} + IO_3^-_{(aq)}$ $K_C = 3,1.10^{-8}$

5 **Le dioxyde d'azote NO₂ se forme dans l'atmosphère à partir du monoxyde d'azote (NO) qui se dégage essentiellement en milieu urbain, lors des combustions de combustibles fossiles liées au trafic et aux activités industrielles. Ce gaz NO₂ est en partie responsable du smog photochimique, une sorte de voile brunâtre qui est parfois visible au-dessus des grandes villes. Il est irritant pour les bronches.**

Les molécules NO_2 peuvent aussi réagir entre elles pour former un gaz incolore, N_2O_4. Cette réaction est incomplète et aboutit à un état d'équilibre dynamique traduit par l'équation :

$$2NO_{2(g)} \rightleftharpoons N_2O_{4(g)}$$

Le tableau suivant reprend les résultats expérimentaux de quatre expériences menées, à 100 °C, à partir de concentrations différentes en dioxyde d'azote.

Système n°	$[NO_2]$ en mol.L⁻¹	$[N_2O_4]$ en mol.L⁻¹
1	0,27	0,36
2	0,34	0,58
3	0,40	0,80
4	0,50	1,25

Calculer la valeur moyenne de K_C de la réaction.

R : K_C = 5,0

6 **La réaction de décomposition, à haute température, du dichlore gazeux en atomes chlore se traduit par l'équation :**

$$Cl_{2(g)} \rightleftharpoons 2\,Cl_{(g)}$$

L'évolution de la quantité de matière de Cl_2 et de Cl est donnée par le graphique suivant :

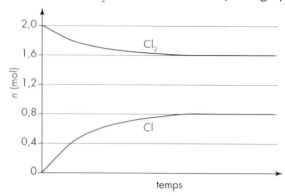

Calculer la valeur de K_C, sachant que la réaction a lieu dans un volume de 4 L.

R : $K_C = 0,1$

7 **La réaction permettant d'obtenir l'acétate d'éthyle (ester à l'odeur de dissolvant de vernis à ongle) met en œuvre un alcool et un acide et aboutit à un état d'équilibre représenté par l'équation simplifiée :**

$$alcool_{(l)} + acide_{(l)} \rightleftharpoons ester_{(l)} + eau_{(l)}$$

Légende :

– n_A correspond à l'alcool et à l'acide

– n_E correspond à l'ester et à l'eau

Calculer la valeur de la constante d'équilibre K_C, sachant que la réaction a lieu dans un volume de 1 L.

R : $KC = 4,4$

8 **Le N_2O_4 (gaz incolore) se transforme partiellement en NO_2 (gaz brun) selon l'équation :**

$$N_2O_{4(g)} \rightleftharpoons 2\,NO_{2(g)}$$

À 25 °C, la quantité de matière initiale et à l'équilibre de N_2O_4 est respectivement de 0,100 mol et 0,084 mol dans un volume total de 2,0 L.

Calculer la valeur de la constante d'équilibre de la réaction.

R : $K_C = 6,1 \cdot 10^{-3}$

9 **L'acétate d'éthyle (CH₃COOC₂H₅) est un solvant organique présent dans de nombreuses applications. Il est utilisé, par exemple, pour enlever le vernis à ongle.**

Pour produire de l'acétate d'éthyle, on fait réagir 2,50 mol d'acide acétique (CH_3COOH) avec 1,00 mol d'éthanol (C_2H_5OH) selon l'équation :

$$CH_3COOH_{(l)} + C_2H_5OH_{(l)} \rightleftharpoons CH_3COOC_2H_{5(l)} + H_2O_{(l)}$$

Lorsque la réaction a atteint son état d'équilibre, il reste 1,62 mol d'acide et 0,12 mol d'alcool qui n'ont pas réagi. Le volume total est de 200 mL.

Calculer la valeur de K_C de cette réaction.

R : K_C = 3,98

10 **Le trioxyde de soufre est un composé important. En effet, il sert de base à la préparation de l'acide sulfurique, chef de file mondial des produits industriels.**

L'acide sert à la fabrication d'engrais et est, en solution, un excellent électrolyte dans les accumulateurs au plomb (batteries de voiture).

Dans un récipient de 10,0 L porté à 750 °C, 0,250 mol de SO_2 et 0,200 mol de O_2 réagissent pour former 0,162 mol de SO_3 à l'équilibre.

Calculer la valeur de K_C, à cette température, pour la réaction dont l'équation est :

$$2SO_{2(g)} + O_{2(g)} \rightleftharpoons 2SO_{3(g)}$$

R : K_C = 2,85 . 10²

C. Calcul des concentrations à l'équilibre

1 **À 460 °C, le dihydrogène et le diiode réagissent partiellement pour former l'iodure d'hydrogène. Tous les composés sont gazeux.**

L'équation de la réaction est :

$$H_{2(g)} + I_{2(g)} \rightleftharpoons 2HI_{(g)}$$

La quantité de matière initiale et à l'équilibre de diiode est respectivement de 1,0 mol et 0,22 mol, dans un volume total de 1,0 L.

Sachant que $K_C = 50$, calculer les concentrations à l'équilibre.

R : $[H_2] = [I_2] = 0,22$ mol.L^{-1}

    $[HI] = 1,6$ mol.L^{-1}

2 **À 250 °C, le dichlore se combine partiellement avec le trichlorure de phosphore pour former du pentachlorure de phosphore.**

L'équation de la réaction est :

$$PCl_{3(g)} + Cl_{2(g)} \rightleftharpoons PCl_{5(g)}$$

Si initialement 1,00 mol de Cl_2 se trouve dans un volume de 10,0 L, il n'en reste plus que 0,463 mol après réaction.

Sachant que $K_C = 25,0$, calculer les concentrations à l'équilibre.

R : $[PCl_3] = [Cl_2] = 0,0463$ mol.L^{-1}

    $[PCl_5] = 0,0537$ mol.L^{-1}

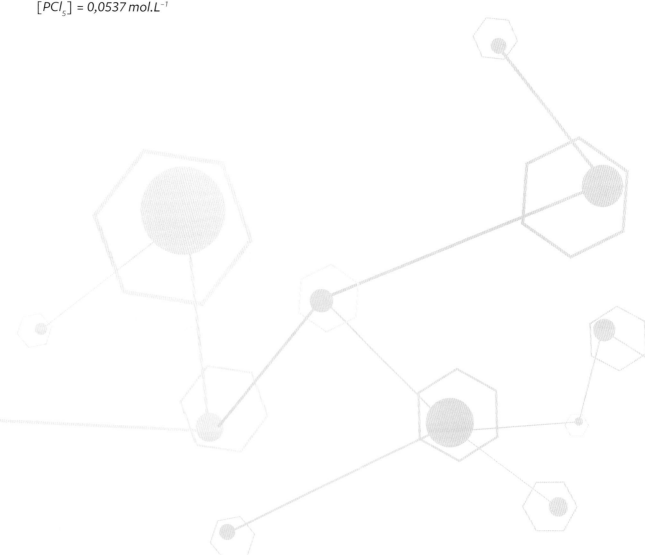

Simulation expérimentale d'un état d'équilibre dynamique

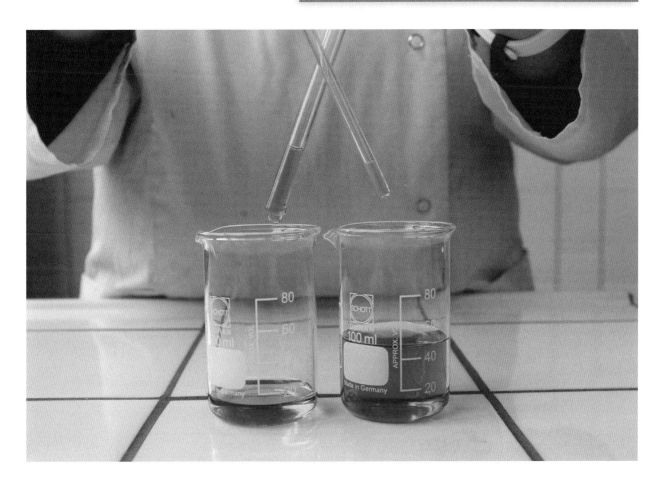

Pour réaliser une simulation expérimentale d'un état d'équilibre dynamique, il faut disposer de :

- deux berlins de 100 mL, de forme identique ;
- deux tubes de diamètre différent en verre ou en plastique rigide.

Il faut, ensuite, appliquer le mode opératoire suivant :

- remplir le berlin de gauche avec 80 mL d'eau et plonger le gros tube jusqu'au fond du berlin (1) ;
- placer le fin tube dans le berlin vide de droite (1) ;
- boucher avec le doigt le tube à essais de gauche, le sortir du berlin et transvaser l'eau dans le berlin de droite (2) ;
- recommencer l'opération, cette fois avec les deux tubes (3a) et transvaser à nouveau de l'eau de gauche à droite mais aussi de droite à gauche (3b) ;
- répéter l'opération plusieurs fois (4).

Finalement, les volumes d'eau dans chaque berlin ne varient plus. On atteint un état d'équilibre dynamique.

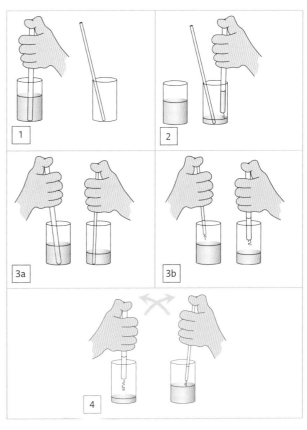

Le tableau suivant reprend les résultats d'une simulation informatique.

Transvasement	Volume berlin de gauche (mL)	Volume berlin de droite (mL)
0	100	0
1	75	25
2	57	43
3	45	55
4	37	63
5	31	69
6	26	74
7	23	77
8	21	79
9	20	80
10	19	81
11	18	82
12	18	82
13	17	83
14	17	83
15	17	83
16	17	83
17	17	83
18	17	83
19	17	83
20	17	83

Après 12 transvasements, les volumes dans les berlins ne varient plus : on atteint un état d'équilibre dynamique comme le montre le graphique ci-dessous :

**Évolution du volume d'eau dans les berlins de gauche
et de droite en fonction du nombre de transvasements**

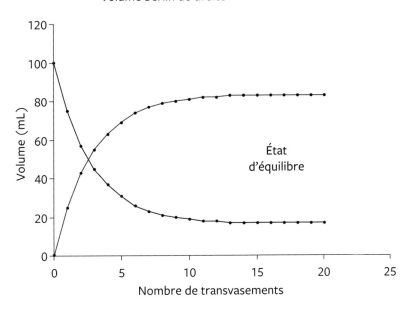

Déplacement de l'équilibre chimique Principe de Le Chatelier

Dans l'industrie et au laboratoire, les réactions sont souvent incomplètes et aboutissent à un état d'équilibre dynamique.

Le principe de Le Chatelier regroupe les facteurs susceptibles de déplacer l'état d'équilibre de ces réactions et permet d'expliquer l'évolution d'une situation concrète basée sur un équilibre chimique. ••••••

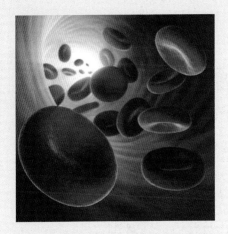

Ressources et processus à mobiliser

À la fin de ce chapitre, tu seras capable de...

SAVOIRS

énoncer le principe de Le Chatelier ;

citer les facteurs susceptibles de modifier l'état d'équilibre dynamique d'un système ;

citer les règles pratiques permettant de prévoir le sens du déplacement de l'état d'équilibre dynamique d'un système.

SAVOIR-FAIRE

expliquer, à partir de l'équation d'une réaction et de son caractère exothermique ou endothermique :

→ l'influence de la variation d'une concentration,

→ l'influence de la variation de la température,

→ l'influence de la variation de la pression,
   sur un système à l'état d'équilibre dynamique ;

expliquer les formulations « déplacement d'équilibre vers la droite » et « déplacement d'équilibre vers la gauche » ;

interpréter, à l'aide du principe de Le Chatelier, un déplacement d'équilibre observé ;

prévoir le sens du déplacement d'un état d'équilibre dynamique connaissant la ou les modifications imposées.

PROCESSUS

induire la loi de Le Chatelier à partir d'exemples (C) ;

prévoir le sens spontané d'évolution suite à une perturbation d'une réaction initialement en équilibre (A) ;

expliquer l'évolution d'une situation concrète sur base du principe de Le Chatelier (T).

Dans l'industrie, les ingénieurs chimistes mettent en œuvre des matières premières pour fabriquer des produits courants tels que l'ammoniac, l'acide nitrique, l'acide sulfurique…

Malheureusement, beaucoup de réactions réalisées dans l'industrie sont incomplètes et aboutissent à un état d'équilibre dynamique avec, dès lors, des rendements insatisfaisants en produits.

Dans la vie de tous les jours, beaucoup de réactions aboutissent aussi à un état d'équilibre.

Ainsi, les phénomènes liés au fonctionnement de l'organisme humain, tels l'oxygénation des cellules, la respiration pulmonaire, le fonctionnement des reins… mettent en jeu des réactions incomplètes.

Nous allons découvrir dans ce chapitre les facteurs qui influencent l'équilibre dynamique d'un système et permettent d'améliorer le rendement d'une réaction dans l'industrie ou le bon fonctionnement de l'organisme humain.

Nous mettrons ces différents facteurs en évidence en réalisant les expériences suivantes. • • • • • •

 Déterminer les facteurs susceptibles d'améliorer le rendement en produit, dans le cas d'une réaction incomplète

Les expériences proposées permettent de découvrir les facteurs susceptibles d'améliorer le rendement en ions $FeSCN^{2+}$ lors de la réaction entre les ions Fe^{3+} et SCN^-.

Pour ce faire :

- préparer 50 mL d'une solution de nitrate de fer (III) $Fe(NO_3)_3$ 0,1 mol.L^{-1} et noter la coloration de la solution ;
- préparer 50 mL d'une solution de thiocyanate d'ammonium NH_4SCN 0,1 mol.L^{-1} et noter la coloration de la solution ;
- mélanger, dans un erlenmeyer, 2 mL de la solution de $Fe(NO_3)_3$ et 2 mL de la solution de NH_4SCN ;
- ajouter 100 mL d'eau ;
- noter la coloration de cette solution (**solution initiale**) ;
- prélever 4 fois 10 mL de la solution initiale et les répartir dans 4 tubes à essais numérotés de 1 à 4 ;
- conserver le **tube n° 1** comme **témoin de coloration** ;
- ajouter, dans le **tube n° 2**, 1 mL de la solution de nitrate de fer (III), agiter et noter la coloration obtenue ;
- ajouter, dans le **tube n° 3**, 1 mL de la solution de thiocyanate d'ammonium, agiter et noter la coloration obtenue ;
- préparer un bain réfrigérant contenant un mélange de 30 g de chlorure de sodium NaCl et de 100 g de glace pilée ;
- plonger le **tube n° 4** dans le mélange réfrigérant et noter la coloration obtenue avant congélation de la solution.

➡ Influence de la variation de la concentration sur un système à l'état d'équilibre

Dans la solution initiale, un système à l'état d'équilibre dynamique est présent :

$$Fe^{3+}_{(aq)} + SCN^-_{(aq)} \rightleftharpoons FeSCN^{2+}_{(aq)}$$
jaune   incolore   rouge

Observation

Au départ, les trois tubes à essais n° 1, 2 et 3 contiennent la solution initiale. Suite à l'addition, à cette solution, d'une solution contenant des ions Fe^{3+} (tube n° 2) ou des ions SCN^- (tube n° 3), la coloration de la solution initiale devient plus rouge (photo suivante).

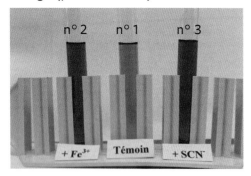

Interprétation

Suite à l'ajout d'ions Fe^{3+} ou d'ions SCN^-, la concentration en ions Fe^{3+} ou en ions SCN^- dans la solution a augmenté.

Puisque l'intensité de la coloration rouge augmente dans les deux cas, la solution contient, dans les tubes n° 2 et 3, davantage d'ions $FeSCN^{2+}$.

Conclusion

L'augmentation de la concentration en ions Fe^{3+} ou en ions SCN^- dans le milieu réactionnel initialement à l'état d'équilibre 1 **a pour effet de modifier cet état d'équilibre**.

Lorsque l'addition d'ions Fe^{3+} ou d'ions SCN^- est terminée, nous sommes en présence d'un nouvel état d'équilibre 2, caractérisé par une concentration plus grande en ions $FeSCN^{2+}$:

État d'équilibre 1 ⤳ État d'équilibre 2

Pour signifier que, dans ce nouvel état d'équilibre 2, **il y a plus de produit formé**, on écrira **une grande flèche indiquant le sens de la modification** au-dessus des deux flèches qui symbolisent l'état d'équilibre du système.

Dans le cas de l'ajout d'ions Fe^{3+}, l'écriture $C_{Fe^{3+}}$ ↗ au-dessus de la grande flèche montre que c'est l'augmentation de la concentration en ions Fe^{3+} qui est responsable de cette modification :

$$Fe^{3+}_{(aq)} + SCN^-_{(aq)} \xrightarrow{C_{Fe^{3+}} \nearrow} \rightleftharpoons FeSCN^{2+}_{(aq)}$$

Dans le cas de l'ajout d'ions SCN^-, l'écriture C_{SCN^-} ↗ au-dessus de la grande flèche montre que c'est l'augmentation de la concentration en ions SCN^- qui est responsable de cette modification :

$$Fe^{3+}_{(aq)} + SCN^-_{(aq)} \xrightarrow{C_{SCN^-} \nearrow} \rightleftharpoons FeSCN^{2+}_{(aq)}$$

On dit alors, dans le langage du chimiste, que la **réaction directe est favorisée** ou que **l'équilibre est déplacé vers la droite**.

> L'addition d'un réactif dans un système à l'état d'équilibre dynamique provoque une consommation du réactif ajouté.

➡ Influence de la variation de température sur un système à l'état d'équilibre

Dans la solution initiale, un système à l'état d'équilibre dynamique est présent :

$$Fe^{3+}_{(aq)} + SCN^-_{(aq)} \rightleftharpoons FeSCN^{2+}_{(aq)} + énergie$$

La réaction directe est exothermique.

Observation

Lors du refroidissement de la solution initiale contenue dans le tube n° 4, la coloration de la solution devient progressivement plus rouge (tube n° 4).

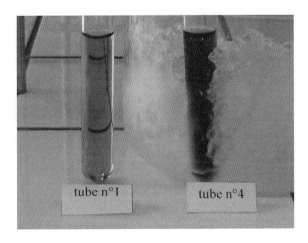

tube n°1   tube n°4

Interprétation

L'augmentation progressive de la coloration rouge indique qu'il y a davantage d'ions $FeSCN^{2+}$ présents qu'au départ.

Conclusion

La diminution de la température du milieu réactionnel initialement à l'état d'équilibre 1 **a pour effet de modifier cet état d'équilibre**.

Après la diminution de température, nous sommes en présence d'un nouvel état d'équilibre 2, caractérisé par une concentration plus grande en ions $FeSCN^{2+}$.

$$\text{État d'équilibre 1} \curvearrowright \text{État d'équilibre 2}$$

L'écriture $T^{\searrow}$ au-dessus de la grande flèche montre que le déplacement d'équilibre est dû à une diminution de température :

$$Fe^{3+}_{(aq)} + SCN^-_{(aq)} \overset{T\searrow}{\underset{}{\longrightarrow}} \rightleftharpoons FeSCN^{2+}_{(aq)}$$

La réaction directe est favorisée. L'équilibre chimique **est déplacé vers la droite**.

> La diminution de température d'un système à l'état d'équilibre favorise la réaction exothermique.

Influence de la variation de la pression sur un système à l'état d'équilibre

Un autre facteur qui pourrait influencer l'état d'équilibre d'un système est la pression exercée sur ce système.

Mais une variation de pression sur le système étudié :

$$Fe^{3+}_{(aq)} + SCN^-_{(aq)} \rightleftharpoons FeSCN^{2+}_{(aq)}$$

est sans effet car les solutions aqueuses sont pratiquement incompressibles.

C'est pour cette raison que l'influence de la variation de pression est étudiée sur un autre système dans lequel un des constituants est gazeux.

Soit le système présent dans une bouteille fermée d'eau pétillante :

$$CO_{2(aq)} \rightleftharpoons CO_{2(g)}$$

Ce système, considéré comme isolé, est dans un état d'équilibre dynamique : il contient du $CO_{2(aq)}$ dissous dans la solution et du $CO_{2(g)}$ au-dessus de la solution.

Initialement, dans l'état d'équilibre 1, la pression du $CO_{2(g)}$ à l'intérieur de la bouteille est nettement supérieure à la pression atmosphérique.

Voyons comment la variation de pression va influencer l'état d'équilibre 1 présent dans la bouteille.

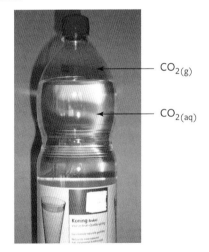

$CO_{2(g)}$

$CO_{2(aq)}$

 Déterminer comment la variation de la pression influence un système à l'état d'équilibre en observant le comportement du contenu d'une bouteille d'eau pétillante après ouverture

Pour ce faire :
- enlever le bouchon de la bouteille et observer durant un certain laps de temps, jusqu'à ce qu'il ne se passe plus rien ;
- agiter encore et observer.

Observation

Des bulles de gaz s'échappent de la solution lorsqu'on enlève le bouchon de la bouteille.

Après un certain temps, il n'y a plus de dégagement gazeux.

Après agitation, de nouvelles bulles de gaz apparaissent.

bulles de $CO_{2(g)}$

Interprétation

En ouvrant la bouteille, la pression du $CO_{2(g)}$ diminue brusquement au-dessus de la solution jusqu'à atteindre une pression égale à la pression atmosphérique.

Suite à cette diminution de pression, du $CO_{2(aq)}$ quitte la solution, sous forme de bulles pour devenir $CO_{2(g)}$.

Lorsque le dégagement gazeux a cessé, tout le $CO_{2(aq)}$ semble s'être échappé de la solution.

Cependant, une agitation de la bouteille provoque un nouveau dégagement gazeux : il restait donc encore du $CO_{2(aq)}$ dans la solution.

Conclusion

Après avoir ouvert la bouteille, la diminution de la pression dans le milieu réactionnel initialement à l'état d'équilibre 1 a pour effet de modifier cet équilibre.

Lorsque la diminution de pression est terminée, nous sommes en présence d'un nouvel état d'équilibre 2, caractérisé par une concentration plus petite en $CO_{2(aq)}$.

État d'équilibre 1 ⟿ État d'équilibre 2

L'écriture $p \searrow$ au-dessus de la grande flèche montre que le déplacement d'équilibre est dû à la diminution de pression :

$$CO_{2(aq)} \xrightarrow{p \searrow} \rightleftharpoons CO_{2(g)}$$

La réaction directe est favorisée. L'équilibre chimique **est déplacé vers la droite**.

> La diminution de pression dans un système à l'état d'équilibre dynamique favorise une production de gaz.

⇒ Le principe de Le Chatelier[1]

Les observations réalisées lors des expériences précédentes ont permis de découvrir que les facteurs susceptibles de modifier l'état d'équilibre d'un système sont :
– la concentration,
– la température,
– la pression.

À partir des nombreuses autres observations réalisées sur les modifications apportées aux systèmes à l'état d'équilibre, Le Chatelier résuma, en 1884, ses observations en un principe[2].

Ce principe permet de prévoir le sens du déplacement de l'équilibre d'un système à l'état d'équilibre dynamique en fonction des variations de concentration, de température ou de pression.

> Si une **modification** (concentration, température, pression) est imposée à un système chimique à l'état d'équilibre, il s'ensuit la **réaction chimique** qui **s'oppose en partie** à la modification imposée ; le système évolue vers un **nouvel état d'équilibre**.

Lors des différentes expériences réalisées, il y a **trois temps successifs**.

---

1. Henry Le Chatelier (1850-1936), chimiste français.
2. Un principe est une affirmation qui ne peut être démontrée mais qui est admise parce que toujours vérifiée dans ses conséquences.

1	Initialement, le système est à l'état d'équilibre 1.
2	Une modification de concentration, de température ou de pression, venant de l'extérieur du système, est imposée.
3	La réponse du système favorise la réaction directe ou inverse qui s'oppose en partie à la modification imposée pour atteindre un nouvel état d'équilibre 2 : il y a modification du rendement en produit(s).

Règles pratiques pour chacune des modifications de facteurs influençant l'équilibre.

1) Modification de la concentration :
– un composé ajouté est en partie consommé ;
– inversement, un composé enlevé est en partie reformé.

2) Modification de la température :
– une augmentation de température favorise la réaction endothermique ;
– inversement, une diminution de température favorise la réaction exothermique.

3) Modification de la pression :
– une augmentation de pression favorise la réaction qui diminue la quantité de matière gazeuse ;
– une diminution de pression favorise la réaction qui augmente la quantité de matière gazeuse.

⇒ Une application du principe de Le Chatelier

Influence de la fièvre sur l'oxygénation du sang

L'état fiévreux (rhume, grippe…) s'accompagne souvent de fatigue, d'essoufflement…

Ces phénomènes trouvent, en partie, leur explication dans la modification de la fixation du dioxygène, présent dans l'air respiré, par l'hémoglobine du sang.

Système à l'état initial

La fixation du dioxygène par l'hémoglobine du sang est une réaction légèrement exothermique qui peut être traduite par l'équation simplifiée suivante :

$$Hb + O_{2(g)} \rightleftharpoons Hb(O_2) + énergie \qquad (1)$$

hémoglobine   oxyhémoglobine

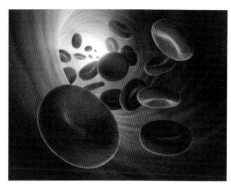
Globule rouge

L'oxyhémoglobine permet le transport du dioxygène vers les cellules du corps.

Modification imposée au système

Lorsque de la fièvre se manifeste chez un malade, il y a augmentation de la température du corps. Le système correspondant à l'équilibre (1) reçoit de l'énergie et s'en trouve perturbé.

Évolution du système

En vertu du principe de Le Chatelier, un apport d'énergie venant de l'extérieur provoque une réaction de ce système qui va s'opposer en partie à cette modification : le système va favoriser la réaction qui provoque une absorption d'énergie.

C'est donc la réaction inverse, endothermique, qui est favorisée et l'équilibre est déplacé vers la gauche.

Pour visualiser l'évolution du système, la double flèche de l'équation est surmontée d'une flèche vers la gauche qui indique que cette évolution est due à une augmentation de la température T :

$$\overset{T \nearrow}{\underset{}{\longleftarrow}}$$
$$Hb + O_{2(g)} \rightleftharpoons Hb(O_2) + énergie$$

Cela explique que la quantité de $Hb(O_2)$ dans le sang diminue et que, donc, moins de dioxygène sera amené aux cellules, en provoquant un état de fatigue.

Réaction de l'organisme

L'organisme tend à compenser le déficit en dioxygène qui parvient aux cellules par une respiration plus rapide.

En effet, cela favorise la production de $Hb(O_2)$ par l'augmentation de la quantité de O_2 qui arrive aux poumons. L'équation suivante représente ce phénomène :

$$\overset{O_2 \nearrow}{\longrightarrow}$$
$$Hb + O_{2(g)} \rightleftharpoons Hb(O_2) + énergie$$

1 **Une augmentation de concentration en réactif sur un système à l'état d'équilibre :**

a) a pour effet d'augmenter la quantité de produit ;

b) a pour effet de diminuer la quantité de produit ;

c) n'a pas d'influence sur la quantité de produit.

Choisir la proposition correcte et justifier.

2 **Une augmentation de température lors d'une réaction endothermique aboutissant à un état d'équilibre a pour effet de :**

a) déplacer l'équilibre vers les produits ;

b) déplacer l'équilibre vers les réactifs ;

c) favoriser la réaction inverse ;

d) favoriser la réaction directe.

Choisir la(les) proposition(s) correcte(s) et justifier.

3 **Déterminer quel(s) système(s) à l'état d'équilibre n'est (ne sont) pas affecté(s) par une augmentation de pression :**

a) $FeO_{(s)} + CO_{(g)} \rightleftharpoons Fe_{(s)} + CO_{2(g)}$

b) $2H_2O_{(g)} \rightleftharpoons 2H_{2(g)} + O_{2(g)}$

c) $N_{2(g)} + O_{2(g)} \rightleftharpoons 2NO_{(g)}$

4 **Soit le système suivant à l'état d'équilibre :**

$$2SO_{2(g)} + O_{2(g)} \rightleftharpoons 2SO_{3(g)} + \text{énergie}$$

Déterminer la réaction favorisée et l'évolution de la concentration en produit lors de chaque modification imposée individuellement :

a) ajout de dioxygène ;

b) retrait de trioxyde de soufre ;

c) ajout de dioxyde de soufre ;

d) diminution de la température ;

e) augmentation de la pression.

5 Le tableau suivant présente quelques systèmes à l'état d'équilibre et les modifications imposées à ces systèmes.

Préciser la réaction qui sera favorisée et prévoir l'évolution de la concentration en produit(s) lors de chaque modification imposée individuellement. Justifier les réponses.

Systèmes	Modifications imposées par l'expérimentateur
a) $H_{2(g)} + I_{2(g)} \rightleftharpoons 2HI_{(g)}$ + énergie	• Élimination de HI au fur et à mesure de sa formation. • Augmentation de la température. • Augmentation de la pression.
b) $CaCO_{3(s)}$ + énergie $\rightleftharpoons CaO_{(s)} + CO_{2(g)}$	• Élimination du dioxyde de carbone. • Augmentation de la température.
c) $N_2O_{4(g)}$ + énergie $\rightleftharpoons 2NO_{2(g)}$	• Diminution de la température. • Augmentation de la pression.
d) $O_{2(aq)}$ + énergie $\rightleftharpoons O_{2(g)}$	• Ajout de dioxygène gazeux. • Diminution de la température. • Diminution de la pression.
e) $H_2O_{(g)} + C_{(s)}$ + énergie $\rightleftharpoons H_{2(g)} + CO_{(g)}$	• Ajout de vapeur d'eau. • Diminution de la pression.

6 L'eau d'un aquarium, maintenue à température constante et en contact avec l'atmosphère, échange du dioxygène avec l'air selon la réaction dont l'équation est :

$$O_{2(g)} \rightleftharpoons O_{2(aq)} + \text{énergie}$$

Proposer une technique pour assurer une meilleure oxygénation de l'eau pour les poissons, tout en maintenant la température constante.

7 Le pot catalytique sert à éliminer certains rejets polluants ou toxiques qui sortent du moteur des voitures. Une des réactions ayant lieu dans le pot catalytique est destinée à éliminer le monoxyde de carbone, gaz toxique voire mortel.

L'équation de cette réaction est :

$$2CO_{(g)} + O_{2(g)} \rightleftharpoons 2CO_{2(g)} + \text{énergie}$$

Déterminer comment agir sur l'équilibre pour éliminer un maximum de $CO_{(g)}$.

8 L'ammoniac, molécule de base de la chimie, a pour formule NH₃. C'est un gaz incolore, dégageant une forte odeur désagréable. En solution aqueuse, sous forme d'ammoniaque, c'est un excellent dégraissant pour nettoyer, par exemple, les vitres.
Il est utilisé pour fabriquer du nitrate d'ammonium NH₄NO₃, un engrais azoté produit notamment en Belgique par la société Yara, située près de Mons.

L'équation qui traduit la réaction de synthèse de l'ammoniac est :

$$N_{2(g)} + 3H_{2(g)} \rightleftharpoons 2NH_{3(g)} + \text{énergie}$$

Préciser dans quelles conditions (concentration, température, pression) envisagées séparément, une quantité maximum d'ammoniac sera obtenue.

Justifier les réponses.

Unité de production chez Yara, Tertre

9 Le monoxyde de carbone CO est un gaz toxique, mais il est malheureusement inodore et invisible. Il arrive que des personnes soient intoxiquées par du CO, par exemple dans des endroits mal ventilés où fonctionne un chauffe-eau au gaz ou un poêle au charbon ou au mazout avec un mauvais tirage.
Les symptômes vont du mal de tête aux nausées, à l'étourdissement et même la perte de conscience, avec parfois des conséquences dramatiques.

On peut considérer que trois réactions entrent en ligne de compte dans ce phénomène :

– au niveau des poumons, le passage du dioxygène gazeux de l'air au dioxygène dissous dans le sang :

$$O_{2(g)} \rightleftharpoons O_{2(aq)} \qquad (1)$$

– au niveau des poumons, le passage du monoxyde de carbone gazeux de l'air au monoxyde de carbone dissous dans le sang :

$$CO_{(g)} \rightleftharpoons CO_{(aq)} \qquad (2)$$

– au niveau du sang, l'équilibre entre l'hémoglobine ayant fixé le dioxygène et l'hémoglobine ayant fixé le monoxyde de carbone :

$$Hb(O_2) + CO_{(aq)} \rightleftharpoons Hb(CO) + O_{2(aq)} \qquad K_C = 210 \qquad (3)$$

a) Justifier le fait que le CO se fixe sur l'hémoglobine préférentiellement à O_2 ;

b) Après avoir lu l'information figurant dans l'encadré ci-après, expliquer pourquoi une personne intoxiquée au CO reçoit du dioxygène via un masque ou est placée dans un caisson hyperbare.

Le caisson hyperbare (du grec *hyper*, « beaucoup » et *baros*, « lourd »), également appelé caisson de recompression ou chambre hyperbare, est une installation étanche au sein de laquelle un ou plusieurs patients peuvent être exposés à une pression supérieure à la pression atmosphérique, ce qui permet principalement d'accroître l'oxygénation des tissus. Lors du traitement hyperbare, un gaz comme l'air médical ou l'oxygène médical est administré.

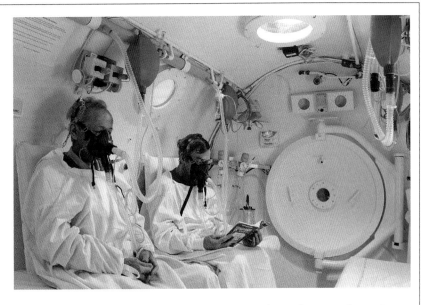

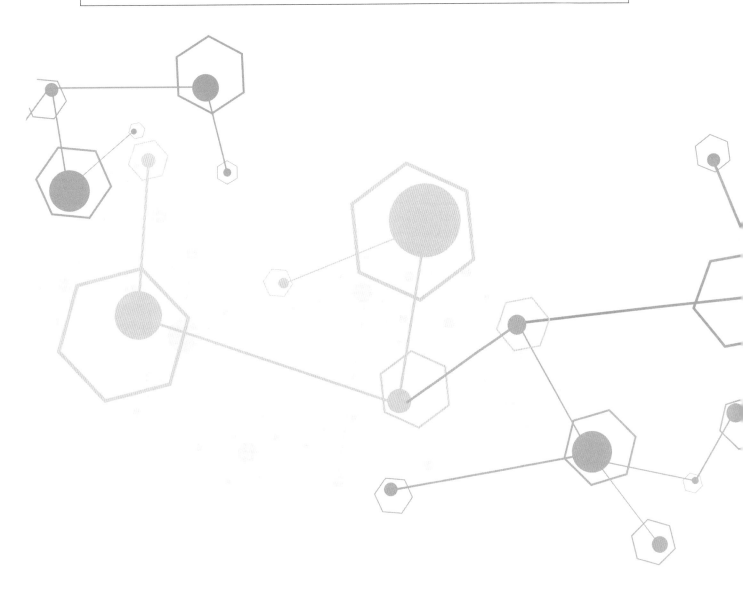

Hémoglobine et dioxygène, un couple parfait

L'**hémoglobine** est une protéine qui est présente dans les globules rouges et dont la fonction est le transport du dioxygène et du gaz carbonique dans l'organisme humain et chez d'autres organismes vivants. On la symbolise par « Hb ».

Les deux gaz, le dioxygène O_2 et le gaz carbonique CO_2, sont fixés ou libérés par l'hémoglobine lors des échanges gazeux ayant lieu au niveau des poumons et des organes cibles (muscles, foie...).

Dans les poumons, le dioxygène O_2 est fixé par l'hémoglobine pour former de l'oxyhémoglobine, selon la réaction dont l'équation simplifiée est :

$$Hb + O_{2(g)} \rightleftharpoons HbO_2 + \text{énergie}$$

Hémoglobine   Oxyhémoglobine

L'oxyhémoglobine est véhiculée dans le sang jusqu'aux cellules où O_2 est libéré et pénètre dans les cellules.

Le glucose, apporté par l'alimentation, et le dioxygène O_2 réagissent alors ensemble en libérant l'énergie qui va permettre à la cellule de fonctionner.

Cette réaction peut être résumée par l'équation simplifiée suivante :

$$C_6H_{12}O_6 + 6O_2 \rightarrow 6CO_2 + 6H_2O + \text{énergie}$$

Le gaz carbonique CO_2, produit lors de cette réaction, est ramené par le système vasculaire aux poumons, où il est éliminé lors de la ventilation pulmonaire.

Hémoglobine, sport et dopage

Les sportifs ont besoin d'un apport d'énergie important pour réaliser les efforts consentis lors des compétitions.

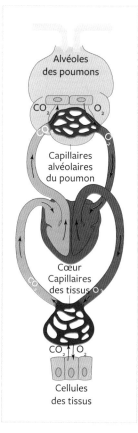

Alvéoles des poumons

CO_2 O_2

Capillaires alvéolaires du poumon

Cœur
Capillaires des tissus

CO_2 O_2

Cellules des tissus

Cette énergie est disponible s'il y a, notamment, du glucose et du dioxygène en suffisance.

Comment le dioxygène est-il amené en quantité suffisante dans les cellules ?

Une première possibilité est d'augmenter la quantité de dioxygène dans le sang par une ventilation pulmonaire accrue :

$$Hb + O_{2(g)} \xrightarrow{c_{O_2} \nearrow} \rightleftharpoons HbO_2$$

Cette pratique permet une amélioration des performances mais a une efficacité limitée.

L'autre possibilité est d'augmenter le taux d'hémoglobine dans le sang pour amener davantage de dioxygène aux cellules :

$$Hb + O_{2(g)} \xrightarrow{c_{Hb} \nearrow} \rightleftharpoons HbO_2$$

Comment procèdent dès lors les sportifs pour y arriver ?

Lors de stages sportifs **en altitude**, la concentration de dioxygène disponible dans l'air inspiré étant plus faible, l'organisme va s'adapter et **fabriquer davantage d'hémoglobine**.

Une série de mécanismes sont, en effet, utilisés par le corps pour fabriquer davantage de globules rouges, notamment grâce à une hormone naturelle produite par les reins, ayant pour nom érythropoïétine ou **EPO**.

Lors du retour en plaine, le corps disposant d'un supplément de globules rouges, et donc d'hémoglobine, est capable de fixer davantage de dioxygène. Cela permet de brûler plus de glucose et les sportifs

disposent donc de plus d'énergie : la capacité à améliorer les performances dans les sports d'endurance augmente.

Il existe d'autres méthodes pour augmenter la quantité d'hémoglobine présente dans le sang. Ces **méthodes de dopage** sont **illicites et interdites** par les différentes fédérations sportives.

Parmi ces méthodes, on trouve :

– les **transfusions sanguines** : du sang est prélevé chez le sportif, ce qui provoque une nouvelle fabrication de globules rouges et donc d'hémoglobine. Par la suite, on réintroduit les globules rouges présents dans le sang prélevé, ce qui augmente la quantité finale de globules rouges et donc d'hémoglobine : la capacité d'apport de dioxygène aux cellules est donc augmentée ;

– l'**injection d'EPO**, qui provoque une fabrication forcée de globules rouges avec les effets décrits ci-dessus.

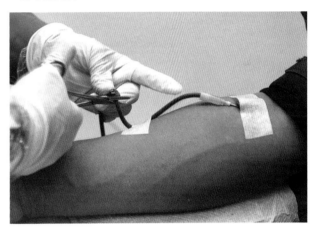

Afin de vérifier si un dopage à l'EPO a eu lieu, les médecins déterminent, lors d'une analyse de sang, l'**hématocrite** du sportif : c'est le taux, en pourcentage, de globules rouges présents dans le sang. Lorsque l'hématocrite dépasse 50 % chez un homme et 47 % chez une femme, il y a suspicion de dopage à l'EPO.

Il faut signaler que ces pratiques, en plus d'être illicites, sont **dangereuses pour le sportif** car elles rendent le sang plus visqueux suite à l'augmentation du nombre de globules rouges.

Les risques encourus sont importants : hypertension artérielle, thrombose, arrêt cardiaque... • • • • • •

Notions de base de chimie organique (alcanes, alcènes, polymères)

UAA7

Au cours de cette unité d'acquis d'apprentissage, tu développeras la compétence suivante :

• évaluer l'importance des substances organiques dans l'environnement quotidien du consommateur responsable. ••••••

SOMMAIRE

Classification des composés organiques et inorganiques

Identification des alcanes et des alcènes

Devant l'abondance et la diversité des composés connus sur Terre, les chimistes utilisent un critère permettant de classer tous ces composés en deux grandes catégories : les composés organiques et les composés inorganiques ou minéraux.

La chimie organique étudie les composés dont les molécules contiennent du carbone C, qu'ils soient naturels ou de synthèse.

Parmi les composés organiques, nous identifierons deux grandes familles : les alcanes et les alcènes. ••••••

Ressources et processus à mobiliser

À la fin de ce chapitre, tu seras capable de...

SAVOIRS

définir :

→ composé organique,

→ composé inorganique ou minéral,

→ alcane,

→ alcène ;

expliciter le terme pyrolyse ;

donner la valence du carbone ;

donner la valence de l'hydrogène.

SAVOIR-FAIRE

écrire la formule moléculaire d'un alcane ;

écrire la formule moléculaire d'un alcène ;

différencier un alcène d'un alcane ;

donner un nom aux dix premiers alcanes ;

écrire la formule développée plane d'un des dix premiers alcanes ;

écrire la formule semi-développée plane d'un des dix premiers alcanes ;

écrire la formule plane et semi-développée d'un alcène.

PROCESSUS

distinguer un composé organique d'un composé inorganique (C).

Notre monde, à la fois minéral et vivant, est constitué d'un mélange de composés chimiques. Devant la grande diversité de composés, les scientifiques ont défini des critères de classement.

Un des critères de classement a été d'observer le comportement des composés chimiques réagissant à la **chaleur**.

Beaucoup de composés, en effet, se décomposent sous l'action de la chaleur : ce phénomène de décomposition s'appelle « **pyrolyse** » (du grec *pyros* feu et *lyse* décomposition). • • • • • •

 Mettre en évidence par pyrolyse la présence éventuelle de carbone C dans des composés

Pour ce faire :

- chauffer, pendant plusieurs minutes, une petite quantité de chaque composé dans un tube à essais en pyrex à usage unique (plâtre, petit morceau de pain, sable, sciure de bois, sel de cuisine, sucre fin) ;
- noter l'apparition éventuelle d'un résidu noirâtre de carbone C sur l'échantillon testé ;
- classer les composés testés en deux grands groupes différenciés en fonction de la présence ou non de résidu noirâtre, lors des pyrolyses.

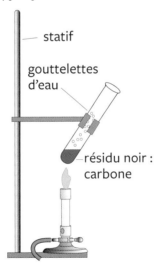

statif

gouttelettes d'eau

résidu noir : carbone

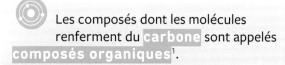

⟶ Composés organiques et composés inorganiques ou minéraux

Suite aux observations, les composés testés peuvent être classés en deux catégories :

- ceux dont la pyrolyse produit un résidu noirâtre (il s'agit, en fait, de carbone presque pur) : pain, bois, sucre ;

- ceux qui ne forment pas de résidu noirâtre lors de la pyrolyse parce qu'aucune de leurs molécules ne renferment de carbone : plâtre, sable, sel de cuisine.

> Les composés dont les molécules renferment du **carbone** sont appelés **composés organiques**[1].
>
> Les composés dont les molécules ne renferment pas de carbone sont appelés **composés inorganiques**[2] ou **composés minéraux**.

Il est évident que la formule moléculaire de différents composés purs permet aussi de les classer en composés organiques ou en composés minéraux.

Ainsi,

- C_3H_8 : le gaz propane ;

- $C_2H_4O_2$: l'acide acétique contenu dans le vinaigre ;

- $C_{12}H_{22}O_{11}$: le sucre ordinaire ;

- CH_4O : le méthanol ou alcool à brûler ;

- $C_3H_7O_2N$: l'alanine, un acide aminé ;

sont des composés organiques puisque le symbole C figure dans leur formule moléculaire.

Par contre,

- NaCl : le sel de cuisine ;

- NaOH : la soude caustique ;

- H_2SO_4 : l'acide sulfurique ;

- Al_2O_3 : l'alumine ;

sont des composés minéraux puisque le symbole C ne figure pas dans leur formule moléculaire.

---

1. Pour comprendre l'origine du concept « composés organiques », lire « Pour en savoir plus... » à la fin de ce chapitre.
2. Le monoxyde de carbone CO, le gaz carbonique CO_2, les carbonates tels Na_2CO_3, $CaCO_3$... sont rangés traditionnellement dans le groupe des composés inorganiques bien qu'ils contiennent du carbone.

La **chimie organique** s'intéresse aux composés naturels ou de synthèse contenant du carbone, dont le nombre avoisine plusieurs dizaines de millions.

Toutes ces molécules présentent :

- une **unité**, de par la présence de carbone C tétravalent et d'hydrogène H monovalent dans tous les composés organiques ;

- une **diversité** très grande de par le nombre variable d'atomes C, la présence de liaisons simples, doubles, triples mais toujours covalentes, la présence éventuelle d'autre éléments comme O, N, P…

L'existence de ces nombreux composés organiques impose un regroupement en **différentes familles** suivant certains critères dont, par exemple, la composition moléculaire.

Dans ce chapitre, nous nous contenterons d'aborder **deux familles** dont la formule moléculaire ne renferme que des atomes C et H : les **alcanes** et les **alcènes**.

⟶ Alcanes

Contenus en grandes quantités dans le gaz naturel ou le pétrole, les **alcanes** forment la première famille à la base de la chimie organique. Ils sont aussi appelés **hydrocarbures saturés** car dans leur molécule :

- les seuls atomes présents sont le carbone C tétravalent et l'hydrogène H monovalent ;

- les liaisons entre atomes, –C–C– et –C–H, sont des **liaisons covalentes simples**.

Les noms des dix premiers alcanes sont repris dans le tableau suivant.

CH_4	méthane
C_2H_6	éthane
C_3H_8	propane
C_4H_{10}	butane
C_5H_{12}	pentane
C_6H_{14}	hexane
C_7H_{16}	heptane
C_8H_{18}	octane
C_9H_{20}	nonane
$C_{10}H_{22}$	décane

L'analyse de ce tableau montre que la formule générale des alcanes est C_nH_{2n+2}.

> Les **alcanes** sont des hydrocarbures saturés dont la formule moléculaire générale s'écrit C_nH_{2n+2}.

Il faut noter que les quatre premiers alcanes ont conservé des noms consacrés par l'usage : **méthane**, **éthane**, **propane** et **butane**.

Les noms des alcanes suivants sont constitués d'un préfixe qui indique le nombre d'atomes C de la chaîne suivi de la terminaison **-ane** caractéristique des alcanes.

Il faut aussi noter que, pour représenter la molécule d'un alcane, plusieurs écritures peuvent être utilisées :

• **formule moléculaire**

Exemple : le propane C_3H_8

• **formule développée plane** qui montre l'arrangement des atomes dans un seul plan, celui du papier.

Exemples :

– le méthane

$$H - \overset{\overset{\displaystyle H}{|}}{\underset{\underset{\displaystyle H}{|}}{C}} - H$$

– le propane

$$H - \overset{\overset{\displaystyle H}{|}}{\underset{\underset{\displaystyle H}{|}}{C}} - \overset{\overset{\displaystyle H}{|}}{\underset{\underset{\displaystyle H}{|}}{C}} - \overset{\overset{\displaystyle H}{|}}{\underset{\underset{\displaystyle H}{|}}{C}} - H$$

• **formule semi-développée** dans laquelle seules les liaisons C—C sont représentées.

Exemple : le propane $CH_3-CH_2-CH_3$

Nous verrons au chapitre 2 que de nombreux alcanes sont utilisés pour le chauffage et le transport.

Ainsi, l'« octane » est le composé essentiel de l'essence.

⇒ Alcènes

Comme les alcanes, les **alcènes** sont des hydrocarbures : ils ne renferment que deux types d'atomes, C et H, et répondent à la **formule générale C_nH_{2n}**.

Cette formule générale montre que les alcènes renferment deux atomes H de moins que les alcanes à même nombre d'atomes C.

En conséquence, pour respecter la tétravalence du carbone, les molécules d'alcènes contiennent une **double liaison entre deux atomes C**. C'est pourquoi, les alcènes sont des **hydrocarbures insaturés**.

> Les **alcènes** sont des hydrocarbures insaturés dont la formule moléculaire générale s'écrit C_nH_{2n}.

La molécule d'alcène la plus simple est l'éthène, aussi appelée éthylène, et répond aux formules suivantes :

• **formule moléculaire**

$$C_2H_4$$

• **formule développée plane**

$$\underset{H}{\overset{H}{\diagdown}} C = C \underset{H}{\overset{H}{\diagup}}$$

• **formule semi-développée**

$$CH_2 = CH_2$$

Nous verrons au chapitre 3 que de nombreux alcènes sont à la base de la fabrication de polymères, constituants essentiels des matières plastiques.

Ainsi, le propène $CH_3 - CH = CH_2$, appelé aussi propylène, est à la base du polypropylène (PP), un des constituants, par exemple, des meubles de jardin en plastique.

1 Pour résoudre le problème des graisses, composés organiques, déposées sur les parois des fours, les fabricants ont mis sur le marché des cuisinières à four autonettoyant.

Après un programme spécial de chauffage à environ 500 °C, le four est débarrassé facilement de ses résidus graisseux par un simple coup de chiffon.

Citer le phénomène qui se produit lors du chauffage et l'expliciter.

2 À l'aide de diverses sources d'information, rechercher par quel procédé le charbon de bois, utilisé notamment lors de barbecues, est fabriqué.

3 En se basant sur l'examen de leur formule moléculaire, classer les composés suivants en composés organiques et en composés minéraux :

a) SO_2 : dioxyde de soufre

b) C_3H_8 : propane

c) NH_3 : ammoniac

d) SiO_2 : silice

e) C_2H_6O : éthanol

f) H_2O : eau

g) $C_{12}H_{22}O_{11}$: lactose

4 Écrire la formule moléculaire des composés suivants :

a) éthane ;

b) butane ;

c) heptane ;

d) butène.

5 Les formules moléculaires du propane et du propène sont respectivement C_3H_8 et C_3H_6.

Proposer pour chaque composé :

a) une formule développée plane ;

b) une formule semi-développée.

6 Parmi les formules moléculaires suivantes, déterminer celle(s) qui représente(nt) une molécule d'alcane :

a) $C_{10}H_{20}$;

b) $C_{12}H_{26}$;

c) C_8H_{16} ;

d) $C_{31}H_{64}$.

7 Écrire une formule moléculaire et une formule semi-développée d'une molécule d'alcène contenant 4 atomes C.

Force vitale et origine de la chimie organique

L'origine de la dénomination « chimie organique » est due à Lemery[1] qui, le premier, à la fin du XVIIe siècle, distingua dans son « traité de chimie » la chimie minérale de la chimie organique.

– La chimie **minérale** traitait des matières extraites de la terre et de quelques produits issus de leurs transformations (métaux, sels...).

– La chimie **organique** traitait des matières extraites des **êtres vivants** (animaux et végétaux) auxquelles s'additionnent quelques composés résultant de l'action sur celles-ci de composés minéraux (sucre, huile, urée...).

À la fin du XVIIIe siècle, Lavoisier, puis Berthollet[2] montrèrent que les composés organiques renfermaient toujours l'élément carbone, presque toujours l'élément hydrogène, souvent de l'oxygène et de l'azote et parfois du soufre.

À cette époque, à peu près toutes les tentatives de synthèse d'un composé organique à partir d'éléments ou d'espèces minérales avaient échoué, de sorte que la plupart des chimistes estimaient qu'il existait une barrière infranchissable entre le domaine minéral et le domaine organique.

Pour ceux-ci, une force mystérieuse, **la force vitale**, était seule capable d'édifier la matière organique. Cette force vitale (*vis vitalis*) était localisée dans l'organisme vivant et était donc considérée comme le facteur essentiel à la formation de substances organiques.

De rares contradicteurs n'avaient pu ébranler le dogme de la force vitale. Pourtant, en 1828, l'Allemand Wöhler[3], en chauffant du cyanate de plomb (composé minéral) obtint un produit naturel : l'urée (composé organique).

Synthèse de l'urée par Wöhler

$$Pb(OCN)_2 + 2H_2O + 2NH_3 \rightarrow 2CO(NH_2)_2 + Pb(OH)_2$$

Cyanate   eau   ammoniac   urée   hydroxyde
de plomb (II)   de plomb (II)

« *Je peux faire de l'urée sans avoir besoin de rein !* » s'exclama-t-il.

Il criait ainsi victoire, victoire sur cette force vitale qui semblait écarter du laboratoire la synthèse de produits organiques.

Mais les chimistes de son temps n'étaient pas encore prêts à abandonner la théorie de la force vitale.

---

1. Nicolas Lemery (1645-1715), chimiste et apothicaire français.
2. Claude Louis Berthollet (1748-1822), chimiste français.

3. Friedrich Wöhler (1800-1882), chimiste allemand.

Il fallut attendre 1860 pour que Berthelot[4], dans son célèbre ouvrage *La chimie organique fondée sur la synthèse*, montre qu'il n'existait pas de force vitale.

« *J'ai pris pour point de départ les corps simples carbone, hydrogène, oxygène, azote et j'ai reconstitué par la combinaison de ces éléments, des composés organiques, notamment des corps gras, l'alcool éthylique, l'acide formique, l'acétylène, l'éthylène, le benzène.* »

Berthelot, ayant réussi la synthèse de ces composés, généralisa hardiment en postulant que rien ne s'opposait à la synthèse totale *in vitro* d'une substance organique quelconque.

---
4. Marcellin Berthelot (1827-1907), chimiste français.

À partir de ce moment-là, l'essor de la chimie organique ne se limita pas à l'isolement et à l'étude de substances d'origine vivante, ni à leur synthèse.

En effet, les chimistes furent capables de transformer des matières d'origine vivante en des composés n'existant pas dans la nature. Ainsi, l'acide salicylique présent notamment dans l'écorce de saule a été transformé, en laboratoire, en acide acétylsalicylique, mieux connu sous le nom d'**aspirine**.

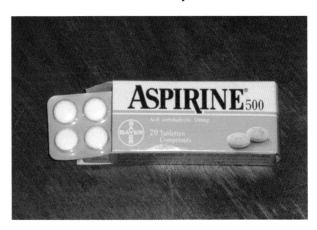

Ces transformations se sont développées à tel point qu'aujourd'hui les produits connus d'origine vivante se comptent par quelques dizaines de milliers, alors que le nombre de produits n'existant pas à l'état naturel avoisine la dizaine de millions (matières plastiques, textiles synthétiques, élastomères artificiels, insecticides, médicaments de synthèse comme les antibiotiques...). • • • • • •

2 Combustion des alcanes

Les réactions de combustion entre un combustible fossile constitué majoritairement d'alcanes et le dioxygène de l'air sont réalisées essentiellement pour produire une partie de l'énergie dont l'Humanité a besoin.

Le combustible fossile peut être du gaz naturel ou un carburant comme de l'essence, du mazout, du LPG... issus du pétrole à la suite d'un processus industriel appelé raffinage. ······

Ressources et processus à mobiliser

À la fin de ce chapitre, tu seras capable de...

SAVOIRS

citer les éléments du triangle du feu ;

définir :

→ réaction de combustion,

→ pouvoir thermique (pouvoir calorifique) d'un combustible ;

citer les caractéristiques d'une réaction de combustion ;

citer les étapes, dans le processus industriel du raffinage du pétrole, permettant de produire des carburants.

SAVOIR-FAIRE

comparer les différents types de combustion des alcanes ;

écrire et pondérer l'équation traduisant la combustion complète d'un alcane ;

résoudre un problème stœchiométrique simple ;

calculer la quantité d'énergie thermique libérée lors de la combustion d'une masse donnée d'un combustible connaissant son pouvoir thermique.

PROCESSUS

décrire un phénomène de combustion (C) ;

estimer, à l'aide des pouvoirs calorifiques de différents combustibles, ceux qui sont les plus économiques d'une part et ceux qui rejettent le moins de dioxyde de carbone d'autre part (A) ;

retracer les étapes du processus industriel qui permet de produire des carburants automobiles (C).

Pour chauffer les habitations, les salles de sport, les cinémas…, pour produire de l'électricité, pour faire fonctionner les machines dans l'industrie et pour alimenter les moteurs des véhicules destinés au transport des personnes ou des marchandises, la société dépend encore largement des **sources d'énergie fossile** : charbon, gaz naturel, pétrole, en attendant le développement d'énergies alternatives.

Le graphique[1] ci-dessous montre l'évolution de la consommation mondiale pour les différentes sources d'énergie les plus utilisées au cours des dernières décennies. Les valeurs sont données en Mtep/an[2].

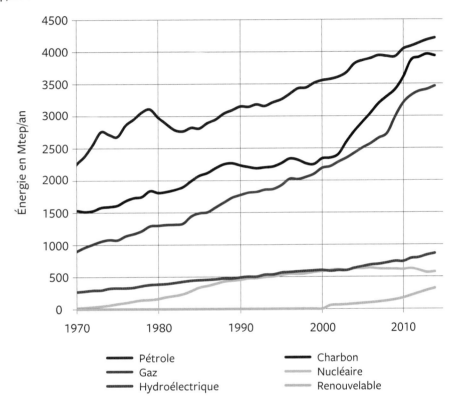

Pour satisfaire des besoins énergétiques croissants, l'être humain engage charbon, bois, gaz naturel, pétrole dans des réactions chimiques avec le dioxygène de l'air, appelées **réactions de combustion**.

Dans la suite de ce chapitre, nous nous intéresserons plus particulièrement à la combustion des alcanes présents en grandes quantités dans le gaz naturel ou les carburants issus du **raffinage** du pétrole. ● ● ● ● ● ●

Le triangle du feu

La réaction chimique de combustion ne peut se produire que si trois éléments sont réunis en quantités suffisantes : un combustible, un comburant et une énergie d'activation.

Une manière symbolique de représenter cette association est le triangle du feu.

Triangle du feu

Le combustible peut être :

- un solide formant des braises (bois, charbon, papier, carton...) ;
- un liquide (essence, gazole, huile, kérosène...) ;
- un gaz (méthane, propane, butane...) ;
- un métal (calcium, magnésium...).

Tous les combustibles sont identifiés par le pictogramme de danger suivant :

Le comburant est la plupart du temps le dioxygène O_2, un des principaux composants de l'air ambiant (21 % en volume).

Les autres comburants (nitrates par exemple) sont identifiés par le pictogramme :

La réaction chimique de combustion ne peut être déclenchée que par une énergie d'activation. Il peut s'agir de chaleur (produite, par exemple, par une allumette enflammée), d'électricité (étincelle produite dans un interrupteur), de radiation... qui permettent une augmentation ponctuelle de température.

Pour interrompre une réaction de combustion, il faut supprimer un des trois éléments du triangle du feu :

- le combustible (fermeture d'une vanne ou d'un robinet qui alimente le feu en combustible, éloignement des combustibles...) ;
- le comburant (étouffement à l'aide d'une couverture ou d'un extincteur...) ;
- l'énergie d'activation (refroidissement par l'eau...).

Combustion des alcanes

L'étude de la combustion du gaz alimentant les becs bunsen du laboratoire permet de répondre, en partie, à la question suivante : quels sont les produits de la combustion des alcanes ?

 Mettre en évidence la formation des produits issus de la combustion du gaz de laboratoire

Pour ce faire :

- allumer un bec bunsen et régler l'arrivée de gaz et d'air de manière à obtenir une petite flamme bleue ;
- au-dessus de la flamme, tenir un berlin de 250 mL retourné ;
- observer ;
- en tenant au-dessus de la flamme bleue un autre berlin retourné préalablement humidifié avec de l'eau de chaux, observer les gouttelettes d'eau de chaux ;
- régler le bec bunsen pour obtenir une flamme jaune éclairante et tenir au-dessus de celle-ci, un creuset en porcelaine ;
- observer.

:➡ Combustion complète

Lors de la manipulation, l'apparition de gouttelettes d'eau sur les parois du premier berlin et la présence d'un trouble blanchâtre sur les parois du second berlin montrent que la combustion du gaz de laboratoire, un alcane, entraîne la formation d'eau H_2O et de dioxyde de carbone CO_2.

Cette transformation s'accompagne de chaleur et de lumière : elle est donc **exothermique**.

De façon générale, si la réaction de **combustion** entre l'alcane et le dioxygène est conduite en présence de suffisamment de dioxygène, la réaction de combustion est dite **complète**[1] car tous les atomes carbone C de l'alcane forment du dioxyde de carbone CO_2.

À titre d'exemple, voici quelques équations traduisant les **combustions complètes** du :

– méthane, principal constituant du gaz naturel : $CH_{4(g)} + 2O_{2(g)} \rightarrow CO_{2(g)} + 2H_2O_{(g)} + Q$

– propane : $C_3H_{8(g)} + 5O_{2(g)} \rightarrow 3CO_{2(g)} + 4H_2O_{(g)} + Q$

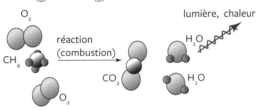

Combustion du méthane en présence de dioxygène

– butane : $C_4H_{10(g)} + \dfrac{13}{2}O_{2(g)} \rightarrow 4CO_{2(g)} + 5H_2O_{(g)} + Q$

– octane, un des composants de l'essence : $C_8H_{18(l)} + \dfrac{25}{2}O_{2(g)} \rightarrow 8CO_{2(g)} + 9H_2O_{(g)} + Q$

> L'équation générale traduisant une réaction de combustion complète d'un alcane s'écrit :
> $$C_nH_{2n+2} + \dfrac{(3n+1)}{2}O_2 \rightarrow nCO_2 + (n+1)H_2O + Q$$

La lecture de l'équation traduisant une réaction de combustion complète permet aussi d'effectuer quelques calculs pour répondre à certaines questions posées lors de l'utilisation de l'un ou l'autre carburant.

Par exemple, quel carburant, essence ou diesel, faut-il utiliser pour observer le plus faible rejet de dioxyde de carbone dans l'atmosphère, pour une même consommation.

Pour répondre à cette question, il suffit, à partir des équations traduisant les deux combustions, de calculer la masse de CO_2 produite par la combustion d'une même masse des deux carburants.

● Soit la combustion de 1 kg d'octane C_8H_{18} un des constituants de l'essence :

$$C_8H_{18} \quad + \quad \dfrac{25}{2}O_2 \quad \rightarrow \quad 8CO_2 \quad + \quad 9H_2O$$

$m = 1\,000\,g$
$M = 114\,g.mol^{-1}$
$n = \dfrac{1\,000\,g}{114\,mol.L^{-1}}$
$= 8,77\,mol$

n_i	8,77	–	0	–
n_r	–8,77	–	70,2	–
n_f	0	–	70,2	–

$M = 44\,g.mol^{-1}$
$m = n.M$
$= 70,2\,mol.44\,g.mol^{-1}$
$= 3,09.10^3\,g$
$= 3,09\,kg$

La combustion de 1 kg d'octane C_8H_{18} libère dans l'atmosphère 3,09 kg de gaz carbonique CO_2.

---

1. Cette terminologie (complète, incomplète) n'a pas la même signification qu'au chapitre traitant des équilibres chimiques.

Soit la combustion de 1 kg d'd'octadécane $C_{18}H_{38}$, un des constituants du diesel :

$$C_{18}H_{38} \quad + \quad \frac{55}{2}O_2 \quad \rightarrow \quad 18\,CO_2 \quad + \quad 19\,H_2O$$

$m = 1000\,g$
$M = 254\,g.mol^{-1}$
$n = \dfrac{1000\,g}{254\,mol.L^{-1}}$
$\quad = 3,94\,mol$

n_i	3,94	–	0	–
n_r	–3,94	–	70,9	–
n_f	0	–	70,9	–

$M = 44\,g.mol^{-1}$
$m = n.M$
$\quad = 70,9\,mol.44\,g.mol^{-1}$
$\quad = 3,12.10^3\,g$
$\quad = 3,12\,kg$

La combustion de 1 kg d'octadécane $C_{18}H_{38}$ libère dans l'atmosphère 3,12 kg de dioxyde de carbone CO_2.

À la suite de ces calculs, nous pouvons estimer que la combustion de 1 kg de diesel libère 30 g de CO_2 de plus que celle de l'essence. La préférence ira donc à l'essence.

 Propane et butane, molécules bien utiles

Le propane C_3H_8 et le butane C_4H_{10}, excellents combustibles, sont des gaz facilement liqué-fiables sous pression : 10 900 hPa (environ 10,8 atm) à 30 °C pour le premier et 3500 hPa (environ 3,5 atm) à 30 °C pour le second. Ils sont vendus aux usagers dans des récipients (bou-teilles ou conteneurs en acier) conçus pour sup-porter la pression exercée par le gaz vaporisé qui surmonte le liquide.

Pourquoi est-il nécessaire de conserver le butane à l'intérieur des habitations alors que le propane peut être stocké à l'extérieur ?

Sous la pression atmosphérique, le butane ($t°$ ébul. = –0,5 °C) ne se vaporise que si la température ambiante est supérieure à 0 °C : il doit donc être installé à l'abri du froid.

Le propane ($t°$ ébul. = –40 °C) se vaporise à une température ambiante supérieure à –40 °C. Il est possible de le stocker à l'extérieur des habitations, ce qui a l'avantage de supprimer les risques d'ex-plosion en cas de fuite.

Il faut encore noter que le propane et le butane sont également utilisés comme gaz propulseur dans les bombes aérosols : ils y ont remplacé les CFC (fréons) à l'origine d'une destruction partielle de la couche d'ozone présente dans l'atmosphère.

Puisque ces gaz propulseurs sont extrêmement inflammables, les aérosols doivent être utilisés en l'absence de flamme.

⇢ Combustion incomplète

Lors de l'expérience avec une flamme jaune éclairante, la combustion du gaz de laboratoire produit, outre CO_2 et H_2O, un dépôt noir sur le creuset : ce dépôt n'est rien d'autre que du carbone C solide.

Outre ce dépôt de carbone solide, il peut aussi se former du monoxyde de carbone CO, un gaz toxique.

Un défaut de dioxygène est responsable de ces phénomènes et ces réactions de combustion sont appelées incomplètes car tous les atomes carbone C provenant de l'alcane ne se sont donc pas liés chacun à deux atomes oxygène O.

 Un tueur silencieux...

Quelques titres relevés dans la presse :

– « *Jumet / Mobilisation pour les funérailles d'Amélie morte victime du tueur silencieux alors qu'elle n'avait que 26 ans* » (*La Nouvelle gazette*, 9 octobre 2015) ;

– « *Tournai / Une famille victime du tueur silencieux* » (*RTL info*, 6 octobre 2015)

– ...

Il n'est pas rare de trouver pareils titres dans la presse, surtout en période hivernale. Le responsable de ces faits divers, le « tueur silencieux », est le **monoxyde de carbone CO**, un gaz incolore, inodore et très toxique.

Il peut être produit en quantité lors du fonctionnement d'un chauffe-eau, d'un poêle ou d'une chaudière mal réglés ou défectueux.

Ce « tueur » surprend souvent les victimes dans leur sommeil. Le monoxyde de carbone CO remplace, lors de l'inhalation, le dioxygène transporté par l'hémoglobine du sang et l'individu peut mourir asphyxié, sans s'en rendre compte, par défaut de dioxygène.

Pour prévenir tout accident chez soi, il faut :

– placer des grilles d'aération dans le bas des portes des locaux où fonctionnent chauffe-eau, poêle, chaudière... et s'assurer ainsi d'un bon apport d'air ;

– faire ramoner les cheminées ;

– faire vérifier par un professionnel les installations de chauffage et/ou de production d'eau chaude au moins une fois par an.

Intérieur d'un chauffe-eau

⇢ Combustion explosive

Les médias relatent aussi des explosions dans les pièces d'habitation dues aux fuites de gaz domestique : une simple étincelle suffit à les provoquer.

Les conséquences de ces explosions accidentelles se révèlent dramatiques surtout si les fuites se produisent à partir des canalisations servant au transport du gaz sous pression.

Ce type de phénomène porte le nom de combustion explosive : elle ne peut se produire que si des proportions précises de combustible et de comburant sont en présence.

Méthane, un gaz naturel

Le méthane CH_4 est le principal constituant du gaz naturel contenu dans la croûte terrestre.

Excellent combustible, il est utilisé dans les appareils de chauffage, les chaudières, les centrales thermoélectriques.

Dans certaines conditions, il peut même exploser : ce sont, par exemple, les « coups de grisou » responsables de la mort de dizaines de mineurs chaque année dans le monde.

Pour détecter rapidement une fuite éventuelle de méthane inodore, le gaz naturel se voit adjoindre en très faibles quantités une substance très odorante.

⇒ Le raffinage du pétrole, un processus industriel permettant la production de carburants

En ce début de XXIe siècle, le pétrole reste la source essentielle de carburants bien que leur usage entraîne de nombreux inconvénients dont la production de CO_2, responsable, en partie, de l'augmentation de l'effet de serre.

Le pétrole brut est un mélange complexe d'hydrocarbures constitué en grande partie d'alcanes et sa composition varie notablement d'un gisement à l'autre.

Le raffinage du pétrole est l'ensemble des opérations qui permettent d'obtenir des produits prêts à l'emploi et en quantités qui répondent au mieux aux demandes du marché.

Dans une raffinerie, le pétrole brut et certains de ses composants sont soumis à différents traitements. Citons la distillation fractionnée et le craquage.

Distillation fractionnée

Les constituants d'un pétrole brut ont des températures d'ébullition qui varient de manière presque continue de –43 °C à +380 °C en fonction de leur masse moléculaire relative et donc de leur nombre d'atomes C.

Dès lors, on se contente d'effectuer, par distillation, une séparation partielle aboutissant à des fractions appelées coupes, qui sont elles-mêmes des mélanges de compositions bien définies en hydrocarbures et de caractéristiques physico-chimiques déterminées.

Le schéma ci-dessous représente une tour de distillation simplifiée permettant de recueillir différents mélanges d'hydrocarbures (fractions) en fonction de leur température d'ébullition.

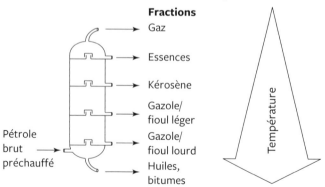

Le tableau suivant, non exhaustif, résume les caractéristiques et usages essentiels des différentes fractions issues de la distillation.

Fractions	Composition	% approximatif (en masse)	Usages essentiels
GAZ	Propane Butane	1 %	Chauffage
ESSENCES légères (naphta)	Mélange d'hydrocarbures : C_5H_{12} à C_7H_{16}	20 %	Solvants (éther de pétrole) Matière de base de la pétrochimie
lourdes	Mélange d'hydrocarbures : C_8H_{18} à $C_{10}H_{22}$		**Carburants automobiles**
KÉROSÈNE	Mélange d'hydrocarbures : $C_{11}H_{24}$ à $C_{16}H_{34}$	5 %	Solvant **Carburant pour moteurs à réaction**
GAZOLE ou FIOUL léger	Mélange d'hydrocarbures : $C_{17}H_{36}$ à $C_{20}H_{42}$	35 %	Chauffage domestique **Moteurs Diesel**
lourd			Centrales thermiques **Moteurs de navire** Industrie lourde
HUILES et BITUMES	Mélange d'hydrocarbures lourds	39 %	Lubrification des moteurs Graissage des moteurs Revêtement des routes Toitures

Craquage

Il arrive souvent que l'offre en essence obtenue lors de la distillation soit inférieure à la demande du marché.

Pour établir un équilibre entre l'offre et la demande, on utilise une méthode de transformation des produits lourds, souvent en excès sur le marché, en produits légers : c'est le craquage.

Par exemple, il est possible, à 800 °C et en présence d'un catalyseur, de « casser » la molécule $C_{18}H_{38}$ en une molécule d'isooctane (essence) et une molécule d'alcène, un hydrocarbure non saturé.

$$C_{18}H_{38} \xrightarrow[\text{catalyseur}]{800\,°C} C_8H_{18} + C_{10}H_{20}$$

isooctane   alcène

Utilisation de l'énergie produite lors des réactions de combustion des alcanes

Encore relativement abondants à l'état naturel, les alcanes contenus dans le gaz naturel et le pétrole (essence, diesel, mazout…) sont surtout utilisés pour produire de l'énergie thermique et de l'énergie mécanique.

Les produits issus des réactions de combustion CO_2, CO, H_2O… sont, eux, rejetés dans l'atmosphère car ils ne présentent pas d'intérêt immédiat.

Énergie thermique

Pour chiffrer la quantité d'énergie libérée lors de la combustion des alcanes et d'autres combustibles, on utilise souvent une grandeur qui caractérise le combustible : le pouvoir thermique appelé aussi pouvoir calorifique.

 Le pouvoir thermique d'un combustible est la quantité d'énergie thermique libérée lors de la combustion d'un kilogramme de combustible et est exprimé en MJ.kg^{-1} (MJ = 10^6 J).

Le tableau suivant donne le pouvoir thermique de quelques combustibles.

Combustibles	Pouvoir thermique (MJ.kg^{-1})
méthane	55,7
éthane	51,9
propane	50,7
butane	49,8
essences	47,7
kérozènes	46,1
diesel	42,6
charbon	26,3
bois sec	18,8

Connaissant le prix d'un kilogramme d'un combustible et son pouvoir thermique, il est possible de calculer, pour chaque combustible, le rapport énergie dégagée/prix et de choisir le carburant le plus rentable.

Ainsi, il est possible de déterminer le rapport énergie dégagée/prix pour l'essence et le diesel.

Données :

	Essence 95-E10	Diesel
Prix[2]	1,45 €/L	1,34 €/L
Masse volumique	0,755 kg/dm^3	0,818 kg/dm^3
Pouvoir thermique	47,7 MJ.kg^{-1}	42,6 MJ.kg^{-1}

La procédure à suivre pour arriver à ce que nous cherchons est la suivante :

- convertir le prix des combustibles en €/kg

  essence : 1,45.0,755 = 1,10 €/kg

  diesel : 1,34.0,818 = 1,10 €/kg

- calculer le rapport énergie/prix

  essence : 47,7/1,10 = 43,4 MJ/€

  diesel : 42,6/1,10 = 38,7 MJ/€

L'essence serait donc le « bon choix ».

Énergie mécanique

Différentes technologies mises au point depuis plus d'une bonne centaine d'années permettent l'utilisation de certaines réactions de combustion explosive.

C'est ainsi que les moteurs thermiques, aussi appelés moteurs « à combustion interne » ou « à explosion », équipent encore à l'heure actuelle la plupart des véhicules de transport.

---

2. Prix officiel au 14/01/2017.

Les moteurs à essence (mélange d'alcanes de C_8H_{18} à $C_{10}H_{22}$) et les moteurs Diesel (mélange d'alcanes de $C_{17}H_{36}$ à $C_{20}H_{42}$) sont bâtis sur le même principe : compression, explosion, détente et échappement.

Ce principe permet de mouvoir les pistons dans les cylindres.

Ainsi la combustion explosive de l'octane, un constituant de l'essence, peut se traduire par l'équation suivante :

$$C_8H_{18(l)} + \frac{25}{2}O_{2(g)} \rightarrow 8CO_{2(g)} + 9H_2O_{(g)} + Q$$

L'explosion produit une brusque augmentation de température et un brusque accroissement de la quantité de matière gazeuse provoquant ainsi une forte élévation de pression.

La variation brutale de la pression est mise à profit, par le mouvement du piston, pour obtenir de l'énergie mécanique.

Environ un tiers de l'énergie totale dégagée par la combustion explosive est ainsi convertie en énergie mécanique.

1 Pondérer les équations suivantes traduisant des combustions complètes :

a) $C_2H_{6(g)} + O_{2(g)} \rightarrow CO_{2(g)} + H_2O_{(g)}$

b) $C_4H_{10(g)} + O_{2(g)} \rightarrow CO_{2(g)} + H_2O_{(g)}$

c) $C_7H_{16(l)} + O_{2(g)} \rightarrow CO_{2(g)} + H_2O_{(g)}$

d) $C_{25}H_{52(s)} + O_{2(g)} \rightarrow CO_{2(g)} + H_2O_{(g)}$

2 Écrire et pondérer l'équation traduisant la combustion complète du :

a) méthane ;

b) pentane ;

c) décane.

3 La combustion d'une mole d'un alcane produit 4 mol de dioxyde de carbone et 5 mol d'eau.

Écrire la formule moléculaire de l'alcane.

4 Soit l'équation traduisant la combustion complète du propane :

$$C_3H_{8(g)} + 5O_{2(g)} \rightarrow 3CO_{2(g)} + 4H_2O_{(g)}$$

Calculer la quantité de matière de dioxyde de carbone obtenu et sa masse si 50 g de propane sont brûlés.

R : n = 3,4 mol

m = 150 g

5 Le mazout est un mélange de divers hydrocarbures de $C_{17}H_{36}$ à $C_{20}H_{42}$. Généralement, l'octadécane $C_{18}H_{38}$ sert de référence pour divers calculs énergétiques. Sa masse volumique est de 0,8 kg . L⁻¹.

a) Écrire l'équation traduisant la combustion complète de l'octadécane.

b) Calculer la quantité de matière et la masse de CO_2 rejeté dans l'atmosphère lors de la combustion de 1 L d'octadécane.

R : n = 57 mol

m = 2,5 kg

6 En utilisant la table des pouvoirs thermiques, calculer la quantité d'énergie thermique dégagée en MJ et en J lors de la combustion complète, dans un poêle, de 15 kg de charbon.

R : Q = 395 MJ ou 3,95 . 10⁸ J

7 Pour augmenter la température de 1 kg d'eau de 20 °C à 100 °C, il faut une énergie de 330 kJ.

Utiliser la table de pouvoirs thermiques pour calculer la masse d'eau que l'on peut porter de 20 °C à 100 °C en brûlant 1 kg de butane.

R : m = 151 kg

8 **Le méthane, constituant principal du gaz naturel, est très souvent considéré comme un « gaz propre ».**

Par rapport à d'autres combustibles, l'énergie thermique dégagée lors de la combustion du méthane est maximale pour une production minimale de dioxyde de carbone dans l'atmosphère.

Vérifier cette assertion pour le méthane par rapport à l'octane, un des constituants de l'essence (pouvoir thermique de l'octane : 44,4 MJ.kg^{-1}).

9 **Le coût de 1 000 L de mazout était de 505 € (17/10/2015) alors que le prix d'une tonne de charbon, calibre 14/22, était de 385 € à la même date.**

Choisir le combustible dont le rapport « énergie dégagée/prix » est le plus avantageux.

Données :

– le pouvoir thermique du mazout : 42,6 MJ.kg^{-1} et sa masse volumique : 0,855 kg/dm^3

– le pouvoir thermique du charbon : 26,3 MJ.kg^{-1}

R : mazout : 72,1 MJ/€ ; charbon : 68,3 MJ/€

Gaz de schiste : un bon choix ?

Afin d'assurer leur indépendance énergétique, les États-Unis notamment ont décidé d'exploiter le **gaz de schiste** au début des années 2000.

Ce gaz naturel composé principalement de méthane CH_4 se forme dans des schistes, roches d'aspect feuilleté, très compactes, imperméables et profondes situées entre 2 000 et 4 000 mètres de profondeur.

Ces roches présentes partout dans le sous-sol de la Terre renferment entre 1 et 25 % de matière organique qui, sous l'effet de la pression et de la température, s'est transformée en gaz présents en faible concentration dans l'ensemble des schistes.

L'extraction du gaz de schiste est réalisée par une technique très particulière appelée **fracturation hydraulique**.

Après un forage vertical et horizontal pour atteindre la couche de schiste, des milliers de litres d'eau chargés en sable et en adjuvants chimiques sont injectés sous haute pression (600 atm) pour fracturer et pousser le gaz vers la sortie.

Au cours de ce procédé, plus de la moitié du liquide de fracturation (eau, sable et produits chimiques) reste dans la couche de schiste et la partie récupérée en surface doit être évacuée vers des usines de retraitement.

Le fractionnement hydraulique n'est pas sans danger pour les habitants des régions d'extraction du gaz et pour l'environnement.

En effet, le gaz et le liquide de fracturation peuvent contaminer les nappes phréatiques, réserves d'eau potable pour les habitants des régions concernées.

De plus, d'inévitables fuites de méthane CH_4, principal composant du gaz de schiste, se produisent lors de l'extraction. Or, le méthane est l'un des principaux gaz à effet de serre dont le pouvoir de réchauffement global est environ 20 fois supérieur à celui du dioxyde de carbone CO_2. Les fuites lors du processus industriel contribuent ainsi à l'augmentation de l'effet de serre et donc au réchauffement climatique.

Un autre problème majeur de cette technique d'extraction réside dans les quantités d'eau utilisées : chaque fracturation nécessite des millions de litres d'eau.

Enfin, la multiplication des puits indispensables dans cette technique de fracturation contribue au changement du paysage et de la biodiversité animale et végétale des régions concernées.

Est-ce la bonne solution pour réaliser l'indépendance énergétique d'un pays ? ●●●●●●

Eau

Gaz
de schiste

Nappe phréatique

schiste

schiste

Fracturation hydraulique

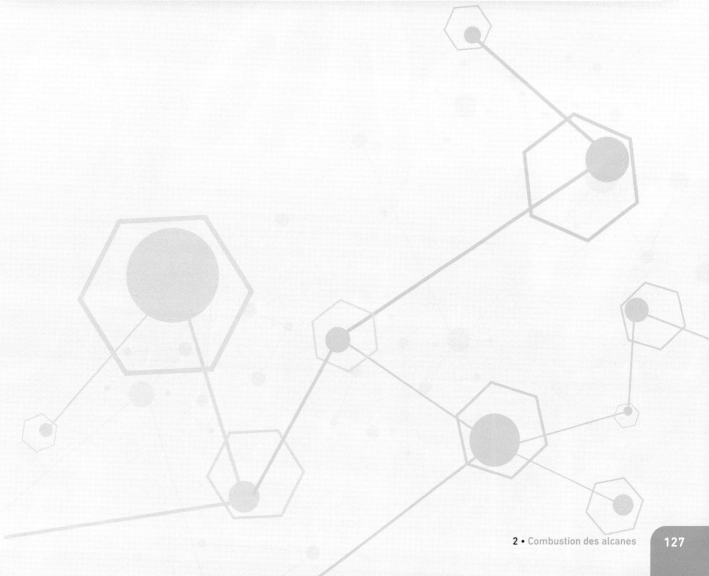

3 Polymérisation et matières plastiques

À partir de petites molécules organiques, les réactions de polymérisation permettent de fabriquer des polymères, macromolécules, constituants essentiels des matières plastiques.

Ces derniers occupent une place importante dans notre quotidien et font l'objet, après usage, d'une politique de recyclage et de valorisation. ·······

Ressources et processus à mobiliser

À la fin de ce chapitre, tu seras capable de...

SAVOIRS

définir :

→ réaction de polymérisation,

→ degré de polymérisation,

→ polymère thermoplastique ;

schématiser un polymère obtenu par polyaddition ;

citer certains avantages et désavantages des plastiques ;

citer trois types de valorisation de plastiques usagés.

SAVOIR-FAIRE

écrire l'équation bilan générale de formation d'un polymère d'addition à partir d'un monomère ;

calculer le degré de polymérisation « n » d'un polymère connaissant sa masse molaire moyenne ;

résoudre un problème stœchiométrique impliquant un polymère.

PROCESSUS

décrire le principe d'une réaction de polymérisation, sans spécifier le mécanisme (C) ;

décrire des macromolécules (synthétiques et naturelles) comme le résultat d'une polymérisation (C) ;

décrire la diversité des polymères synthétiques à partir des pictogrammes d'identification (C) ;

mettre en évidence l'impact positif des polymères synthétiques sur notre société (T) ;

expliquer un processus de recyclage des matières plastiques (T).

Si les produits du raffinage du pétrole sont essentiellement utilisés comme source d'énergie non renouvelable, environ 8 % des produits sont transformés dans les industries chimiques pour synthétiser de nouvelles molécules.

Parmi ces nouvelles molécules, les **polymères** sont les constituants principaux des matières plastiques qui occupent une place de plus en plus prépondérante dans la vie quotidienne.

> Une **matière plastique** se compose généralement :
> - d'un polymère qui confère les propriétés principales à cette matière ;
> - d'additifs destinés à faciliter la mise en forme de la matière (lubrifiants pour le démoulage) et à améliorer certaines caractéristiques physiques ou chimiques (stabilisants, colorants, ignifugeants…).

Signalons que le mot « plastique », communément employé au lieu de « matière plastique », vient du grec *plastikos* signifiant « apte au modelage ».

Ces matières plastiques à base de polymères se retrouvent dans des domaines aussi variés que ceux de l'emballage, de l'automobile, des supports audiovisuels, des sports et loisirs, du bâtiment…, en remplacement de matières traditionnelles comme le bois, le métal, la céramique, le verre…

Le schéma ci-contre montre en pourcentage l'utilisation des matières plastiques dans différents domaines.

La production mondiale et européenne des matières plastiques augmente de manière fulgurante depuis les années 1950 comme le montre le graphique ci-après.

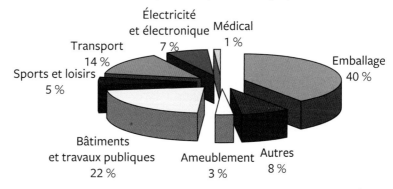

Production mondiale et européenne des matières plastiques

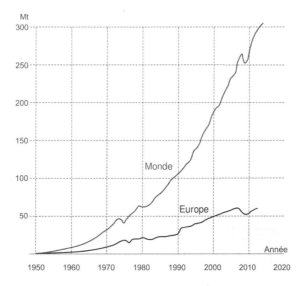

Plusieurs questions peuvent être posées à propos des polymères et des matières plastiques.

Qu'est-ce qu'une réaction de polymérisation ? Quels sont les polymères présents dans les matières plastiques ? Comment les synthétise-t-on ? Quelle est leur structure ? Quelles sont leurs propriétés ? À quel usage les destine-t-on ?

Après usage, que faire avec les déchets plastiques ? Comment, éventuellement, les valoriser ?

C'est à ces différentes questions que nous allons tenter de répondre dans ce chapitre. ● ● ● ● ● ●

➠ Réactions de polymérisation

> 🔘 Une **réaction de polymérisation** est une réaction au cours de laquelle des **monomères** identiques ou différents s'associent l'un à l'autre pour former un **polymère**, molécule géante, appelée parfois macromolécule, de masse molaire très élevée.

Il existe deux grands types de réactions de polymérisation : la polyaddition et la polycondensation.

Polymérisation par réaction d'addition entre monomères identiques (polyaddition)

> Dans une **polymérisation par réaction d'addition**, le monomère est une molécule d'alcène Ⓐ et un grand nombre de monomères Ⓐ se lient les uns aux autres pour former une très longue chaîne dans laquelle n'existent que des liaisons covalentes simples.

> Ce type de réaction, appelée **réaction de polyaddition**, peut être schématisé de la façon suivante :
>
> n Ⓐ ⟶ ... —Ⓐ–Ⓐ–Ⓐ–Ⓐ–Ⓐ–Ⓐ— ...
> ou
> n Ⓐ ⟶ $(Ⓐ)_n$

L'exemple le plus simple à comprendre est la formation de polyéthylène à partir d'éthylène.

Ainsi, si nous représentons des monomères éthylène $\begin{smallmatrix}H\\H\end{smallmatrix}>C=C<\begin{smallmatrix}H\\H\end{smallmatrix}$ par des paires de « Mickey »

alors, le dessin suivant représente une petite partie du polymère polyéthylène où il ne subsiste que des simples liaisons covalentes :

Selon un formalisme chimique, nous représenterons la formation du polyéthylène à partir de l'éthylène comme suit :

$$n \boxed{CH_2{=}CH_2} \longrightarrow$$
$$... {-}\boxed{CH_2{-}CH_2}\boxed{CH_2{-}CH_2}\boxed{CH_2{-}CH_2}\boxed{CH_2{-}CH_2}{-} ...$$
$$n \boxed{CH_2{=}CH_2} \longrightarrow (CH_2{-}CH_2)_n$$

L'indice « n » est appelé « degré de polymérisation » ou « indice de polymérisation ».

Pour des valeurs élevées de n ($n > 100$), on parle de macromolécules.

Il n'est pas rare que le degré de polymérisation « n » atteigne la valeur de 100 000, voire un million.

Aux deux extrémités de la macromolécule, il se forme deux liaisons soit avec un atome H, soit avec un groupement d'atomes (OH, CH_3...) présents dans le milieu.

La plupart des alcènes polymérisent selon un processus semblable de polyaddition.

Le tableau suivant reprend les équations bilans de la formation des principaux polymères obtenus par polyaddition d'alcènes et leur symbole.

Principaux polymères obtenus par polymérisation d'alcènes

Monomère $n \boxed{}$	$\rightarrow$	Polymère $(\boxed{})_n$	Symbole
n $\begin{matrix}H & H\\ \| & \|\\ C = C\\ \| & \|\\ H & H\end{matrix}$ éthylène	$\rightarrow$	$\left(\begin{matrix}H & H\\ \| & \|\\ C - C\\ \| & \|\\ H & H\end{matrix}\right)_n$ polyéthylène	PE
n $\begin{matrix}H & H\\ \| & \|\\ C = C\\ \| & \|\\ H & CH_3\end{matrix}$ propylène	$\rightarrow$	$\left(\begin{matrix}H & H\\ \| & \|\\ C - C\\ \| & \|\\ H & CH_3\end{matrix}\right)_n$ polypropylène	PP
n $\begin{matrix}H & CH_3\\ \| & \|\\ C = C\\ \| & \|\\ H & CH_3\end{matrix}$ isobutène	$\rightarrow$	$\left(\begin{matrix}H & CH_3\\ \| & \|\\ C - C\\ \| & \|\\ H & CH_3\end{matrix}\right)_n$ polyisobutène	PIB

Monomère $n\boxed{}$	Polymère $\left(\boxed{}\right)_n$	Symbole
$n\ \underset{\underset{H}{\vert}}{\overset{\overset{H}{\vert}}{C}} = \underset{\underset{H}{\vert}}{\overset{\overset{Cl}{\vert}}{C}}$ $\rightarrow$ chlorure de vinyle	$\left(\underset{\underset{H}{\vert}}{\overset{\overset{H}{\vert}}{C}} - \underset{\underset{H}{\vert}}{\overset{\overset{Cl}{\vert}}{C}}\right)_n$ polychlorure de vinyle	PVC
$n\ \underset{\underset{H}{\vert}}{\overset{\overset{H}{\vert}}{C}} = \underset{\underset{C_6H_5}{\vert}}{\overset{\overset{H}{\vert}}{C}}$ $\rightarrow$ styrène	$\left(\underset{\underset{H}{\vert}}{\overset{\overset{H}{\vert}}{C}} - \underset{\underset{C_6H_5}{\vert}}{\overset{\overset{H}{\vert}}{C}}\right)_n$ polystyrène	PS
$n\ \underset{\underset{F}{\vert}}{\overset{\overset{F}{\vert}}{C}} = \underset{\underset{F}{\vert}}{\overset{\overset{F}{\vert}}{C}}$ $\rightarrow$ tétrafluoro-éthylène	$\left(\underset{\underset{F}{\vert}}{\overset{\overset{F}{\vert}}{C}} - \underset{\underset{F}{\vert}}{\overset{\overset{F}{\vert}}{C}}\right)_n$ polytétra-fluoroéthylène (téflon)	PTFE

Pour aller plus loin...

Polymérisation par réaction de condensation entre monomères différents (polycondensation)

Dans une **polymérisation par réaction de condensation**, deux monomères différents Ⓑ et Ⓒ se lient un très grand nombre de fois les uns aux autres avec élimination de résidus (généralement H_2O ou HCl) pour former un polymère.

Ce type de réaction, appelée **réaction de polycondensation**, peut être schématisé de la façon suivante :

nⒷ $+ n$Ⓒ $\rightarrow \cdots$ —Ⓑ—Ⓒ—Ⓑ—Ⓒ—Ⓑ—Ⓒ— $\cdots$
   $+$ résidus

ou

nⒷ $+ n$Ⓒ $\rightarrow$ (Ⓑ—Ⓒ)$_n$ $+$ résidus

Un exemple de réaction de polycondensation est la synthèse du **nylon 6,6** qui est un polyamide obtenu à partir de deux monomères contenant chacun six atomes carbone, d'où l'appellation nylon 6,6.

Les deux monomères de base Ⓑ et Ⓒ pour la synthèse du nylon 6,6 sont :

$$\underset{\underset{Cl}{\vert}}{\overset{\overset{O}{\diagup\!\!\parallel}}{C}} - (CH_2)_4 - \underset{\underset{Cl}{\vert}}{\overset{\overset{O}{\parallel\!\!\diagdown}}{C}} \quad et \quad \underset{\underset{H}{\diagup}}{\overset{\overset{H}{\diagdown}}{N}} - (CH_2)_6 - \underset{\underset{H}{\diagdown}}{\overset{\overset{H}{\diagup}}{N}}$$

chlorure d'acide   hexaméthylène
   adipique   diamine

 Préparer du nylon 6,6

Pour ce faire :

- verser, dans un berlin, 10 mL d'une solution à 5 % d'hexaméthylène diamine dans l'eau ;
- y superposer, avec précaution, 10 mL d'une solution à 5 % de chlorure d'acide adipique dans l'heptane ;
- avec une baguette de verre, tirer un fil de nylon formé à l'interface des deux solutions.

À l'interface eau/heptane, les molécules de chlorure et de diamine se condensent et forment un film de nylon.

Au fur et à mesure que le film est retiré, d'autres molécules de réactifs peuvent entrer en contact et réagir pour former un nouveau film : ce phénomène se poursuivra jusqu'à épuisement des réactifs.

➡ Macromolécules naturelles

Dans le monde du vivant, des macromolécules sont synthétisées selon des processus biologiques complexes.

Parmi ces macromolécules, citons :

- l'**amidon** synthétisé à partir du glucose selon la réaction dont l'équation simplifiée est la suivante :

$$n\ C_6H_{12}O_6 \rightarrow (C_6H_{10}O_5)_n + n'\ H_2O$$
   glucose   amidon

- les **protéines** formées à partir de la réaction entre acides aminés dont la formule générale est :

$$H_2N - \underset{\underset{R_x}{\vert}}{\overset{\overset{H}{\vert}}{C}} - \underset{\underset{O-H}{\diagdown}}{\overset{\overset{O}{\diagup\!\!\parallel}}{C}}$$

$$(R_x = - CH_3, - CH_2COOH\ldots)$$

Une molécule d'acide aminé peut se lier à une autre molécule d'acide aminé pour former le début d'une longue chaîne aboutissant à une macromolécule (protéine).

liaison peptidique

⇒ Numérotation d'identification et usages de quelques polymères

Polymères	Numéro d'identification	Usages
• Polyéthylène PE Parmi les polyéthylènes, on distingue : • le polyéthylène basse densité qui est souple : c'est la matière plastique la plus utilisée au monde	PEbd ♲ 4	• couvertures de piscines • feuilles pour serres • films d'emballage • sacs à glaçons • sacs poubelles • flacons souples
• le polyéthylène haute densité qui est rigide _(image)_	PEhd ♲ 2	• flacons plus ou moins rigides • poubelles • tuyaux • seaux • jerricans • casiers de manutention • réservoirs à essence • sachets cuiseurs pour riz, pâtes
• Polypropylène PP _(image)_	♲ 5	• récipients pour margarine • meubles de jardin • emballages pour gâteaux • fibres pour certains tapis de sol • classeurs • valisettes • boîtes de stockage • conduits d'aération • pare-chocs • récipients pour microondes

Polymères	Numéro d'identification	Usages
Polychlorure de vinyle PVC	(3)	• cartes de crédit • châssis et portes • tuyaux • ustensiles de ménage • jouets • gouttières • clôtures
Polystyrène PS	(6)	• gobelets • boîtiers de radio • pare-douche • isolation thermique et phonique (polystyrène expansé PSE) • tableaux de bord des voitures
Polyéthylènetéréphtalate PET	(1)	• bouteilles pour boissons gazeuses • fibres textiles connues sous le nom de polyester • films : emballages, support pour films photos ou cinéma, bandes magnétiques • ventilateurs, alternateurs, poignées de porte de voiture • film intérieur de Tetra Pak
Nylon 6,6	Pas de numéro d'identification propre ◯ (others)	• bas nylon et textiles • roues dentées, vis, écrous, roulements • seringues, stérilets, valvules mitrales... • fils de pêche, cordes, chaussures et fixations de skis... • tapis

⇒ Propriétés intéressantes des matières plastiques

Selon les objets envisagés, plusieurs propriétés des plastiques sont intéressantes.

Ainsi, selon les matières, elles :

- sont légères ;
- sont d'un coût énergétique peu élevé ;
- assurent une bonne isolation ;
- ne rouillent pas ;
- se brisent moins vite que d'autres matériaux ;
- n'ont pas besoin d'être peintes : elles peuvent être colorées dans la masse ;
- peuvent prendre n'importe quelle forme ;
- résistent aux principaux acides, bases et à certains solvants ;
- ...

Légèreté et coût énergétique

- L'utilisation de plastiques dans les voitures est passée de 100 kg en 1997 à environ 150 kg en 2015, soit une augmentation de 50 % en 18 ans.

Ces 150 kg de plastiques remplacent 300 à 450 kg de matériaux métalliques et réduisent ainsi la consommation d'essence de 0,5 L aux 100 km. Cette économie représente 750 L pour 150 000 km parcourus.

Rien que pour l'Europe de l'Ouest, l'utilisation de plastiques dans les voitures a permis de réduire la consommation de pétrole de 12 millions de tonnes par an et les émissions de CO_2 (gaz à effet de serre) de 30 millions de tonnes[1].

- La frigolite (terme belge), polystyrène expansé ou PSE, ainsi que des mousses en matière plastique sont utilisées comme isolant thermique. Pour économiser l'énergie dans les bâtiments, des primes sont ainsi accordées par les Régions aux particuliers qui désirent isoler leur habitation. L'isolation thermique est un des moyens les plus efficaces pour réduire le coût énergétique lié au chauffage.

Résistance aux chocs

Pensons aux :

- boîtes à œufs et matériaux d'emballage en frigolite PSE ;

- coques de planches à voile, enjoliveurs de voiture, pots de fleurs... en polypropylène PP ;

- coussins d'airbag en nylon ;

- ...

Inertie chimique, teinture dans la masse et mise en forme

Avant l'introduction des matières plastiques dans les automobiles, certaines pièces étaient sujettes à une oxydation rapide (rouille).

C'était particulièrement le cas des pare-chocs métalliques dont l'entretien était fastidieux, voire coûteux.

La résistance des plastiques à la corrosion permet de réduire la main-d'œuvre et les coûts d'entretien de ces pièces ainsi que d'autres pièces comme les rétroviseurs, l'intérieur des garde-boue...

De plus, ces différentes pièces, le plus souvent en PP, peuvent être fabriquées dans la même teinte que la carrosserie et dans le design adapté à celui de la voiture.

La mise en forme des matières plastiques permet de leur donner des formes diverses qui peuvent s'adapter, par exemple, à l'espace laissé libre pour les réservoirs de voitures.

- Comme pour les voitures, le coût du transport de marchandises diminue en fonction de la masse transportée.

Ainsi, le remplacement des bouteilles de verre d'une masse d'environ 500 g selon l'épaisseur du verre par des bouteilles en plastique d'environ 25 g a diminué le coût du transport des boissons et par conséquent l'émission de CO_2.

Isolation

Certaines matières plastiques ont des propriétés isolantes électriques ou thermiques intéressantes.

- Le polychlorure de vinyle PVC est utilisé comme isolant électrique (interrupteurs, conduites pour câbles électriques...).

Inconvénients des matières plastiques

Indépendamment des propriétés intéressantes des plastiques citées ci-dessus et de bien d'autres, il faut relever de nombreux inconvénients :

- non-biodégradabilité pour la plupart des plastiques ;

- dépendance actuelle au pétrole ;

- accumulation visuelle ou non dans l'environnement : pensons aux déchets plastiques dans les mers par exemple ;

- emploi excessif, par exemple dans les emballages ;

- ...

Gestion des déchets plastiques

Les déchets en matière plastique représentent, en Belgique, environ 10 % en masse des déchets ménagers qui sont estimés à 500 kg/habitant/an.

Que faire de cette « montagne » de déchets plastiques ?

Trois solutions au problème posé par ces déchets sont actuellement envisagées.

Valorisation matière

La valorisation matière consiste à transformer un objet plastique usagé en un autre objet plastique. Cette valorisation s'applique aux polymères qualifiés de « thermoplastiques », appelés ainsi parce que, sous l'action de la chaleur, ils peuvent être fondus et remis en forme pour une autre utilisation.

Beaucoup de polymères sont thermoplastiques. Citons le polyéthylène (PE), le polypropylène (PP), le polystyrène (PS), le polyéthylène téréphtalate (PET) et le polychlorure de vinyle (PVC).

Le schéma suivant illustre le recyclage des emballages en plastique collectés dans les « poubelles bleues ».

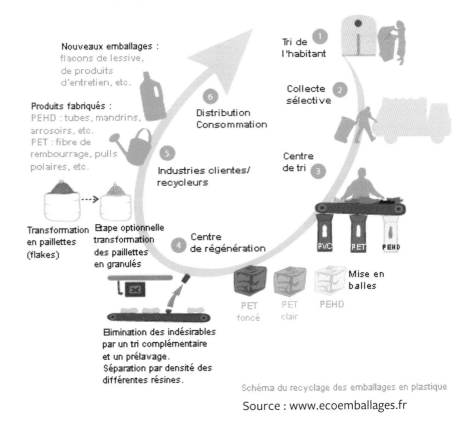

Schéma du recyclage des emballages en plastique

Source : www.ecoemballages.fr

Le saviez-vous ?

- 1 bouteille permet de fabriquer 7 cartes à puces
- 2 bouteilles = 1 montre = 1 écharpe en laine polaire
- 27 bouteilles = 1 pull polaire
- 67 bouteilles d'eau = 1 couette pour deux
- 11 bouteilles de lait = 1 arrosoir
- 12 bouteilles de soda = oreiller
- 200 flacons de produits d'entretien = 1 poubelle
- 450 flacons de lessive = 1 banc de 3 places

Valorisation chimique

La valorisation chimique consiste à transformer un objet plastique usagé en monomères, en combustibles ou en gaz réutilisables :

- le polystyrène peut être dépolymérisé en styrène réutilisable dans la production de polystyrène neuf ;

- certaines matières plastiques, par rupture thermique des chaînes carbonées, à l'abri de l'air, sont transformées en un mélange d'hydrocarbures réutilisables en pétrochimie ;

- par combustion incomplète à haute température, des matières plastiques sont transformées en un mélange de CO et de H_2 pouvant être utilisé comme combustible.

Valorisation énergétique

La valorisation énergétique consiste à brûler un objet plastique usagé dans un incinérateur avec récupération d'énergie.

Les matières plastiques ont un pouvoir thermique à peu près égal à celui du gazole.

La chaleur libérée sert d'une part à produire une partie de l'électricité et d'autre part à chauffer certaines installations, usines ou habitations.

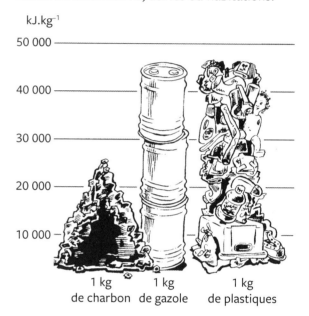

Un des gros problèmes des incinérateurs est l'émission des gaz tels que HCl, HF, SO_2, NO_x... qui doivent être neutralisés afin de ne pas polluer l'atmosphère.

Pensons aussi aux poussières, aux nuisances sonores des charrois de camions apportant les déchets...

1 La synthèse du styrène ($C_6H_5-CH=CH_2$) peut aussi se faire par réaction entre le benzène (C_6H_6) et le chlorure d'éthyle (CH_3-CH_2Cl).

Cette réaction peut être représentée par l'équation bilan suivante :

$$C_6H_6 + CH_3 - CH_2Cl$$
$$\rightarrow C_6H_5 - CH = CH_2 + HCl + H_2$$

Calculer la masse de styrène pouvant être théoriquement obtenue à partir d'une tonne de benzène.

R : m = 1333 kg

2 Écrire l'équation bilan de la combustion complète d'un polyéthylène de degré de polymérisation égal à 1 000 : $-(CH_2-CH_2)_{1\,000}$.

3 L'incinération est un des moyens utilisés pour se débarasser des déchets de polypropylène tout en récupérant une partie de l'énergie ainsi libérée.

Le polypropylène est synthétisé à partir du propylène
$$\begin{array}{cc} H & H \\ | & | \\ C & = C \\ | & | \\ H & CH_3 \end{array}.$$

a) Écrire la formule générale du polymère.

b) Écrire une équation bilan traduisant la polymérisation du propylène en polypropylène.

c) Écrire l'équation traduisant la combustion complète du polypropylène ($n = 3000$).

d) Calculer la masse de $CO_{2(g)}$ libéré dans l'atmosphère lors de la combustion complète de $1,1.10^6$ tonnes de déchets de polypropylène.

e) Citer l'inconvénient majeur des rejets de la combustion du polypropylène pour l'environnement.

f) Calculer l'énergie thermique libérée par la combustion de $1,1.10^6$ tonnes de polypropylène connaissant son pouvoir thermique $5.10^7\,J.kg^{-1}$.

R : d) m = 3,5.10^6 T ; f) E = 5,5.10^{10} MJ

4 Déterminer avec quel polymère les objets suivants sont fabriqués :

– sac poubelle

– tableau de bord d'une voiture

– fil de pêche

– chassis et portes

– parechoc

– bouteilles pour contenir eau minérale

– seaux.

5 Dans la photo ci-dessous, déterminer le polymère constitutif d'au moins 8 objets.

6 À l'aide de différentes sources d'information, citer quelques grands groupes de polymères naturels et pour chacun donner un exemple ainsi que son usage dans la vie quotidienne.

Les plastiques BIO

Des plastiques biocompatibles

Ce sont des plastiques conçus en vue d'être placés au contact de tissus humains, de sang et/ou de fluides biologiques sans subir de rejets. Certains de ces plastiques sont à base de polystyrène.

Le schéma ci-dessous montre des prothèses et implants biocompatibles qui sont utilisés actuellement.

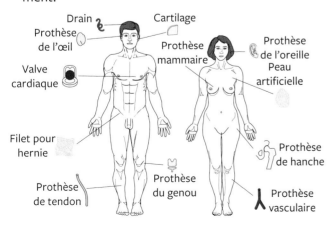

Drain
Prothèse de l'œil
Cartilage
Prothèse mammaire
Prothèse de l'oreille
Peau artificielle
Valve cardiaque
Filet pour hernie
Prothèse de hanche
Prothèse de tendon
Prothèse du genou
Prothèse vasculaire

Signalons aussi comme biomatériaux :

- les lentilles artificielles en polyméthacrylate de méthyle PMMA :

$$\left(\!\!\!\begin{array}{c} CH_3 \\ | \\ CH_2 - C \\ | \\ COOCH_3 \end{array}\!\!\!\right)_{\!\!n}$$

- la « pâte dentaire » constituée :
  - de monomères acryliques caractérisés par la présence du groupement $CH_2 = C \big\langle$;
  - de particules minérales (la silice SiO_2 essentiellement).

À l'heure actuelle, les dentistes utilisent cette « pâte » pour obturer des caries dentaires. Celle-ci est polymérisée dans la dent grâce à une radiation lumineuse. Cette technique remplace les plombages classiques à l'amalgame de mercure.

Des plastiques biodégradables

Nous savons que l'accumulation de matières plastiques dans la nature pose problème.

Il faut savoir qu'un sac en plastique contenant des déchets ménagers peut mettre plus de cent ans pour se désagréger naturellement dans une décharge. Il en est de même pour les barquettes d'aliments, les pots de yaourt, les assiettes et gobelets en plastique...

Pour rémédier à cette accumulation de matières plastiques dans la nature, plusieurs projets de recherche se sont orientés vers des plastiques biodégradables.

Les plastiques biodégradables ont la propriété d'être dégradés, décomposés naturellemnent soit par des organismes vivants (bactéries), soit par la lumière.

Le défi est complexe car ces plastiques doivent avoir des caractéristiques techniques comparables à celles des plastiques conventionnels d'origine pétrochimique : solidité, élasticité, déformation... mais leur prix de revient ne peut pas trop dépasser celui des plastiques traditionnels.

Ainsi, ils sont utilisés par exemple dans les domaines médical (ex. : fils de suture) et agricole (ex. : films protégeant la croissance des plantes).

D'autre part, depuis peu, de nombreuses communes en Belgique mettent en vente, pour les particuliers, des sacs 100 % biodégradables pour recueillir les déchets organiques (déchets de cuisine, petits déchets de jardin, langes d'enfants...).

Ces déchets organiques et leurs sacs sont valorisés dans des unités de biométhanisation.

Le biogaz (méthane...) généré par la fermentation est valorisé en chaleur (chauffage de diverses installations) et en électricité injectée dans le réseau.

La notion de biodégradabilité est actuellement très floue et non fixée par la loi.

Plusieurs organismes mondiaux se sont dès lors associés pour fixer une « définition » de « plastique biodégradable[1] ».

Un plastique biodégradable est un plastique :

– qui conserve les performances d'un plastique conventionnel pendant son usage ;

– qui subit une dégradation par un processus biologique (bactéries du sol, voire bactéries ajoutées au compost) pendant le compostage ;

– qui peut se décomposer complètement en produisant H_2O, CO_2 et/ou CH_4 à un rythme comparable à celui d'autres matières compostables, et ce, sans laisser de résidus toxiques.

Cette contrainte semble être rencontrée dans plusieurs catégories de plastiques biodégradables, les principaux étant les polymères polylactiques (PLA) et les polymères issus d'amidon.

---

1. Norme définie par le BPI (Biodegradable Products Institute).

Le saccharose présent dans les betteraves ou la canne à sucre est d'abord transformé en acide lactique par fermentation bactérienne.

Les molécules d'acide lactique sont ensuite polymérisées par voie chimique pour former le PLA, biodégradable en quelques semaines par les bactéries du sol.

Les films plastiques, les textiles infroissables et les emballages constituent leurs principales applications.

À titre d'exemples, signalons que :

- deux grands chaînes de distribution belges utilisent du PLA pour l'emballage de plantes aromatiques, fruits et légumes ou pâtisserie ;

- une firme japonaise a lancé un ordinateur dont le caisson est en PLA ;

- deux firmes japonaises ont présenté des véhicules dont les tableaux de bord, les sièges ou les carpettes de sol ont également une origine partiellement végétale ;

- les imprimantes 3D fabriquent aussi des objets en PLA.

Les plastiques issus d'amidon

Ce type de plastique est fabriqué à partir d'amidon de maïs, de riz, de blé...

L'amidon a été modifié mécaniquement et chimiquement pour lui donner des propriétés mécaniques similaires aux plastiques conventionnels (voir plus haut).

Outre en agriculture, leurs principales applications sont : sachets, emballages, couverts, rasoirs, couches-culottes...

Applications actuelles des plastiques biodégradables

À titre d'exemples, signalons que :

- en Autriche, depuis 1998, dans une célèbre chaîne de fast-food, les couverts sont en plastique biodégradable (à base d'amidon de maïs) : ils peuvent donc être jetés avec les reliefs des repas ;

- dans certains pays, les pots de yaourt sont aussi en plastique biodégradable (à base de sucre de betterave) : ils n'ont plus à être lavés ni à être déposés avec les emballages recyclables ;

- en Angleterre et au Brésil, des cartes bancaires sont également en plastique biodégradable (à base de sucre de betterave) et en Belgique (à base de résidus de maïs) ;

- au cours d'un Paris-Dakar, une moto fonctionnant à l'éthanol était lubrifiée à l'huile de colza, possédait une selle en fibres végétales et un garde-boue en amidon de maïs ;

- ...••••••

Boîte de sachets en matière biodégradable (Mater-Bi), vendue en Italie en 2007

Grandes classes de réactions chimiques (précipitation, acide-base, oxydo-réduction)

UAA8

Au cours de cette unité d'acquis d'apprentissage, tu développeras la compétence suivante :

• décrire une réaction de précipitation comme une réaction de recombinaison d'ions, une réaction acide-base comme un transfert de protons, une oxydoréduction comme un transfert d'électrons. ••••••

1 Réaction de précipitation

Le mélange de deux solutions aqueuses contenant chacune des ions peut provoquer l'apparition d'un dépôt solide appelé « précipité ».

Ce précipité est un des produits d'une réaction de recombinaison d'ions qui porte le nom de « réaction de précipitation » et qui se traduit par des équations ioniques et moléculaires. ••••••

Ressources et processus à mobiliser

À la fin de ce chapitre, tu seras capable de...

SAVOIRS

définir solubilité ;

donner les deux unités usuelles de la solubilité ;

exprimer la convention qui permet de classer les composés solubles et peu solubles.

SAVOIR-FAIRE

utiliser le tableau qualitatif de solubilité pour identifier un composé soluble ou peu soluble ;

prévoir si, lors du mélange de deux solutions aqueuses, il se formera un précipité et, si oui, en donner la formule et le nom ;

écrire l'équation ionique et moléculaire traduisant une réaction de précipitation.

PROCESSUS

décrire une réaction de précipitation (C) ;

déterminer les espèces chimiques présentes dans une solution à partir des espèces introduites (A) ;

prévoir (sans calculer) une précipitation à partir d'un tableau de solubilité (A) ;

expliquer une situation sur base de phénomènes de précipitation (T).

Lors du mélange de deux solutions aqueuses, il se forme parfois un composé solide.

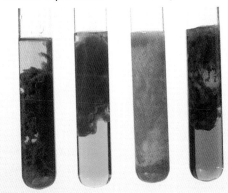

L'expérimentation suivante permettra d'observer la formation de quelques composés solides.

 Réaliser trois expériences permettant de visualiser la formation ou non de composés solides

Pour ce faire :

- à l'aide d'une pipette, ajouter quelques millilitres d'une solution de nitrate d'argent $AgNO_3$ 0,1 mol.L^{-1} à 10 mL d'une solution de chlorure de sodium $NaCl$ 0,1 mol.L^{-1} contenue dans un berlin de 100 mL ;
- observer.

Refaire l'expérience mais en utilisant :

- une solution 0,1 mol.L^{-1} d'hydroxyde de sodium $NaOH$ et une solution 0,1 mol.L^{-1} de sulfate de cuivre (II) $CuSO_4$;
- une solution 0,1 mol.L^{-1} de chlorure de sodium $NaCl$ et une solution 0,1 mol.L^{-1} de nitrate de baryum $Ba(NO_3)_2$.

Consigner les observations.

Lorsqu'un composé solide se forme lors d'une des expériences réalisées, deux questions se posent.

- Comment se forme un composé solide ?
- Quelle est sa formule moléculaire ? • • • • • •

⇒ La réaction de précipitation

Dans la première expérience, il se forme un solide blanc qui devient gris rapidement et, dans la deuxième, un solide bleu.

En revanche, dans la troisième expérience, aucun solide n'apparaît.

Les composés solides qui se forment lors du mélange de deux solutions homogènes portent le nom de **précipités**.

La réaction de formation d'un précipité s'appelle **réaction de précipitation**.

Si un composé solide apparaît lors d'une réaction, ce composé est, dans ce cas, peu soluble dans l'eau.

La précipitation et la solubilité sont donc étroitement liées.

Il y a lieu de définir d'abord la solubilité et d'en donner ensuite son expression.

⇒ La solubilité et son expression

Si quelques grammes de $NaCl_{(s)}$ sont ajoutés à 100 mL d'eau à température ambiante, le sel se dissout complètement en se dissociant en ions.

$$NaCl_{(s)} \xrightarrow{H_2O} Na^+_{(aq)} + Cl^-_{(aq)}$$

Si du $NaCl_{(s)}$ est ajouté à la solution précédente, il arrive un moment où le moindre grain de NaCl ajouté ne se dissout plus : la solution est alors dite saturée.

Toute masse supplémentaire introduite se dépose alors sous forme solide au fond du récipient : la **solution** est alors dite **saturée avec excès**.

Il est possible de déterminer expérimentalement la masse de $NaCl_{(aq)}$ contenue dans un volume donné de solution saturée à une température donnée.

Il suffit, par exemple, de prélever 100 mL de solution saturée de NaCl à 20 °C, d'évaporer le solvant et de déterminer la masse du résidu.

Ainsi, après évaporation de ces 100 mL de solution saturée de NaCl, on recueille 36 g de NaCl : 100 mL de solution saturée de NaCl, à température ambiante, renferment donc 36 g de sel dissous.

En d'autres termes, un litre de solution saturée contient 360 g de $NaCl_{(aq)}$ (à 20 °C).

Dans les mêmes conditions expérimentales que précédemment, on peut déterminer que :

- 1 litre de solution saturée de sulfate de cuivre(II) contient 207 g de $CuSO_{4(aq)}$;
- 1 litre de solution saturée d'iodure de plomb(II) contient 0,3 g de $PbI_{2(aq)}$;
- 1 litre de solution saturée de carbonate de calcium contient 7,2 mg de $CaCO_{3(aq)}$;
- ...

> La **solubilité** (s) est la quantité maximale de soluté dissous, à température donnée, par unité de volume (en général, le litre) de solution.

La solubilité (s) s'exprime en concentration massique (1) ou molaire (2) :

$$s = \frac{m}{V} \quad (g \cdot L^{-1}) \qquad (1)$$

ou

$$s = \frac{n}{V} \quad (mol \cdot L^{-1}) \qquad (2)$$

⟶ Composés solubles et composés peu solubles

Par convention, sont considérés comme :

- **solubles**, les composés dont la solubilité est supérieure à 0,1 mol par litre de solution ;

- **peu solubles**, les composés dont la solubilité est inférieure à 0,1 mol par litre de solution. Le terme « **insoluble** » est aussi souvent utilisé pour désigner ces composés.

En se basant sur la convention précédente, un tableau qualitatif des composés solubles et des composés peu solubles dans l'eau a été établi. En voici un extrait[1] :

Cations / Anions		NH_4^+	K^+	Ca^{2+}	Fe^{2+}	Ag^+	Pb^{2+}
Nitrate	NO_3^-	○	○	○	○	○	○
Chlorure	Cl^-	○	○	○	○	●	●
Sulfure	S^{2-}	○	○	–	●	●	●
Carbonate	CO_3^{2-}	○	○	●	●	●	●

○ soluble

● peu soluble (insoluble)

– n'existe pas ou se décompose dans l'eau

La lecture de ce tableau montre que :

- NH_4Cl, $Pb(NO_3)_2$, K_2CO_3... sont des composés solubles ;

- $AgCl$, FeS, $CaCO_3$... sont des composés peu solubles.

Ce tableau sert :

- à identifier les composés solubles et les composés peu solubles ;

- à prévoir qualitativement la formation éventuelle d'un composé peu soluble (précipité) lors d'une réaction ;

- à écrire la formule moléculaire du précipité.

---

1. Un tableau plus complet figure à la fin du manuel en annexe.

⟶ Recherche de la formule moléculaire d'un précipité

Pour illustrer la recherche de la formule moléculaire d'un précipité, nous allons utiliser les résultats des trois expériences réalisées précédemment.

Mélange des solutions de $AgNO_3$ et NaCl

Les solutions aqueuses de $AgNO_3$ et NaCl sont des solutions de sels solubles : elles renferment respectivement des ions Ag^+ et NO_3^- et des ions Na^+ et Cl^- provenant de la dissociation dans l'eau des composés solides $AgNO_3$ et NaCl.

$$AgNO_{3(s)} \xrightarrow{H_2O} Ag^+_{(aq)} + NO^-_{3(ag)}$$
$$NaCl_{(s)} \xrightarrow{H_2O} Na^+_{(aq)} + Cl^-_{(aq)}$$

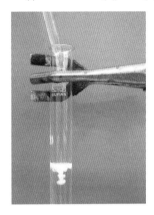

Lors du mélange des deux solutions, des ions Ag^+ et NO_3^- ont été mis en présence d'ions Na^+ et Cl^-. Le précipité formé peut être AgCl et/ou $NaNO_3$ comme le montrent les croisements dans le tableau suivant.

Solutions	$AgNO_{3(aq)}$ + $NaCl_{(aq)}$
Ions en solution	Ag^+ ⤫ Na^+ NO_3^- ⤫ Cl^-

Le tableau de la solubilité nous indique que, de ces deux composés, seul AgCl est peu soluble : AgCl est la formule moléculaire du précipité blanc observé.

Mélange des solutions de $CuSO_4$ et NaOH

Des ions Cu^{2+} et SO_4^{2-} provenant de la dissociation de $CuSO_{4(s)}$ dans l'eau ont été mis en présence d'ions Na^+ et OH^- provenant, eux, de la dissociation de $NaOH_{(s)}$ dans l'eau. Le précipité formé peut être $Cu(OH)_2$ et/ou Na_2SO_4.

Solutions	$CuSO_{4(aq)}$ + $NaOH_{(aq)}$	
Ions en solution	Cu^{2+}	Na^+
	SO_4^{2-}	OH^-

De ces deux composés, seul $Cu(OH)_2$ est insoluble : $Cu(OH)_2$ est la formule moléculaire du précipité bleu observé.

Mélange des solutions de $Ba(NO_3)_2$ et NaCl

Des ions Ba^{2+} et NO_3^- provenant de la dissociation de $Ba(NO_3)_{2(s)}$ ont été mis en présence d'ions Na^+ et Cl^-.

Solutions	$Ba(NO_3)_{2(aq)}$ + $NaCl_{(aq)}$	
Ions en solution	Ba^{2+}	Na^+
	NO_3^-	Cl^-

Aucun précipité n'a pu se former car les composés envisageables $BaCl_2$ et $NaNO_3$ sont tous deux solubles dans l'eau.

Ceci explique qu'aucun solide n'apparaît lors de la troisième expérience.

⇒ Écriture des équations traduisant les réactions de précipitation

Pour traduire les réactions de précipitation observées dans les expériences précédentes, plusieurs écritures sont utilisées dont l'écriture ionique.

Écriture ionique

Réaction entre $AgNO_3$ et NaCl

Les ions présents dans les solutions initiales sont :

- Ag^+ et NO_3^- ;

- Na^+ et Cl^-.

L'équation ionique **complète** représentant la réaction de précipitation s'écrit :

$$Ag^+_{(aq)} + NO^-_{3(aq)} + Na^+_{(aq)} + Cl^-_{(aq)} \rightarrow$$

$$AgCl_{(s)} + Na^+_{(aq)} + NO^-_{3(aq)}$$

La lecture de l'équation montre que c'est au niveau des seuls ions Ag^+ et Cl^- qu'a lieu la réaction de précipitation : ce sont les **ions acteurs**.

Les ions Na^+ et NO_3^- ne participent pas à la réaction de précipitation et se retrouvent identiques à eux-mêmes après la réaction : ce sont des **ions spectateurs**.

Ils peuvent donc être supprimés dans l'écriture précédente.

L'équation ionique s'écrit alors :

$$Ag^+_{(aq)} + Cl^-_{(aq)} \rightarrow AgCl_{(s)}$$

Cette écriture **simplifiée** des équations de précipitation, ne tenant pas compte des ions spectateurs, est :

- beaucoup **plus significative** car elle indique uniquement la réaction qui a lieu : ce sont en effet les ions acteurs qui réagissent et non les ions spectateurs ;

- beaucoup **plus générale** car elle n'indique pas l'origine des ions acteurs, ceux-ci pouvant provenir de n'importe quel composé soluble fournissant les ions acteurs. C'est ainsi que pour obtenir $AgCl_{(s)}$, il est aussi possible d'utiliser $Ag_2SO_{4(aq)}$ comme source d'ions Ag^+ et du $KCl_{(aq)}$ comme source d'ions Cl^-.

Réaction entre $CuSO_4$ et NaOH

Les équations traduisant cette réaction de précipitation s'écriront :

- équation ionique complète :

$$Cu^{2+}_{(aq)} + SO^{2-}_{4(aq)} + 2Na^+_{(aq)} + 2OH^-_{(aq)} \rightarrow$$

$$Cu(OH)_{2(s)} + 2Na^+_{(aq)} + SO^{2-}_{4(aq)}$$

- équation ionique simplifiée :

$$Cu^{2+}_{(aq)} + 2OH^-_{(aq)} \rightarrow Cu(OH)_{2(s)}$$

Épuration des eaux usées... et réactions de précipitation

Station d'épuration

Dans les stations d'épuration des eaux usées, le traitement primaire s'effectue dans un bassin de décantation qui permet d'éliminer la majeure partie des matières en suspension.

En effet, si on laisse reposer dans le bassin l'eau contenant des matières en suspension, ces particules, selon leur densité et leur diamètre, tombent au fond du bassin ou remontent à la surface et se séparent ainsi de manière mécanique.

Pour favoriser le processus de dépôt, des ions Al^{3+} et OH^- sont souvent ajoutés dans le bassin de décantation. Il se forme aussitôt un précipité de $Al(OH)_3$ suivant l'équation :

$$Al^{3+}_{(aq)} + 3\,OH^-_{(aq)} \rightarrow Al(OH)_{3(s)}$$

Ce précipité piège les impuretés et les entraîne aussitôt au fond du bassin, ce qui permet un gain de temps appréciable.

Une partie des ions Al^{3+} ajoutés contribuent aussi à l'élimination des ions phosphates PO_4^{3-} présents dans les eaux usées en formant avec eux un précipité de phosphate d'aluminium $AlPO_4$ qui se dépose aussi sur le fond du bassin :

$$Al^{3+}_{(aq)} + PO_4^{3-}_{(aq)} \rightarrow AlPO_{4(s)}$$

Écriture moléculaire

Pour passer de l'écriture ionique complète à l'écriture moléculaire, il suffit :

– d'associer les ions acteurs et les ions spectateurs dans des proportions telles que des molécules électriquement neutres soient obtenues ;

– de pondérer l'équation.

Ainsi, les équations moléculaires traduisant les deux réactions de précipitation précédentes s'écriront :

$$AgNO_{3(aq)} + NaCl_{(aq)} \rightarrow AgCl_{(s)} + NaNO_{3(aq)}$$
$$CuSO_{4(aq)} + 2\,NaOH_{(aq)} \rightarrow Cu(OH)_{2(s)} + Na_2SO_{4(aq)}$$

L'utilité de l'écriture moléculaire est de faire ressortir la nature exacte des réactifs et des produits formés.

Dans la pratique, le choix de l'écriture ionique au moléculaire s'opère sur base des informations à privilégier et à communiquer.

1 **Écrire les équations de dissociation dans l'eau des sels suivants :**

a) le nitrate de potassium KNO_3, utilisé comme engrais azoté ;

b) le phosphate de sodium Na_3PO_4, qui intervenait auparavant dans la fabrication de poudres à lessiver, en tant qu'agent anticalcaire ;

c) le sulfate de fer(II) $FeSO_4$, souvent utilisé pour éliminer les mousses dans les pelouses.

2 **Écrire la formule moléculaire des composés ci-dessous et les classer, à l'aide du tableau qualitatif (en annexe) en composés solubles ou peu solubles :**

– iodure de sodium ;

– sulfate de baryum ;

– chromate de potassium ;

– sulfure de plomb(II) ;

– carbonate d'ammonium ;

– hydroxyde de cuivre(II) ;

– phosphate de calcium.

3 **Écrire les équations ioniques simplifiées traduisant les réactions de précipitation entre les ions :**

a) $Ag^+_{(aq)}$ et $Br^-_{(aq)}$

b) $Fe^{3+}_{(aq)}$ et $OH^-_{(aq)}$

c) $Cu^{2+}_{(aq)}$ et $S^{2-}_{(aq)}$

4 **On mélange des solutions aqueuses de :**

a) $Cu(NO_3)_2$ et KOH ;

b) $Pb(NO_3)_2$ et K_2SO_4 ;

c) $CaCl_2$ et K_2CO_3.

Pour chaque mélange :

- déterminer la nature des ions initialement présents dans les solutions de réactifs ;
- prévoir s'il peut y avoir formation d'un précipité en se basant sur le tableau qualitatif de solubilité ;
- écrire, s'il y a lieu, les équations ioniques et moléculaires traduisant les réactions de précipitation.

5 **Le graphique suivant visualise la variation de la solubilité de quatre composés en fonction de la température.**

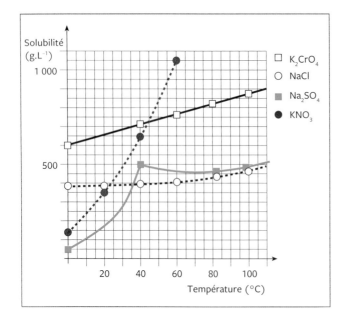

a) Quel est le composé le plus soluble à 0 °C ?

b) Quel est le composé le plus soluble à 50 °C ?

c) Quels sont les composés ayant la même solubilité à 35 °C ?

d) Quelle est la solubilité de Na_2SO_4 à 25 °C ?

e) Classer ces composés par ordre croissant de solubilité à la température de 40 °C.

f) À quelle température la solubilité de Na_2SO_4 est-elle la plus grande ?

g) À quelle température la solubilité de Na_2SO_4 est-elle de 25 g dans 100 mL ?

6 Un technicien de laboratoire constate que ses appareils de mesure sont en panne : il doit pourtant vérifier si l'eau utilisée ne contient pas les ions CO_3^{2-} et SO_4^{2-}.

Sa recherche, lors de manipulations, donne les résultats suivants :

eau à analyser + solution contenant des ions Fe^{2+} : pas de précipité ;

+ solution contenant des ions Ba^{2+} : précipité blanc ;

+ solution contenant des ions Zn^{2+} : pas de précipité.

Quelle conclusion doit-il indiquer dans son rapport ?

7 L'entartrage des canalisations

L'eau du robinet est saine, mais peut également causer des dommages dus au tartre dans les appareils ménagers (chauffe-eau, tuyauterie d'eau chaude domestique, machine à laver, bouilloire électrique, fer à repasser...).

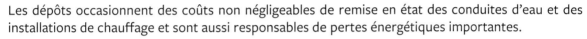

Le tartre est un dépôt généralement dur et adhérent, quelque fois poreux.

Les dépôts occasionnent des coûts non négligeables de remise en état des conduites d'eau et des installations de chauffage et sont aussi responsables de pertes énergétiques importantes.

Les ions hydrogénocarbonates HCO_3^- présents dans l'eau de distribution subissent, lorsque cette eau est chauffée, la réaction dont l'équation est la suivante :

$$2\,HCO_{3\,(aq)}^{-} \rightarrow H_2O_{(l)} + CO_{3\,(aq)}^{2-} + CO_{2\,(g)}$$

Lorsque la circulation de l'eau s'arrête et que l'eau refroidit, un dépôt de tartre apparaît.

a) Déterminer quelles sont les substances susceptibles de former un dépôt dans les canalisations, en utilisant les données fournies dans le tableau ci-dessous et le tableau de solubilité donné en annexe.

Tableau partiel de composition en ions d'une eau de distribution

Na^+	K^+	Ca^{2+}	Mg^{2+}	HCO_3^-	NO_3^-	Cl^-

b) Vérifier si la (les) substance(s) trouvée(s) sont bien constitutives du tartre.

Des précipités très douloureux : les calculs rénaux

Nombreuses sont actuellement les personnes atteintes de lithiase rénale, c'est-à-dire présentant des calculs rénaux (pierres aux reins).

Mais ce n'est pas un phénomène nouveau.

Les plus anciens calculs rénaux ont été trouvés dans des squelettes datant du Chalcolithique (IVe et IIIe millénaire avant notre ère) et dans des momies égyptiennes de plus de 5000 ans.

Les données de l'Antiquité et du Moyen Âge montrent que la lithiase était fort répandue.

En Europe, avant le XXe siècle, il s'agissait avant tout de lithiase vésicale, atteignant les enfants de sexe mâle.

Au cours du temps, la composition des calculs a beaucoup changé, l'acide urique et le phosphate de calcium laissant progressivement la place à l'oxalate de calcium, vraisemblablement du fait des modifications des habitudes alimentaires. Une même tendance peut être notée dans les pays non industrialisés.

La composition des calculs est très variable et la lithogenèse est un processus compliqué : elle provient de la sursaturation des urines en ions calcium et oxalate, en acide urique...

Mais l'origine de la maladie lithiasique est mal connue: maladie génétique ? maladie des membranes des cellules épithéliales ? maladie infectieuse ?...

Composition des calculs (dans les pays industrialisés)

Les lithiases calciques sont de loin les plus fréquentes : plus de 70 % des lithiases rénales.

Un calcul est constitué par des formations cristallines qui sont de nature :

- soit minérale : phosphate de calcium et de magnésium, carbonate et sulfate de calcium ;
- soit organique : oxalates, acide urique, cystine, et d'une matrice protéique (2 % à 3 % de la masse sèche du calcul), faite de différentes protéines (albumine...) et d'hexoses.

L'analyse physico-chimique du calcul est essentielle pour déterminer le type métabolique de lithiase.

Elle comporte :

- une analyse physique par radiographie, loupe binoculaire, cristallographie par diffraction aux rayons X... ;
- une analyse chimique qui précise la composition des différents ions (calcium, magnésium, ammonium, oxalate, phosphate, urate, carbonate).

Plus de 80 substances, minérales ou organiques, ont été identifiées dans les calculs. Les plus importantes sont :

- l'oxalate de calcium, principal composant, noté dans 60 % à 80 % des calculs analysés ;
- les phosphates de calcium ou de magnésium, représentant le deuxième groupe, dans 10 % à 25 % des cas ;
- l'acide urique et ses sels, essentiellement, dans 7 % à 15 % des cas.

La lithogenèse : formation des calculs

Les techniques citées ci-avant ont permis de mieux comprendre les mécanismes de formation des calculs.

À l'état normal, les nombreux éléments cristallisables présents dans l'urine sont maintenus dans un état soluble par la dilution des urines et également par la présence de substances inhibitrices de la cristallisation.

Pour qu'un cristal se forme et se développe dans l'urine, il faut que l'urine se trouve dans un état de sursaturation ; cet état de sursaturation dépend de différents facteurs comme la concentration ionique des constituants, le pH...

Afin d'éviter la lithogenèse, il est conseillé d'absorber au moins un litre et demi d'eau par jour. • • • • • •

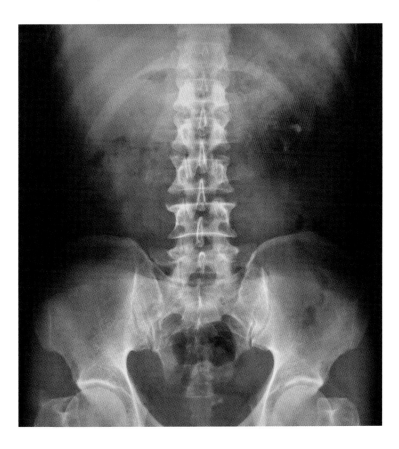

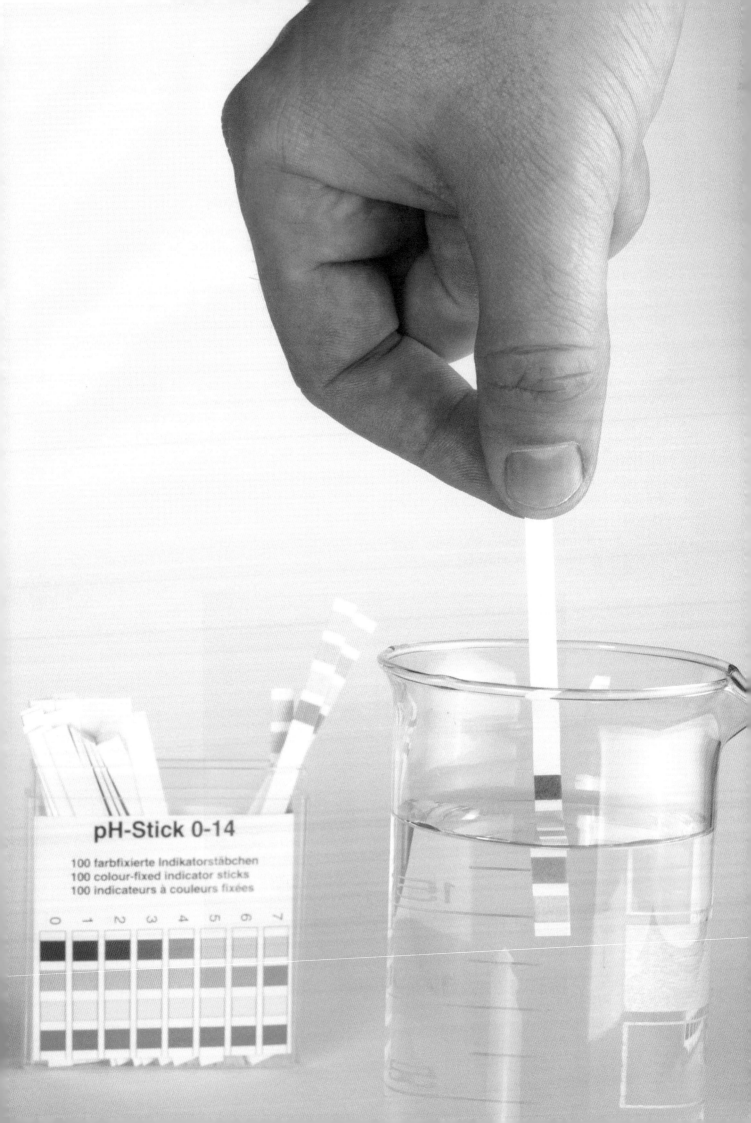

pH-Stick 0-14

100 farbfixierte Indikatorstäbchen
100 colour-fixed indicator sticks
100 indicateurs à couleurs fixées

Acidité et échelle de pH

L'acidité est une des propriétés des solutions aqueuses : elle indique la concentration en ions H_3O^+ en solution.

Le pH d'une solution aqueuse permet de déterminer son caractère acido-basique et de le chiffrer sur une échelle de 0 à 14. ⋯⋯

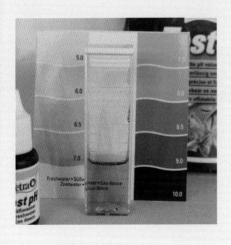

Ressources et processus à mobiliser

À la fin de ce chapitre, tu seras capable de...

SAVOIRS

définir :

→ produit ionique de l'eau,

→ pH d'une solution aqueuse ;

énoncer la relation entre le pH et la concentration en ions H_3O^+ et inversement.

SAVOIR-FAIRE

critiquer une échelle d'acidité ;

relier l'échelle d'acidité à l'échelle de pH ;

calculer le pH d'une solution aqueuse connaissant $[H_3O^+]$ et/ou $[OH^-]$ de la solution ;

calculer la concentration en ions H_3O^+ d'une solution connaissant le pH de cette solution.

PROCESSUS

décrire et illustrer les caractéristiques de l'échelle de pH (C) ;

associer le pH d'un milieu aqueux présent dans l'environnement de l'élève à certains comportements et à certaines propriétés de ce milieu (T).

Qui n'a jamais entendu parler d'acide, de base, d'esprit de sel, de soude, d'acidité, de basicité, de pH...? Ces termes sont régulièrement utilisés dans notre quotidien que ce soit dans la presse écrite ou télévisée, dans les publicités, sur des étiquettes de produits...

La lecture des documents suivants permet d'illustrer l'usage fréquent de ces termes et l'importance de leur compréhension, tout en soulevant quelques questions.

 Document n° 1 : la pollution a atteint le Danube

Cet article traite d'une pollution intervenue le 4 octobre 2010. Une marée de boue rouge (de 600 000 à 700 000 m^3) s'est déversée d'un réservoir fissuré dans une usine transformant la bauxite en aluminium. Cette boue s'est ensuite écoulée dans deux rivières, dont la Marcal, avant d'atteindre le Danube sous une forme diluée.

Extrait d'un article de presse (Michel de Muelenaere, *Le Soir*, 8 octobre 2010)

« La Marcal est désormais une rivière morte. Tout l'écosystème a été détruit par les boues rouges. Selon le directeur du WWF hongrois, Gabor Figecky, *"il faudra du temps avant que la vie revienne, de trois à cinq ans"*. Les efforts pour faire baisser le pH de l'eau (la mesure de son acidité ou de sa basicité) en y versant de l'acide acétique et du plâtre n'ont pas suffi. Le pH mesuré là où les boues ont rejoint le Danube s'élevait à 9,1 contre 8 pour la normale.

Des experts du gouvernement hongrois jugent que le fleuve échapperait à la *"catastrophe écologique"* si le pH de l'eau reste sous le chiffre de 10. Ils placent leur espoir dans le fait que le débit du grand fleuve permettra de diluer la pollution.

La Hongrie se débrouillera.

Environ 1 million de mètres cubes de boues toxiques – hautement chargées en soude, qui sert à séparer la bauxite de l'alumine – se sont échappés du réservoir de 300 mètres sur 450. Selon l'organisation écologiste Greenpeace, il s'agit *"d'un des trois plus graves désastres écologiques de ces 20 dernières années"*. Outre l'impact immédiat sur la faune et la flore, la toxicité des boues posera des problèmes à long terme, contaminant les terres agricoles et risquant de polluer les eaux souterraines. »

Cet article suscite quelques questions auxquelles un cours de chimie peut répondre.

– Qu'est-ce que l'acidité d'une solution ?

– Qu'est-ce que le pH ?

– Quelle est la relation entre le pH et l'acidité d'une solution ?

Sur l'étiquetage d'un produit vendu dans un magasin d'aquariophilie, il est inscrit le texte suivant :

« Pourquoi tester ?

La valeur de pH est l'une des propriétés chimiques les plus importantes de l'eau de votre aquarium : l'équilibre entre substances acides et basiques. Tous les poissons, les plantes et les microorganismes sont très sensibles aux variations importantes et brutales du pH. La valeur idéale pour presque tous les poissons d'eau douce se situe entre 6,5 et 8,5. »

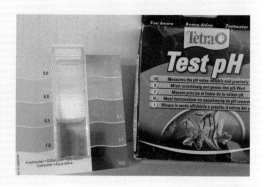

Ce document nous informe sur des valeurs de pH.

– Comment sont-elles mesurées ?

– Quelle gamme de pH peut-on mesurer ?

La lecture de ces deux documents suscite donc de nombreuses questions.

Dans ce chapitre, nous répondrons aux questions traitant de l'acidité, du pH et de sa mesure. • • • • • •

💡 APPROPRIATION

⇒ L'acidité d'une solution

Pour décrire l'acidité d'une solution, il faut étudier le comportement d'un acide dans l'eau.

Lorsqu'un acide tel que l'acide chlorhydrique HCl se dissout dans l'eau, il génère une solution aqueuse qui conduit le courant électrique : il y a donc présence d'ions dans la solution.

Or les ions ne préexistent pas dans les composés covalents comme c'est le cas dans les composés ioniques (*cf.* chapitre 2 de l'UAA5). Ces ions doivent donc se former lors du contact eau-acide.

Les chimistes parlent alors d'ionisation du soluté au contact de l'eau.

Pour rendre compte de l'ionisation de l'acide chlorhydrique HCl, **Brönsted**[1] et **Lowry**[2] ont émis une théorie selon laquelle les molécules HCl réagissent avec les molécules eau selon l'équation :

$$HCl_{(g)} + H_2O_{(l)} \rightarrow H_3O^+_{(aq)} + Cl^-_{(aq)}$$

Au cours de cette réaction, l'hydrogène de la molécule HCl se détache pour se fixer sur une molécule H_2O. Il se forme ainsi des ions H_3O^+ et Cl^- qui ne préexistaient pas dans la molécule HCl.

Le modèle simplifié ci-dessous illustre une solution de HCl où n'apparaissent que des ions en solution aqueuse.

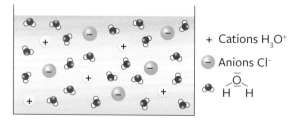

+ Cations H_3O^+

– Anions Cl^-

D'autres composés engendrent, comme HCl, des ions par réaction avec l'eau. Ce sont essentiellement des composés polaires comme les acides HI, HNO_3, H_2SO_4...

Ces acides ont la capacité de libérer un ion H^+ au contact de l'eau pour former un ion hydronium

---

1. Johannes Brönsted (1879-1947), chimiste danois.
2. Thomas Lowry (1874-1936), chimiste anglais.

H_3O^+, comme l'illustrent les équations chimiques suivantes :

$$HCl_{(g)} + H_2O_{(l)} \longrightarrow H_3O^+_{(aq)} + Cl^-_{(aq)}$$

$$HNO_{3(l)} + H_2O_{(l)} \longrightarrow H_3O^+_{(aq)} + NO^-_{3(aq)}$$

$$H_2SO_{4(l)} + H_2O_{(l)} \longrightarrow H_3O^+_{(aq)} + HSO^-_{4(aq)}$$

Si les acides sont symbolisés par les lettres HA, l'équation générale de leur réaction d'ionisation peut s'écrire :

$$HA + H_2O \longrightarrow H_3O^+ + A^-$$

Quelle que soit la nature de l'acide, il y a libération d'ions H_3O^+ dans la solution aqueuse. La concentration de cet ion détermine l'acidité de la solution.

> **L'acidité d'une solution aqueuse** est mesurée par sa concentration molaire en ions H_3O^+ exprimée en $mol.L^{-1}$.

Dans les documents de la mise en situation, il est fait plusieurs fois référence à des variations d'acidité. Pour les mesurer, il faut établir une échelle d'acidité en fonction du produit ionique de l'eau.

➡ Produit ionique de l'eau K_w

Dans l'eau pure à l'état liquide, les molécules sont en mouvement constant. Lors de ces mouvements, des molécules peuvent entrer en collision plus ou moins fortement et on peut imaginer que lors de ces contacts, de temps en temps, un ion H^+ soit arraché à une molécule eau et capturé par une autre molécule eau.

Cette réaction porte le nom d'**autoprotolyse de l'eau** (auto = « soi-même » ; proto = « proton » et lyse = « coupure ») et peut être traduite par l'équation suivante :

$$H_2O_{(l)} + H_2O_{(l)} \rightleftharpoons H_3O^+_{(aq)} + OH^-_{(aq)}$$

Lors de cette réaction, quelques molécules eau jouent le rôle d'acide HA et libèrent un ion H^+ pour former une même quantité d'ions H_3O^+ et d'ions OH^-.

Cette réaction aboutit à un état d'équilibre caractérisé par de très faibles concentrations en ions H_3O^+ et en ions OH^-.

La réaction d'autoprolyse de l'eau, traduite par l'équation :

$$2H_2O_{(l)} \rightleftharpoons H_3O^+_{(aq)} + OH^-_{(aq)}$$

est caractérisée par une constante d'équilibre appelée **constante d'autoprotolyse** de l'eau :

$$K_C = \frac{[H_3O^+].[OH^-]}{[H_2O]^2}$$

La concentration de l'eau à l'équilibre $[H_2O]$ est sensiblement la même que sa concentration initiale C_{H_2O} car très peu de molécules eau réagissent entre elles. L'expression de la constante K_C devient donc :

$$K_C = \frac{[H_3O^+].[OH^-]}{C_{H_2O}^2}$$

Sachant que la quantitié de matière d'eau contenue dans 1 kg d'eau, dont le volume est 1 L, est :

$$n_{H_2O} = \frac{m_{H_2O}}{M_{H_2O}} = \frac{1000\ g}{18\ g.mol^{-1}} = 55,5\ mol$$

alors la concentration initiale en eau est :

$$C_{H_2O} = \frac{n_{H_2O}}{V_{H_2O}} = \frac{55,5\ mol}{1 L} = 55,5\ mol.L^{-1}$$

La valeur de C_{H_2O} peut être introduite dans l'expression de la constante d'autoprotolyse :

$$K_C = \frac{[H_3O^+].[OH^-]}{(55,5)^2}$$

$$K_C.(55,5)^2 = [H_3O^+].[OH^-]$$

Le membre de gauche de cette relation a une valeur constante puisqu'il résulte du produit d'une constante K_C par le nombre $(55,5)^2$.

Le produit $[H_3O^+].[OH^-]$ figurant dans le membre de droite doit donc aussi avoir une valeur constante.

Ce produit est appelé **produit ionique de l'eau K_w**[3].

La relation suivante exprime le produit ionique de l'eau :

$$K_w = [H_3O^+].[OH^-]$$

> Le **produit ionique de l'eau**, K_w, est le produit des concentrations des ions H_3O^+ et OH^- présents dans l'eau pure.

À la température de 25 °C, la valeur du produit ionique de l'eau est égale à 10^{-14}.

$$K_w = [H_3O^+].[OH^-] = 10^{-14} \quad (25\ °C)$$

---

3. La lettre w est l'abréviation du mot anglais water qui signifie « eau ».

⇒ Concentrations des ions H_3O^+ et OH^- dans l'eau pure

Grâce au produit ionique de l'eau, il est possible de calculer les valeurs de $[H_3O^+]$ et $[OH^-]$ dans l'eau pure, à 25 °C.

Ainsi, de la lecture de l'équation traduisant l'autoprotolyse de l'eau :

$$2H_2O_{(l)} \rightleftharpoons H_3O^+_{(aq)} + OH^-_{(aq)}$$

on peut déduire que, dans l'eau pure, il y a autant d'ions H_3O^+ que d'ions OH^- ou encore que :

$$[H_3O^+] = [OH^-]$$

L'expression du produit ionique de l'eau devient alors :

$$K_w = [H_3O^+]^2 = [OH^-]^2 = 10^{-14}$$

Dès lors : $\quad [H_3O^+] = [OH^-] = \sqrt{10^{-14}}$

$$[H_3O^+] = [OH^-] = 10^{-7}\,mol.L^{-1}$$

Dans l'eau pure à 25 °C, les concentrations en ions H_3O^+ et OH^- valent toutes deux $10^{-7}\,mol.L^{-1}$: l'eau pure est dite neutre.

⇒ Concentrations des ions H_3O^+ et OH^- dans les solutions aqueuses

Toute solution aqueuse, quel que soit le soluté présent, contient des ions H_3O^+ et OH^-. Pour toute solution, la valeur du produit ionique de l'eau est toujours égale à 10^{-14} à 25 °C.

Dans toute solution aqueuse,

$$[H_3O^+].[OH^-] = 10^{-14} \quad (25\,°C)$$

Solution neutre

Si, suite à la dissolution ou à la dissociation d'un soluté dans l'eau pure, la concentration en ions H_3O^+ est encore égale à la concentration en ion OH^-, alors la solution est dite neutre.

$$[H_3O^+] = [OH^-] = 10^{-7}\,mol.L^{-1}$$

Ainsi, une solution sucrée dont le soluté est le saccharose (sucre alimentaire) ou une solution salée dont le soluté est le chlorure de sodium (sel de cuisine) sont des solutions neutres d'un point de vue acidité.

Une solution aqueuse est **neutre** si :

$$[H_3O^+] = 10^{-7}\,mol.L^{-1}$$

et :

$$[OH^-] = 10^{-7}\,mol.L^{-1}$$

ou encore si :

$$[H_3O^+] = [OH^-]$$

 L'eau de pluie n'est pas neutre

Alors que l'eau fraîchement distillée est neutre, l'eau de pluie est légèrement acide.

Quelle est l'origine de cette acidité et pourquoi l'acidité augmente-t-elle ?

L'air que nous respirons ne contient pas d'acide mais bien des oxydes non métalliques gazeux en faible quantité tel le dioxyde de carbone CO_2, appelé aussi gaz carbonique.

Le dioxyde de carbone et l'eau réagissent pour donner de l'acide carbonique, acide également présent dans les boissons gazeuses :

$$CO_{2(g)} + H_2O_{(l)} \rightleftharpoons H_2CO_{3(aq)}$$

L'acide H_2CO_3 formé et l'eau réagissent partiellement en produisant des ions H_3O^+ qui augmentent l'acidité de la solution :

$$H_2CO_{3(aq)} + H_2O_{(l)} \rightleftharpoons HCO^-_{3(aq)} + H_3O^+_{(aq)}$$

Solution acide

Si un acide HA est introduit dans de l'eau pure, cet acide et l'eau réagissent pour former, entre autres, des ions H_3O^+ selon l'équation suivante :

$$HA + H_2O \longrightarrow H_3O^+ + A^-$$

Les ions H_3O^+ issus de l'ionisation s'ajoutent à ceux initialement présents dans l'eau pure.

La concentration en ions H_3O^+ dans la solution augmente et devient supérieure à la valeur $10^{-7}\,mol.L^{-1}$.

En corollaire, la concentration en ions OH^- de cette solution est plus petite que $10^{-7}\,mol.L^{-1}$, pour respecter la valeur de K_w égale à 10^{-14}.

Une solution aqueuse est dite **acide** si :

$$[H_3O^+] > 10^{-7} \text{ mol.L}^{-1}$$

et

$$[OH^-] < 10^{-7} \text{ mol.L}^{-1}$$

ou encore si :

$$[H_3O^+] > [OH^-]$$

et elle est d'autant plus acide que $[H_3O^+]$ est élevée.

Solution basique

Si un hydroxyde MOH est introduit dans de l'eau pure, des ions OH^- sont libérés en solution lors de la dissociation :

$$MOH \xrightarrow{H_2O} M^+ + OH^-$$

Les ions OH^- issus de la dissociation s'ajoutent à ceux initialement présents dans l'eau pure.

La concentration en ions OH^- dans la solution augmente et devient supérieure à la valeur 10^{-7} mol.L^{-1}.

En corollaire, la concentration en ions H_3O^+ de cette solution est plus petite que 10^{-7} mol.L^{-1}, pour respecter la valeur de K_w égale à 10^{-14}.

Une solution aqueuse est dite **basique** si :

$$[OH^-] > 10^{-7} \text{ mol.L}^{-1}$$

et

$$[H_3O^+] < 10^{-7} \text{ mol.L}^{-1}$$

ou encore si :

$$[OH^-] > [H_3O^+]$$

et elle est d'autant plus basique que $[H_3O^+]$ est faible.

Généralisation

La concentration en ions H_3O^+ d'une solution aqueuse nous renseigne sur l'acidité ou la basicité d'une solution :

– si $[H_3O^+] = 10^{-7}$ mol.L^{-1}, la solution est neutre ;

– si $[H_3O^+] > 10^{-7}$ mol.L^{-1}, la solution est acide ;

– si $[H_3O^+] < 10^{-7}$ mol.L^{-1}, la solution est basique.

➡ Échelle d'acidité

Une échelle d'acidité sur laquelle sont portées les valeurs des concentrations en H_3O^+ peut être utilisée.

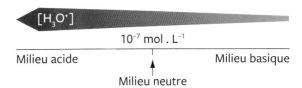

$[H_3O^+]$

10^{-7} mol . L^{-1}

Milieu acide   Milieu basique

Milieu neutre

Malheureusement, cette échelle est peu pratique car fort étendue. En effet, les valeurs de $[H_3O^+]$ peuvent varier de 10^{-14} (milieu très basique) à 1 (milieu très acide) ce qui revient pratiquement à comparer la taille d'une mouche (~ 1,5 cm) au rayon moyen de l'orbite de la planète Saturne ($1,5.10^9$ km).

Dès lors, les chimistes préfèrent utiliser une autre échelle d'acidité plus commode définie par un scientifique danois, S.P.L. Sörensen : l'échelle de pH.

➡ Échelle de pH

Pour faciliter les calculs numériques et permettre une représentation graphique aisée, Sörensen a fait appel à la fonction logarithme et a proposé une nouvelle définition de l'acidité d'une solution.

 La bière et le pH

Saviez-vous que le concept de pH a été utilisé pour la première fois dans un laboratoire de recherche d'une célèbre brasserie danoise ?

Au début du xxᵉ siècle, le Danois S.P.L. Sörensen (1868-1939) a étudié l'influence de l'acidité sur certains phénomènes biologiques lors de la fermentation de la bière. Afin d'optimiser la fermentation alcoolique, les résultats de l'activité microbienne en fonction de l'acidité du milieu devaient être portés en graphique.

Mais les concentrations en ions H_3O^+ des solutions qu'il étudiait étaient toujours inférieures à 1 mol.L^{-1} et pouvaient être faibles.

Exemples :

$[H_3O^+] = 10^{-5}$ mol.L^{-1}

$[H_3O^+] = 10^{-7}$ mol.L^{-1}

...

Ces concentrations étaient exprimées en puissances négatives de 10, d'un usage peu pratique pour tracer un graphique.

Sörensen résolut le problème en ne faisant figurer sur l'axe des abscisses que les puissances de 10 changées de signe. Les valeurs ne représentaient plus des concentrations mais des pH.

Le **pH**[4] d'une solution aqueuse est l'opposé du logarithme décimal de la valeur de la concentration en ions H_3O^+, exprimée en mol.L^{-1} :

$$pH = -\log [H_3O^+]$$

Cette expression est équivalente à :

$$[H_3O^+] = 10^{-pH}$$

Le tableau ci-dessous illustre ces relations.

$[H_3O^+]$ (mol.L^{-1})	pH
10^{-1}	1
10^{-3}	3
10^{-8}	8
10^{-n}	n

En comparant les valeurs de $[H_3O^+]$ aux valeurs de pH correspondantes, nous constatons que :

- le pH n'a pas d'unité ;
- **plus $[H_3O^+]$ est petite, plus le pH est grand et inversement.**

Ainsi :

- quand, dans une solution neutre,

$$[H_3O^+] = 10^{-7} \text{ mol.L}^{-1}$$

alors,

$$pH = -\log 10^{-7} = 7$$

- quand, dans une solution acide,

$$[H_3O^+] = 10^{-2} \text{ mol.L}^{-1}$$

alors,

$$pH = -\log 10^{-2} = 2$$

- quand, dans une solution basique,

$$[H_3O^+] = 10^{-9} \text{ mol.L}^{-1}$$

alors,

$$pH = -\log 10^{-9} = 9$$

En utilisant cette notion de pH, il est dès lors pratique d'établir une nouvelle échelle d'acidité qui varie de 0 ($[H_3O^+] = 1$ mol.L^{-1}) à 14 ($[H_3O^+] = 10^{-14}$ mol.L^{-1}).

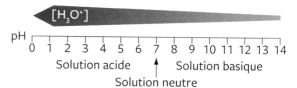

Une très forte augmentation de $[H_3O^+]$ se traduit néanmoins par une faible diminution du pH.

Exemple

	$[H_3O^+]$		pH
Si	*passe de*	*alors*	*passe de*
	10^{-6} à 10^{-3}		*6 à 3*
	$\times 10^3$		*– 3 unités de pH*

Inversement, une faible modification du pH se traduit par de fortes variations dans les concentrations en ions H_3O^+ et OH^-.

Ainsi, dans l'article de presse sur la pollution du Danube, les experts du gouvernement hongrois estiment qu'une catastrophe écologique aurait lieu si le pH des eaux atteignait une valeur de 10 alors que le pH normal du fleuve est de 8. La faible augmentation de pH se traduit néanmoins par une diminution importante de $[H_3O^+]$ et une augmentation importante de $[OH^-]$.

	pH		$[H_3O^+]$		$[OH^-]$
Si	*passe de*	*alors*	*passe de*	*et*	*passe de*
	8 à 10		*10^{-8} à 10^{-10}*		*10^{-6} à 10^{-4}*
	+ 2 unités de pH		*÷ 100*		*$\times$ 100*

---

4. La lettre p vient de *potenz* qui signifie « puissance » en danois.

Le tableau suivant donne les valeurs de pH de quelques solutions aqueuses courantes.

pH					
1	Esprit de sel				
2					
3	Jus de citron vinaigre				
4	Eau gazeuse	Vin			
5	Jus de tomate	Bière	Pluie acide		
6				Eau du robinet	Urine
7	Lait	Salive			
8	Sang				
9	Détergents				
10	Ammoniaque domestique				
11					
12					
13	Soude caustique				
14					

➡ Mesure du pH

Deux méthodes permettent de mesurer facilement le pH et par conséquent l'acidité d'une solution : le papier pH et le pH-mètre.

Le papier pH

Pour mesurer le pH d'une solution aqueuse, il suffit d'imprégner un morceau de papier pH d'une goutte de la solution et de comparer la couleur obtenue avec la charte des couleurs livrée avec le papier pH.

Il existe une variante souvent utilisée par les aquariophiles qui consiste à remplacer le papier pH par une solution indicatrice de pH. L'ajout d'une ou deux gouttes de cette solution dans un échantillon d'eau permet de la colorer et de comparer la couleur obtenue à une charte des couleurs comme le montre la photo ci-après.

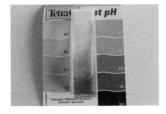

Citons également le papier tournesol qui prend une teinte rouge en milieu acide et une teinte bleue en milieu basique.

Le pH-mètre

Cet appareil est constitué de deux parties :

– une sonde de pH plongeant dans la solution ;

– un voltmètre électronique dont l'échelle est directement graduée en unités de pH.

Le résultat de la mesure s'affiche directement sur le cadran.

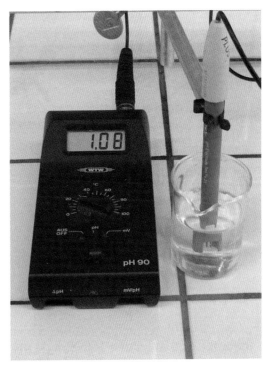

1 **Parmi les énoncés suivants, choisir les propositions correctes :**

a) à pH neutre, une solution ne contient ni des ions H_3O^+, ni des ions OH^- ;

b) dans une solution à pH 3, la quantité d'ions H_3O^+ est supérieure à celle d'ions OH^- ;

c) seule une eau fraîchement distillée aura un pH égal à 7 ;

d) la valeur du pH d'une solution aqueuse dépend du volume prélevé pour réaliser la mesure ;

e) une solution sera basique quand la concentration en ions OH^- sera supérieure à la concentration en ions H_3O^+.

Justifier vos choix.

2 **Compléter le tableau suivant.**

$[H_3O^+]$ (mol.L^{-1})	$[OH^-]$ (mol.L^{-1})	pH	La solution est-elle acide, basique ou neutre ?
10^{-7}			
	0,25		
		5,0	
10^{-3}			
	10^{-5}		
		2,4	
1			
		14	
		10,4	

3 **Déterminer combien de fois une solution de pH égal à 2 est plus acide qu'une solution de pH égal à 4.**

4 **À partir de la lecture du document n° 2 de la mise en situation, déterminer le domaine de viabilité de la faune et de la flore d'un aquarium en fonction de l'acidité exprimée en mol.L^{-1}.**

5 **Classer les solutions suivantes par ordre d'acidité croissante.**

Solutions	
A	pH = 6
B	$[H_3O^+] = 10^{-8}$ mol.L^{-1}
C	$[OH^-] = 10^{-13}$ mol.L^{-1}
D	pH = 9

6 **À l'aide de papier pH fourni par votre professeur, mesurer expérimentalement le pH et conclure quant au caractère acide ou basique des solutions suivantes :**

– limonade ;

– cola ;

– vin blanc ;

– lait ;

– solution de bicarbonate de soude ;

– vinaigre ;

– jus de citron ;

– ...

7 **Un étudiant dans un laboratoire a besoin d'une solution de pH 2,0. Pour ce faire, il mélange 100 mL d'une solution de pH 1,0 avec 100 mL d'une solution de pH 3,0. Critiquer cette procédure.**

Le pH et l'organisme humain

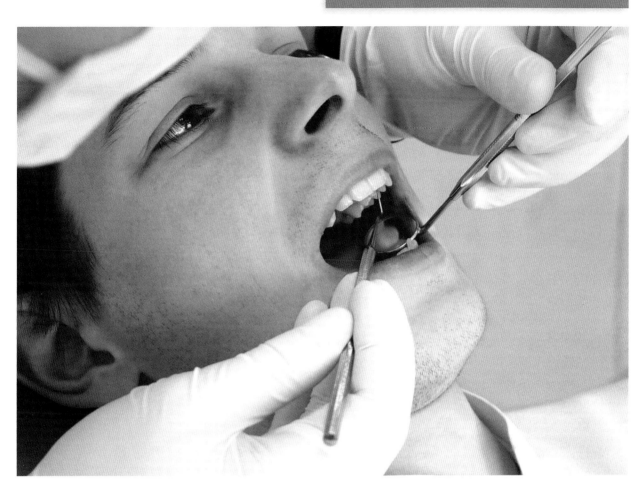

pH et digestion

L'activité des enzymes participant aux différentes étapes de la digestion dépend du pH.

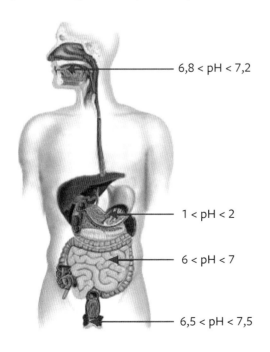

6,8 < pH < 7,2

1 < pH < 2

6 < pH < 7

6,5 < pH < 7,5

Au cours de leur digestion, les aliments traversent des milieux de pH très différents.

- Dans la **bouche**, la salive a un pH compris entre 6,8 et 7,2 ; la ptyaline ou amylase (enzyme de l'amidon) a une activité maximale dans cette fourchette de pH.

- Dans l'**estomac**, le pH varie entre 1 et 2 ; le milieu est donc très acide et principalement déterminé par l'acide chlorhydrique sécrété « in situ ».

  La pepsine, protéase, y révèle toute son efficacité et catalyse l'hydrolyse des protéines.

  Il faut encore noter que l'estomac assure sa propre protection contre cette acidité grâce au mucus que certaines cellules de la paroi interne sécrètent.

  Toutefois, chez certains individus, l'anxiété, le stress peuvent provoquer une hypersécrétion de suc gastrique et, par conséquent, d'acide HCl.

- Dans l'**intestin grêle**, le pH varie entre 6 et 7, favorisant ainsi l'action des lipases et autres protéases comme la trypsine.

- Dans les **excrétions**, le pH peut varier de façon considérable de 4,5 à 8 pour l'urine (le pH 6,2 étant considéré comme normal) et de 6,5 à 7,5 pour les selles.

Tout écart notable du pH avec les valeurs précédentes indique un trouble pathologique.

pH et carie dentaire

Le principal composant de l'émail des dents est l'hydroxyapatite, $Ca_5(PO_4)_3OH$, composé minéral très peu soluble dans l'eau.

Malheureusement, ce composé minéral peut se dissoudre en milieu acide, ce qui entraîne finalement la solubilisation et la perte d'ions Ca^{2+}.

$$Ca_5(PO_4)_3OH_{(s)} + 4H_3O^+_{(aq)} \rightleftharpoons$$
$$5Ca^{2+}_{(aq)} + 3HPO^{2-}_{4(aq)} + 5H_2O_{(l)}$$

La consommation d'aliments acides (tomates, pommes, vinaigre...) peut entraîner la « décalcification » et, donc, l'apparition de carie.

Cependant, chose curieuse, le pire ennemi des dents est une substance neutre, le sucre.

Celui-ci est, en effet, la nourriture des bactéries de la plaque dentaire : les bactéries le transforment en un sous-produit acide. Ce produit peut attaquer l'émail pendant plusieurs minutes avant que la salive ne rétablisse l'équilibre, le seuil d'attaque étant à pH égal à 5,6.

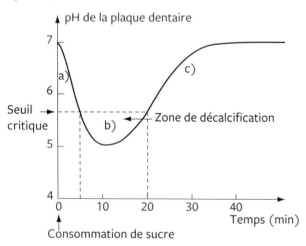

Variation du pH de la plaque dentaire suite à la consommation d'une boisson sucrée

a) Après la consommation de sucre, il faut environ 5 minutes aux bactéries pour faire baisser le pH au-dessous de seuil critique de 5,6.

b) Pendant environ 15 minutes, l'émail est en situation de décalcification.

c) Après avoir traversé la plaque dentaire, la salive y rétablit le pH naturel de la bouche.

Pour lutter contre le phénomène de décalcification, quatre possibilités sont entre autres envisageables :

- diminuer la consommation de sucre ;

- se brosser régulièrement les dents pour éliminer le plus possible la plaque dentaire ;

- mâcher discrètement de la gomme à base de xylitol qui a la propriété d'affaiblir les bactéries buccales au point qu'elles ne puissent plus fabriquer d'acide à partir du sucre ;

- additionner des ions fluorures F^- à l'eau potable et aux dentifrices ; les ions F^- favorisent la transformation de $Ca_5(PO_4)_3OH$ en $Ca_5(PO_4)_3F$, substance moins soluble en milieu acide.

pH de la peau

La peau humaine protège le corps de la chaleur et du froid, du dessèchement des tissus et des infections susceptibles d'envahir l'organisme.

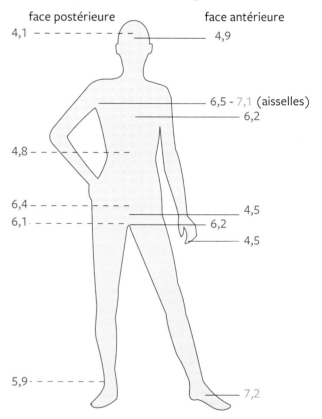

Répartition anatomique du pH cutané

La peau constitue ainsi un manteau protecteur doublé, vers l'extérieur, d'un mince film isolant composé de sébum, d'eau, de protéines et de sels minéraux contenant des ions potassium, calcium, sodium, magnésium, phosphates, chlorures...

Ce film est acide ; son pH a une valeur moyenne de 5,2. Il varie selon le sexe (5,5 chez la femme ; 5,0 chez l'homme), les régions du corps (voir schéma précédent) et il est très sensible à la transpiration.

C'est ainsi que le pH de la peau peut varier dans de très fortes proportions, entre l'acidité et la basicité : l'évaporation de la sueur peut entraîner une acidité jusqu'à pH 3,5 tandis qu'un défaut d'évaporation peut provoquer une augmentation de pH jusqu'à la basicité.

L'acidité de la peau joue un rôle de protection contre le développement des germes pathogènes (virus, bactéries, champignons) capables de provoquer des infections diverses au niveau de la peau (acné, prurit, dermatose, eczéma, mycose...).

Les agents pathogènes se développent en effet difficilement en milieu acide.

Ainsi, les zones corporelles acides, comme les mains, sont défavorables au développement bactérien mais, au niveau des régions plus basiques (pieds, aisselles...), les prélèvements montrent de nombreuses colonies bactériennes.

En conséquence, la plupart des affections cutanées apparaissent au niveau des zones de la peau où le pH est le plus élevé. ● ● ● ● ● ●

Réaction acide-base

La théorie de Brönsted-Lowry définit les acides et les bases respectivement comme des donneurs et des accepteurs d'ion(s) H^+.

La réaction acide-base consiste, selon cette théorie, en un transfert d'un ion H^+ d'un acide vers une base.

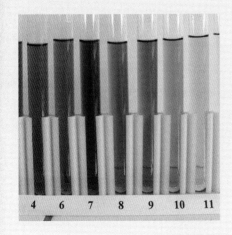

Ressources et processus à mobiliser

À la fin de ce chapitre, tu seras capable de...

SAVOIRS

définir, selon Brönsted et Lowry :

→ acide,

→ base,

→ couple acide-base,

→ réaction acide-base,

→ ampholyte.

SAVOIR-FAIRE

identifier, selon Brönsted et Lowry, un acide et une base ;

écrire un couple acide/base conjuguée ;

écrire l'équation traduisant, selon Brönsted, une réaction acide-base, en montrant le transfert d'un ion H^+.

PROCESSUS

décrire une réaction acide-base (C) ;

déterminer les espèces chimiques présentes dans une solution à partir des espèces introduites (A) ;

utiliser « le principe de neutralisation » pour interpréter une situation de la vie courante (A).

Si le chapitre précédent a permis de définir l'acidité d'une solution et de représenter celle-ci sur une échelle de pH, il reste à décrire comment cette acidité peut être modifiée.

La lecture des documents du chapitre précédent propose déjà des pistes de solutions.

Ainsi, l'ajout d'acide dans une solution basique permet de réduire le pH. Dans ce cas, une réaction chimique a donc lieu.

Que se passe-t-il lors de cette réaction ?

Pour mieux comprendre ces variations de pH, envisageons quelques expériences qui peuvent être facilement réalisées en classe ou à la maison. • • • • • •

 Préparation à domicile d'une solution d'indicateur de pH

Afin de mettre en évidence les réactions qui se produisent entre un acide et une base, il est nécessaire de suivre l'évolution de l'acidité dans le mélange réactionnel.

Le protocole suivant permet d'obtenir, à partir d'un produit naturel, le chou rouge, une solution qui présente différentes couleurs en fonction de l'acidité du milieu.

Pour ce faire :

- couper en petits morceaux un quart de chou rouge ;
- chauffer 1 L d'eau déminéralisée dans une casserole contenant les morceaux de chou rouge jusqu'à obtenir une ébullition ;
- maintenir le chauffage pendant quelques minutes ;
- laisser refroidir la solution ;
- enlever les morceaux de chou et filtrer le jus dans une bouteille ;
- le jus obtenu a une couleur bleu foncé.

 Détermination de la couleur de la solution de chou rouge en fonction du milieu acide ou basique

Pour établir la couleur de la solution de chou rouge en milieu acide et en milieu basique, il est nécessaire de se procurer une solution acide, du vinaigre commercial, et une solution basique, de l'ammoniaque vendu en droguerie qui, dilué, sert notamment pour nettoyer les vitres.

Pour ce faire :

- verser 10 mL de la solution de chou rouge dans trois tubes à essais ou trois récipients étroits en verre ;
- numéroter les tubes, le tube n° 1 servant de témoin de coloration ;
- ajouter, à l'aide d'un compte-gouttes, 10 gouttes de vinaigre dans le tube n° 2 ;
- noter la couleur obtenue après avoir mélangé la solution ;
- ajouter, à l'aide du même compte-gouttes préalablement rincé à l'eau, 10 gouttes de solution d'ammoniaque dans le tube n° 3 ;
- noter la couleur obtenue après avoir mélangé la solution.

La couleur de la solution de chou rouge permet donc, en suivant le protocole décrit ci-dessus, de déterminer le caractère acide ou basique de quelques produits domestiques.

Ainsi, il est possible de déterminer le caractère acide, neutre ou basique des solutions suivantes : le jus de citron, l'esprit de sel, une solution de bicarbonate de soude, le Destop®, le sérum physiologique...

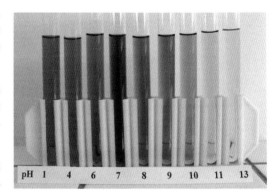

Si certaines solutions ne présentent aucun danger à l'usage, il est recommandé de bien lire les étiquettes pour les autres car certaines solutions peuvent se révéler corrosives.

La photo ci-contre présente les différentes couleurs que peut prendre une solution de chou rouge en fonction du pH de la solution.

 Étude de la réaction chimique lors de l'ajout d'ammoniaque dans une solution de vinaigre

Pour ce faire :

- prendre le tube n° 2 préparé dans la manipulation précédente ;
- ajouter, goutte après goutte, de l'ammoniaque jusqu'au changement de coloration ;
- noter la couleur finale.

⇨ La théorie acide-base selon Brönsted et Lowry

Pour illustrer la réactivité des solutions acides et/ou basiques utilisées dans les manipulations précédentes, une solution de vinaigre et une solution d'ammoniaque ont été utilisées.

Les substances chimiques en solution dans l'eau déterminent l'acidité du milieu comme le montrent les teintes du jus de choux rouge dans les deux éprouvettes de la photo ci-dessous.

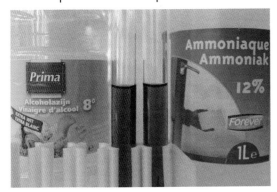

Définition d'un acide

L'acide éthanoïque CH_3—$COOH$ appelé également acide acétique est l'acide présent dans le vinaigre.

En solution, l'acide et l'eau réagissent partiellement pour donner l'ion hydronium H_3O^+ et l'ion acétate selon l'équation suivante :

$$CH_3—COOH_{(l)} + H_2O_{(l)} \rightleftharpoons$$
$$H_3O^+_{(aq)} + CH_3—COO^-_{(aq)}$$

L'acide acétique, comme les autres acides étudiés dans le chapitre précédent, possède la capacité de donner un ion H^+ à l'eau, ce qui aboutit à la formation d'ions H_3O^+.

Brönsted et Lowry ont proposé, en 1923, une définition générale pour les acides.

> Un **acide** est une espèce chimique capable de donner un ion H^+.

Un **acide**, **donneur d'ion H^+**, est symbolisé par **HA**.

Il peut être :

– soit une molécule entière (HCl, HNO_3, H_2SO_4...),

– soit un ion (NH_4^+, H_3O^+...).

Définition d'une base

L'ammoniac NH_3 à l'état naturel se présente sous forme d'un gaz qui est soluble dans l'eau.

Lorsqu'il est en contact avec l'eau, il réagit partiellement selon l'équation suivante :

$$NH_{3(g)} + H_2O_{(l)} \rightleftharpoons NH^+_{4(aq)} + OH^-_{(aq)}$$

Sachant que le produit ionique de l'eau ($K_w = [H_3O^+].[OH^-]$) est constant dans toute solution aqueuse, la formation d'ions hydroxydes OH^- confère un caractère basique à la solution d'ammoniaque car l'augmentation de la concentration en ions OH^- entraîne une concentration en ions H_3O^+ inférieure à 10^{-7} mol.L^{-1}.

L'ammoniac NH_3 possède donc la capacité de capturer un ion H^+ provenant de l'eau H_2O.

Les chimistes ont identifié bien d'autres substances possédant cette propriété et les ont classées parmi les bases.

Brönsted et Lowry ont également proposé, en 1923, une définition pour les bases.

> Une **base** est une espèce chimique capable d'accepter (capturer) un ion H^+.

Une **base**, **accepteur d'ion H^+**, est symbolisée par **B**.

Elle peut être :

– soit une molécule entière (NH_3, une amine comme $CH_3—NH_2$...),

– soit un ion négatif (F^-, OH^-, CO_3^{2-}...).

Couple acide-base conjuguée

Pour traduire, de façon générale, la libération potentielle d'un ion H^+ par un acide HA, l'écriture suivante est utilisée :

$$HA \rightleftharpoons H^+ + A^-$$

Dans ce cas, l'espèce A^-, formée par la perte d'un ion H^+ à partir de l'acide HA, est une base puisque théoriquement elle est susceptible de fixer un ion H^+ pour reformer l'acide de départ (réaction inverse) : à un acide HA est donc associée une base A^-.

Nous dirons que :

– l'entité formée A^-, suite à la perte d'un ion H^+ par l'acide, **est la base conjuguée de l'acide HA** ;

– HA et A⁻ forment un **couple acide-base conjuguée**, ce couple s'écrivant **HA/A⁻** où l'acide est toujours noté en premier lieu.

Exemple :

$$CH_3-COOH \rightleftharpoons H^+ + CH_3-COO^-$$

acide acétique   ion acétate
acide   *base conjuguée*

L'acide acétique et l'ion acétate forment le couple acide-base CH_3-COOH/CH_3-COO^-.

De même, pour traduire de façon générale la capture potentielle d'un ion H⁺ par une base B, l'écriture suivante est utilisée :

$$B + H^+ \rightleftharpoons HB^+$$

Nous dirons que :

– l'entité formée **HB⁺**, suite à la capture d'un ion H⁺ par la base, **est l'acide conjugué de la base B** ;

– HB⁺ et B forment un couple acide-base conjugué, noté HB⁺/B.

Exemple :

$$NH_3 + H^+ \rightleftharpoons NH_4^+$$

ammoniac   ion ammonium
base   *acide conjugué*

L'ion ammonium et l'ammoniac forment le couple acide-base NH_4^+/NH_3.

> Un **couple acide–base** est donc un ensemble formé par un acide et sa base conjuguée.

➡ Réaction acide-base selon Brönsted-Lowry

La présence de l'ion H⁺ isolé n'a jamais été observée en solution aqueuse. Cela amena Brönsted et Lowry à supposer que, une fois libéré par un acide, cet ion H⁺ est capté par une autre espèce jouant le rôle de base : l'**ion H⁺ est transféré de l'acide vers la base**.

> Pour Brönsted et Lowry, une **réaction acide-base** consiste en un transfert d'un ion H⁺ de l'acide d'un couple acide-base vers la base d'un autre couple acide-base.

Si HA représente l'acide de départ (acide 1) et B la base (base 2) mise en présence de l'acide, deux étapes théoriques permettent de représenter le **transfert d'un ion H⁺** :

Étape 1

L'acide HA (acide 1) libère son ion H⁺ et donne ainsi naissance à la base A⁻ (base 1), base conjuguée de l'acide HA :

$$HA \rightleftharpoons H^+ + A^- \qquad (1)$$

acide 1   **base 1**

Étape 2

La base B (base 2) capte l'ion H⁺ libéré et forme l'acide HB⁺ (acide 2), acide conjugué de la base B :

$$B + H^+ \rightleftharpoons HB^+ \qquad (2)$$

base 2   **acide 2**

Globalement, l'équation traduisant une réaction acido-basique n'est rien d'autre que l'équation bilan, somme des équations (1) et (2) :

$$HA \rightleftharpoons H^+ + A^- \qquad (1)$$
$$B + H^+ \rightleftharpoons HB^+ \qquad (2)$$
$$HA + B \rightleftharpoons HB^+ + A^-$$

Cette équation montre qu'à partir d'un acide (acide 1) et d'une base (base 2) on obtient directement un nouvel acide (acide 2) et une nouvelle base (base 1), conjugués à la base et à l'acide de départ.

Le schéma général suivant résume la réaction acide-base selon Brönsted-Lowry :

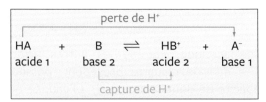

Par convention, le chiffre 1 est attribué au couple dont l'acide figure parmi les réactifs de la réaction acide-base, l'autre couple étant le couple 2.

Illustrons ce schéma général pour les réactions acide-base décrites dans la mise en situation.

● Quand l'acide CH_3-COOH s'ionise dans l'eau, CH_3-COOH perd un ion H⁺ au profit de la base H_2O pour former un nouvel acide H_3O^+ et une nouvelle base CH_3-COO^-.

perte de H⁺

$$CH_3-COOH_{(l)} + H_2O_{(l)} \rightleftharpoons H_3O^+_{(aq)} + CH_3-COO^-_{(aq)}$$

acide 1   **base 2**   **acide 2**   **base 1**

capture de H⁺

Il y a donc réaction entre l'acide CH$_3$—COOH du couple CH$_3$—COOH/CH$_3$—COO$^-$ et la base H$_2$O du couple H$_3$O$^+$/H$_2$O.

- Quand la base NH$_3$ se dissout dans l'eau, NH$_3$ capture un ion H$^+$ aux dépens de l'acide H$_2$O et il y a formation d'un nouvel acide NH$_4^+$ et d'une nouvelle base OH$^-$:

$$\text{H}_2\text{O}_{(l)} + \text{NH}_{3(g)} \rightleftharpoons \text{NH}^+_{4(aq)} + \text{OH}^-_{(aq)}$$

acide 1   **base 2**   **acide 2**   **base 1**

perte de H$^+$ (au-dessus) — capture de H$^+$ (en-dessous)

Dans ce cas, la réaction se produit entre l'acide H$_2$O du couple H$_2$O/OH$^-$ et la base NH$_3$ du couple NH$_4^+$/NH$_3$.

Les deux premiers exemples de réaction montrent que l'eau, comme d'autres substances d'ailleurs, peut réagir :

– soit comme une base si elle est mise en présence d'un acide ;

– soit comme un acide si elle est mise en présence d'une base.

On dit que l'eau est un **ampholyte**, c'est-à-dire une substance qui possède à la fois la capacité d'accepter et de donner un ion H$^+$.

- Quand l'acide CH$_3$—COOH réagit avec la base NH$_3$ (cf. mise en situation), CH$_3$—COOH perd un ion H$^+$ au profit de NH$_3$ pour former un nouvel acide NH$_4^+$ et une nouvelle base CH$_3$—COO$^-$:

$$\text{CH}_3\text{—COOH}_{(aq)} + \text{NH}_{3(aq)} \rightleftharpoons \text{NH}^+_{4(aq)} + \text{CH}_3\text{—COO}^-_{(aq)}$$

acide 1   **base 2**   **acide 2**   **base 1**

perte de H$^+$ (au-dessus) — capture de H$^+$ (en-dessous)

Il s'agit donc d'une réaction entre l'acide CH$_3$—COOH du couple CH$_3$—COOH/CH$_3$—COO— et la base du couple NH$_4^+$/NH$_3$.

 ### La théorie acide-base selon Arrhénius

Brönsted et Lowry ne sont pas les premiers chimistes à proposer une théorie pour décrire les propriétés des acides et des bases.

Vers 1887, le chimiste suédois Arrhénius (prix Nobel en 1903) propose déjà des définitions d'un acide et d'une base à partir de sa théorie sur la dissociation des solutés dans l'eau. Il imagine que les acides et les bases hydroxydées libèrent des ions positifs (cations) et négatifs (anions).

Ainsi, les acides se dissocient dans l'eau en libérant un même cation H$^+$:

$$\text{HCl} \xrightarrow{\text{H}_2\text{O}} \text{H}^+ + \text{Cl}^-$$

$$\text{H}_2\text{SO}_4 \xrightarrow{\text{H}_2\text{O}} 2\,\text{H}^+ + \text{SO}_4^{2-}$$

Tandis que les bases se dissocient dans l'eau en libérant un même anion OH$^-$:

$$\text{NaOH} \xrightarrow{\text{H}_2\text{O}} \text{Na}^+ + \text{OH}^-$$

$$\text{Ba(OH)}_2 \xrightarrow{\text{H}_2\text{O}} \text{Ba}^{2+} + 2\,\text{OH}^-$$

Selon Arrhénius, le caractère acide d'une solution peut être neutralisé par le caractère basique d'une autre solution. Les ions H$^+$ présents dans la solution acide se combinent aux ions OH$^-$ présents dans la solution basique pour former des molécules H$_2$O neutres.

Cette **réaction** est dite **de neutralisation** et est représentée par l'équation ionique suivante :

$$\text{H}^+ + \text{OH}^- \longrightarrow \text{H}_2\text{O}$$

De manière plus générale, l'équation de neutralisation est définie comme suit :

$$\text{acide} + \text{base} \longrightarrow \text{sel} + \text{eau}$$

Par exemple, la neutralisation d'une solution d'esprit de sel (HCl) par une solution de soude caustique (NaOH) a pour équation :

$$HCl_{(aq)} + NaOH_{(aq)} \longrightarrow NaCl_{(aq)} + H_2O_{(l)}$$

Elle peut être schématisée comme suit :

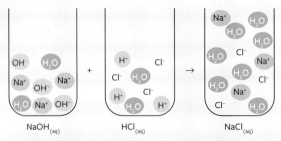

Bien que très féconde pour l'époque, la théorie d'Arrhénius a laissé apparaitre des insuffisances.

Ainsi, les sels, obtenus lors d'une réaction de neutralisation et définis par Arrhénius comme l'autre produit formé en plus de l'eau, **ne sont pas nécessairement « neutres »** d'un point de vue acido-basique. De plus, une réaction de neutralisation n'est pas nécessairement une réaction entre ions H⁺ et ions OH⁻ avec formation de molécules d'eau.

Dans la théorie de Brönsted et Lowry, la réaction entre un acide et une base n'est plus décrite comme une réaction de neutralisation mais comme une réaction de transfert d'un ion H⁺ d'un acide vers une base qui n'est pas nécessairement un ion OH⁻.

⚙ ACTIVITÉS D'APPRENTISSAGE

1 **Selon la théorie de Brönsted :**

    a) un acide est un accepteur d'ion H^+ et une base un donneur d'ion H^+ ;

    b) un acide est un donneur d'ion H^+ et une base un accepteur d'ion H^+ ;

    c) un acide est un donneur ou un accepteur d'ion H^+ selon les cas ;

    d) un acide est un donneur d'ion OH^-.

Choisir la proposition correcte et justifier.

2 **Les deux couples acide-base présents dans l'équation**

$$HCO_3^- + H_2O \rightleftharpoons OH^- + H_2CO_3$$

    sont :

    a) HCO_3^-/H_2O et OH^-/H_2CO_3 ;

    b) OH^-/H_2O et H_2CO_3/CO_3^{2-} ;

    c) H_2O/OH^- et H_2CO_3/HCO_3^- ;

    d) H_2O/OH^- et CO_3^{2-}/H_2CO_3.

Choisir la proposition correcte et justifier.

3 **Soit les espèces chimiques suivantes :**

H_2S, NH_4^+, S^{2-}, OH^-, H_2SO_4, H_3O^+, $CH_3{-}COO^-$, HCl

    a) Rechercher, selon Brönsted, les acides et les bases.

    b) Écrire le couple acide-base correspondant à chacune des espèces chimiques ci-dessus.

4 **Les équations suivantes traduisent des réactions acide-base :**

    a) $HSO_3^- + PO_4^{3-} \rightleftharpoons SO_3^{2-} + HPO_4^{2-}$

    b) $NH_4^+ + H_2O \rightleftharpoons NH_3 + H_3O^+$

    c) $HSO_4^- + S^{2-} \rightleftharpoons SO_4^{2-} + HS^-$

    d) $CO_3^{2-} + H_2O \rightleftharpoons HCO_3^- + OH^-$

Dans chaque équation :

– identifier l'acide et la base de départ ;

– identifier l'acide et la base formés ;

– identifier, à l'aide de flèches, la perte et la capture d'un ion H^+ ;

– écrire les deux couples acide-base présents.

5 **Écrire l'équation traduisant la réaction entre l'acide du premier couple et la base du deuxième couple, pour chacune des paires de couples suivantes :**

    a) H_3O^+/H_2O et NH_4^+/NH_3

    b) HF/F^- et HCO_3^-/CO_3^{2-}

    c) $H_3PO_4/H_2PO_4^-$ et H_2O/OH^-

    d) HCl/Cl^- et NH_4^+/NH_3

    e) HIO_3/IO_3^- et HF/F^-

6 En supposant le transfert d'un seul ion H⁺ entre l'acide et la base, compléter les équations suivantes :

a) $H_2CO_3 + OH^- \rightleftharpoons$

b) $NH_3 + H_2SO_4 \rightleftharpoons$

c) $HSO_4^- + CO_3^{2-} \rightleftharpoons$

d) $CN^- + CH_3—COOH \rightleftharpoons$

7 Un engrais pour rosiers contient des ions nitrate, sulfate, phosphate, ammonium, et potassium.

a) Écrire la formule de chacun de ces ions.

b) Identifier le seul acide parmi les cinq ions cités et écrire l'équation traduisant sa réaction potentielle avec l'eau.

8 Les poissons pêchés contiennent parfois des amines odorantes. Ces molécules sont fragiles, volatiles et peu solubles dans l'eau, ce qui explique les fortes odeurs dégagées dans la cuisine lors de leur préparation.

Une de ces amines, notée $R–NH_2$, est une base dont l'acide conjugué est soluble dans l'eau.

Pour éviter ces fumets tenaces, il y a une solution : ajouter un acide (vinaigre ou jus de citron) au court-bouillon lors de la cuisson.

Proposer une explication chimique à la disparition de l'odeur lorsqu'un peu de vinaigre est ajouté au cours de la cuisson.

9 Un camion déverse accidentellement de l'acide chlorhydrique sur une chaussée. Quel(s) moyens(s) pourra (pourraient) être mis en œuvre par les pompiers pour neutraliser l'acide ?

Des réactions acide-base dans notre quotidien

De nombreuses réactions se déroulent quotidiennement, que ce soit dans notre organisme, lors de la cuisson d'un repas, d'un déplacement en voiture...

Si nous portons peu d'attention à ces réactions, il existe d'autres situations dans lesquelles il peut être important de connaître les réactions chimiques qui s'y déroulent.

Envisageons quelques-unes de ces situations.

L'emploi d'un déboucheur de canalisation

Il arrive que, dans une habitation, une canalisation « se bouche » et que les eaux usées ne puissent plus s'évacuer.

Les particuliers ont souvent recours à des produits commerciaux qui permettent d'éliminer les bouchons souvent d'origine organique (cheveux, papier toilette, lingette en coton, graisse, détritus de cuisine...).

Il existe plusieurs types de déboucheurs selon leur composition chimique :

- les déboucheurs biocompatibles qui ne détruisent pas la flore bactérienne de la fosse septique. Leur composition est généralement d'origine enzymatique ;
- les déboucheurs à base de soude caustique dont la solution est constituée d'hydroxyde de sodium $NaOH$ à forte concentration ;
- les déboucheurs acides souvent constitués d'acide sulfurique H_2SO_4 à forte concentration.

Chaque produit a sa propre efficacité et durée d'action. Ces particularités peuvent être à l'origine d'accidents domestiques.

Ainsi, après avoir versé le contenu d'une bouteille de Destop Instant® dans la canalisation bouchée d'un WC, Monsieur X n'observe pas d'évolution de la situation. Il verse alors le contenu d'un déboucheur acide.

La canalisation bouchée s'échauffe rapidement, la température de la solution atteint 100 °C et des projections bouillantes et corrosives ont lieu.

Monsieur X qui s'était heureusement éloigné ne peut que constater les dégâts dans son WC.

L'analyse de la composition reprise sur les étiquettes des deux produits commerciaux et la lecture des consignes de sécurité auraient permis d'éviter cet accident.

La solution de Destop Instant® est une solution basique d'hydroxyde de sodium qui contient des ions OH⁻.

Le second déboucheur est une solution d'acide sulfurique qui contient des ions H_3O^+.

Lorsque ces deux solutions se sont mélangées dans la canalisation, une réaction acide-base très exothermique a eu lieu selon l'équation :

$$\text{perte de } H^+$$
$$H_3O^+_{(aq)} \; + \; OH^-_{(aq)} \; \rightarrow \; H_2O_{(l)} \; + \; H_2O_{(l)}$$
$$\text{capture de } H^+$$

L'usage de l'esprit de sel

Lorsqu'un nouveau carrelage vient d'être posé, il est recommandé d'enlever, à l'aide d'une solution d'esprit de sel diluée, le fin film de ciment qui s'y dépose après la réalisation des joints.

L'esprit de sel est une solution concentrée d'acide chlorhydrique HCl.

Avant de l'utiliser, il faut lire attentivement, sur l'étiquette, les mesures de précaution à prendre lors de son usage. Il est nécessaire de bien aérer la pièce lors de son utilisation.

L'action de l'acide chlorhydrique sur le film de ciment se traduit par une réaction acide-base.

Les ions hydronium H_3O^+ présents dans la solution d'esprit de sel réagissent avec les composés basiques qui constituent, entre autres, le ciment.

À titre d'exemple, voici l'équation de la réaction entre un des composants du ciment, le sulfate de calcium $CaSO_4$, et les ions H_3O^+ :

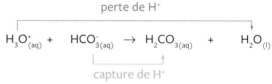

$$\text{perte de } H^+$$
$$H_3O^+_{(aq)} \; + \; (Ca^{2+}SO_4^{2-})_{(s)} \; \rightarrow \; HSO_4^-_{(aq)} + Ca^{2+}_{(aq)} + H_2O_{(l)}$$
$$\text{capture de } H^+$$

Le bicarbonate de soude et les antiacides contre l'acidité et le reflux gastrique

À l'issue d'un repas, certaines personnes sont sujettes à des reflux gastriques. L'acidité du contenu de l'estomac remonte le long de l'œsophage en provoquant une désagréable sensation de brûlure jusque dans la gorge. Pour remédier à cela, elles peuvent boire un verre d'une solution diluée de bicarbonate de soude $NaHCO_3$ pour diminuer l'acidité.

Le bicarbonate de soude ou hydrogénocarbonate de sodium vendu en pharmacie se présente sous forme d'une poudre blanche soluble dans l'eau.

Le bicarbonate se dissocie dans l'eau selon l'équation :

$$NaHCO_{3(s)} \xrightarrow{H_2O} Na^+_{(aq)} + HCO^-_{3(aq)}$$

Les ions HCO_3^- réagissent avec les ions H_3O^+ du reflux gastrique selon l'équation :

$$\text{perte de } H^+$$
$$H_3O^+_{(aq)} + HCO^-_{3(aq)} \; \rightarrow \; H_2CO_{3(aq)} \; + \; H_2O_{(l)}$$
$$\text{capture de } H^+$$

Il existe aussi, pour combattre l'acidité stomacale, des comprimés ou des solutions vendus en pharmacie qui contiennent des hydroxydes.

Ainsi,

- le Maalox® est un antiacide à base d'hydroxydes de magnésium $Mg(OH)_2$ et d'aluminium $Al(OH)_3$;
- le Gaviscon® contient un mélange d'hydroxyde d'aluminium et de bicarbonate de soude ;
- ...

Il existe encore bien d'autres réactions acide-base utilisées dans notre quotidien.

Décrypter les étiquettes pour identifier les acides ou bases présents et écrire l'équation chimique de la réaction ayant lieu lors de différents phénomènes est une démarche qui pourra aider à comprendre, par exemple :

- l'effervescence d'un comprimé dans une solution aqueuse ;
- le chaulage de certaines terres agricoles ;
- le détartrage des cafetières électriques, des bouilloires... ;
- ... • • • • • •

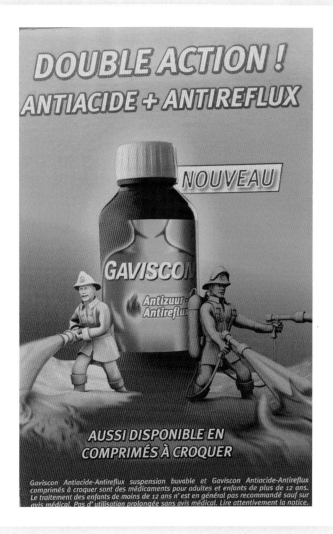

CHAPITRE 4

Réaction d'oxydoréduction

Après l'étude des réactions acide-base avec transfert d'un ion H⁺ d'un acide vers une base, les réactions d'oxydoréduction étudient le transfert d'électron(s) e⁻ d'un réducteur vers un oxydant. ••••••

Ressources et processus à mobiliser

À la fin de ce chapitre, tu seras capable de...

SAVOIRS

définir :

→ oxydation et réduction,

→ oxydant et réducteur,

→ réaction d'oxydoréduction ou rédox,

→ couple oxydoréducteur ou couple rédox.

SAVOIR-FAIRE

écrire, à partir d'observations, des équations traduisant des réactions d'oxydation, de réduction et d'oxydoréduction ou rédox ;

identifier les équations d'oxydation et de réduction ;

identifier l'oxydant et le réducteur parmi les réactifs et les produits ;

repérer et écrire les deux couples à la lecture de l'écriture d'une réaction rédox ;

écrire une équation de réaction rédox à partir de deux couples, en indiquant par des flèches le transfert d'électron(s) ;

écrire et pondérer l'équation d'une réaction ionique rédox entre un métal et un ion métallique.

PROCESSUS

déterminer les espèces chimiques présentes dans une solution à partir des espèces introduites (A).

Après l'étude des réactions de précipitation et acide-base, nous aborderons un 3ᵉ type de réaction : les réactions d'oxydoréduction ou réactions rédox.

L'expression *réaction d'oxydoréduction* englobe *réaction d'oxydation* et *réaction de réduction*.

Autrefois, le terme *oxydation* était réservé aux réactions au cours desquelles de l'oxygène se fixait sur des corps simples ou composés.

Par exemple,

- le ternissement du cuivre à l'air :

$$2\,Cu_{(s)} + O_{2(g)} \rightarrow 2\,CuO_{(s)}$$

- la formation de la « rouille » à l'air :

$$2\,Fe_{(s)} + \frac{3}{2}O_{2(g)} \rightarrow Fe_2O_{3(s)}$$

- la transformation du dioxyde de soufre en trioxyde de soufre, étape intermédaire dans la fabrication de l'acide sulfurique :

$$SO_{2(g)} + \frac{1}{2}O_{2(g)} \rightarrow SO_{3(g)}$$

Quant au terme *réduction*, il désignait des réactions au cours desquelles de l'oxygène était enlevé à des corps composés.

Par exemple,

- l'obtention du fer dans les haut-fourneaux :

$$Fe_2O_{3(s)} + 3\,CO_{(g)} \rightarrow 2\,Fe_{(s)} + 3\,CO_{2(g)}$$

- l'obtention de l'étain pour fabriquer des objets en bronze (alliage de cuivre et d'étain) :

$$SnO_{2(s)} + C_{(s)} \rightarrow Sn_{(s)} + CO_{2(g)}$$

À l'heure actuelle, le terme *oxydation* n'est plus uniquement réservé à des réactions de fixation d'oxygène et le terme *réduction* à des réactions d'enlèvement d'oxygène.

En effet, des réactions d'oxydoréduction ou rédox se rencontrent aussi dans de nombreux phénomènes courants où n'intervient pas le dioxygène :

- la réaction de certains métaux avec l'acide chlorhydrique ;

- la production d'électricité par les piles et les batteries ;

- l'électrolyse de l'eau ;

- la fabrication de bijoux plaqués or ;

- ...

Il est donc nécessaire de se donner un modèle « contemporain » de l'oxydation, de la réduction et d'une réaction rédox.

Réalisons deux expériences dont les résultats nous permettront d'engager notre réflexion sur ces nouvelles notions. • • • • • •

Réaliser la réaction entre du fer Fe et des ions Cu²⁺ et la réaction entre du cuivre Cu et des ions Ag⁺

Expérience n° 1 : réaction du $Fe_{(s)}$ avec $CuCl_{2(aq)}$

Pour ce faire :

- dans un berlin, verser une solution de $CuCl_2$ 0,1 mol.L^{-1} contenant des ions $Cu^{2+}_{(aq)}$ et $Cl^-_{(aq)}$;
- dans cette solution, placer deux grands clous en fer ;
- laisser réagir durant quelques minutes ;
- consigner les observations.

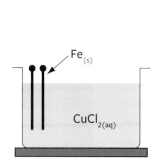

Expérience n° 2 : réaction du $Cu_{(s)}$ avec $AgNO_{3(aq)}$

Pour ce faire :

- plonger un fil de cuivre dans une solution d'$AgNO_3$ environ 0,1 mol.L^{-1} contenant des ions $Ag^+_{(aq)}$ et $NO^-_{3(aq)}$;
- laisser réagir durant quelques minutes ;
- consigner les observations.

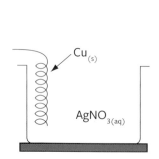

➡ Réaction d'oxydation

• Au cours de la 1ʳᵉ expérience, la solution bleue au départ est devenue verdâtre.

Pour mettre en évidence la nature des ions présents dans la solution verdâtre, le test suivant peut être réalisé : dans un tube à essais contenant 5 mL de NaOH 0,1 mol.L⁻¹, ajouter quelques gouttes de la solution surnageante obtenue lors de la 1ʳᵉ expérience : il apparaît un solide verdâtre.

Le même solide se forme lorsque quelques gouttes de $FeCl_2$ 0,1 mol.L⁻¹ sont ajoutées à 5 mL de NaOH 0,1 mol.L⁻¹.

Nous pouvons en conclure que la solution verdâtre obtenue contient des ions $Fe^{2+}_{(aq)}$.

Lors de cette expérience, des atomes Fe ont donc été transformés en ions Fe^{2+}, mis en évidence par le test d'identification : ce phénomène ne peut se concevoir que par la perte de 2 électrons e⁻ par chaque atome Fe.

Ce phénomène est traduit par l'équation suivante :

$$Fe_{(s)} \rightarrow Fe^{2+}_{(aq)} + 2e^-$$

• Au cours de la 2ᵉ expérience, la solution incolore au départ est devenue bleuâtre.

Cette coloration bleuâtre est caractéristique de la présence d'ions Cu^{2+} en solution.

En effet, tous les sels de cuivre(II) comme $Cu(NO_3)_2$, $CuSO_4$, $CuCl_2$... colorent leur solution aqueuse en bleu.

Lors de cette expérience, des atomes Cu ont donc été transformés en ions Cu^{2+} conférant à la solution une coloration bleuâtre : ce phénomène ne peut se concevoir que par la perte de 2e⁻ par chaque atome Cu.

Ce phénomène est traduit par l'équation suivante :

$$Cu_{(s)} \rightarrow Cu^{2+}_{(aq)} + 2e^-$$

Dans les deux expériences, un réactif a perdu des e⁻ et les chimistes disent maintenant que :

• le $Fe_{(s)}$ a été oxydé en $Fe^{2+}_{(aq)}$;

• le $Cu_{(s)}$ a été oxydé en $Cu^{2+}_{(aq)}$.

> Une **oxydation** est une réaction au cours de laquelle un réactif perd un ou des électrons.

➡ Réaction de réduction

• Lors de la 1ʳᵉ expérience, des ions Cu^{2+} ont été transformés en un dépôt rougeâtre constitué d'atomes Cu ; ce phénomène s'explique par la capture de 2e⁻ par chaque ion Cu^{2+} :

$$Cu^{2+}_{(aq)} + 2e^- \rightarrow Cu_{(s)}$$

• Lors de la 2ᵉ expérience, des ions Ag^+ ont été transformés en cristaux gris-blancs constitués d'atomes Ag ; ce phénomène s'explique par la capture d'un e⁻ par chaque ion Ag^+ :

$$Ag^+_{(aq)} + 1e^- \rightarrow Ag_{(s)}$$

Dans les deux expériences, un réactif a capturé des e⁻ et les chimistes disent que :

• les ions $Cu^{2+}_{(aq)}$ ont été réduits en $Cu_{(s)}$;

• les ions $Ag^+_{(aq)}$ ont été réduits en $Ag_{(s)}$.

> Une **réduction** est une réaction au cours de laquelle un réactif capture un ou des électrons.

Notons qu'au cours des deux expériences, les ions Cl⁻ et NO_3^- n'ont pas réagi : ce sont des ions spectateurs.

➡ Oxydant

• Au cours de la 1ʳᵉ expérience, des ions Cu^{2+} ont capturé chacun 2e⁻ et ont oxydé des atomes Fe.

• Au cours de la 2ᵉ expérience, des ions Ag^+ ont capturé chacun 1e⁻ et ont oxydé des atomes Cu.

Les ions Cu^{2+} et Ag^+ sont des oxydants.

> Le réactif qui capture des e⁻ s'appelle **oxydant**.

 **Réducteur**

- Au cours de la 1re expérience, des atomes Fe ont perdu chacun 2e$^-$ et ont réduit des ions Cu^{2+}.

- Au cours de la 2e expérience, des atomes Cu ont perdu chacun 2e$^-$ et ont réduit des ions Ag$^+$.

Les atomes Fe et Cu sont des réducteurs.

 Le réactif qui perd des e$^-$ s'appelle **réducteur**.

Réaction d'oxydoréduction ou réaction rédox

Au cours de la 1re expérience réalisée, des ions Cu^{2+} ont été réduits en atomes Cu en capturant chacun 2e$^-$. Ces 2e$^-$ proviennent des atomes Fe qui, eux, ont été oxydés en ions Fe^{2+}.

Au cours de la 2e expérience, des ions Ag$^+$ ont été réduits en atomes Ag en capturant chacun 1e$^-$. Cet e$^-$ capturé provient des atomes Cu qui, eux, ont été oxydés en ions Cu^{2+}.

Au cours de chacune de ces deux expériences, il y a eu transfert d'e$^-$ d'un réducteur vers un oxydant.

Au cours de ces deux expériences, il s'est donc passé en même temps et de façon interdépendante une réaction de réduction et une réaction d'oxydation. Le bilan des deux réactions simultanées et interdépendantes porte le nom de réaction d'oxydoréduction ou réaction rédox.

Une **réaction d'oxydoréduction** ou **réaction rédox** est une réaction au cours de laquelle se passent deux phénomènes simultanés et interdépendants : une réaction d'oxydation et une réaction de réduction.

Écriture des équations ioniques de réactions rédox entre un métal et un ion métallique

Pour écrire l'équation globale d'une réaction rédox entre un métal et un ion métallique, il suffit d'additionner membre à membre les termes des deux équations d'oxydation et de réduction.

Il faut veiller à ce que le nombre d'e$^-$ capturés par l'oxydant soit égal au nombre d'e$^-$ perdus par le réducteur, car il ne peut pas y avoir d'e$^-$ libres dans la solution.

Ainsi pour la 1re expérience réalisée, nous écrirons :

	équation d'oxydation :	$Fe_{(s)}$	$\rightarrow$	$Fe^{2+}_{(aq)} + 2e^-$
+	équation de réduction :	$Cu^{2+}_{(aq)} + 2e^-$	$\rightarrow$	$Cu_{(s)}$
=	équation d'oxydoréduction :	$Fe_{(s)} + Cu^{2+}_{(aq)}$	$\rightarrow$	$Fe^{2+}_{(aq)} + Cu_{(s)}$

Ainsi, pour la 2e expérience réalisée, nous écrivons, en multipliant par 2 l'équation de réduction

	équation d'oxydation :	$Cu_{(s)}$	$\rightarrow$	$Cu^{2+}_{(aq)} + 2e^-$
+	équation de réduction :	$(Ag^+_{(aq)} + 1e^-$	$\rightarrow$	$Ag_{(s)}) \times \mathbf{2}$
=	équation d'oxydoréduction :	$Cu_{(s)} + 2Ag^+_{(aq)}$	$\rightarrow$	$Cu^{2+}_{(aq)} + 2Ag_{(s)}$

À titre d'exemples, montrons comment on peut écrire les équations d'oxydation, de réduction et l'équation d'oxydoréduction traduisant les phénomènes décrits ci-dessous.

Pastilles de zinc dans une solution d'HCl

1. Quand on plonge un morceau de zinc Zn dans une solution contenant des ions[1] H^+ (solution d'HCl par exemple), il se dégage du dihydrogène H_2 et il se forme des ions Zn^{2+} :

	équation d'oxydation :	$Zn_{(s)}$	$\rightarrow$	$Zn^{2+}_{(aq)} + 2e^-$
+	équation de réduction :	$2H^+_{(aq)} + 2e^-$	$\rightarrow$	$H_{2(g)}$
=	équation d'oxydoréduction :	$Zn_{(s)} + 2H^+_{(aq)}$	$\rightarrow$	$Zn^{2+}_{(aq)} + H_{2(g)}$

2. Quand on plonge un morceau d'aluminium Al dans une solution contenant des ions Cu^{2+} (solution de $Cu(NO_3)_2$, par exemple), il se forme un dépôt de cuivre Cu et des ions $Al^{3+}_{(aq)}$:

	équation d'oxydation :	$(Al_{(s)}$	$\rightarrow$	$Al^{3+}_{(aq)} + 3e^-) \times \mathbf{2}$
+	équation de réduction :	$(Cu^{2+}_{(aq)} + 2e^-$	$\rightarrow$	$Cu_{(s)}) \times \mathbf{3}$
=	équation d'oxydoréduction :	$2Al_{(s)} + 3Cu^{2+}_{(aq)}$	$\rightarrow$	$2Al^{3+}_{(aq)} + 3Cu_{(s)}$

⇢ Couple oxydoréducteur ou couple rédox

Au cours des deux expériences réalisées précédemment, nous avons observé que, dans certaines conditions :

- l'ion Cu^{2+} est un oxydant : chaque ion capture $2e^-$ au cours de la réaction avec un atome Fe :

$$Cu^{2+}_{(aq)} + 2e^- \rightarrow Cu_{(s)}$$

- l'atome Cu est un réducteur : chaque atome perd $2e^-$ au cours de la réaction avec l'ion Ag^+ :

$$Cu_{(s)} \rightarrow Cu^{2+}_{(aq)} + 2e^-$$

La réaction est donc possible dans les deux sens.

Pour traduire ces deux possibilités, nous écrirons :

$$Cu^{2+}_{(aq)} + 2e^- \rightleftharpoons Cu_{(s)}$$

On dit que :

- Cu est un réducteur conjugué à l'oxydant Cu^{2+} et vice-versa ;
- Cu^{2+} et Cu forment un ensemble « oxydant (Ox) et réducteur (Red) conjugués ».

◉ L'ensemble « oxydant et réducteur conjugués » s'appelle **couple oxydoréducteur** ou **couple rédox** ou **couple Ox/Red**. Cet ensemble s'écrit « Ox/Red ».

Ainsi, dans l'exemple précédent, le couple Ox/Red s'écrit Cu^{2+}/Cu où, par convention, on écrit à gauche du trait oblique l'oxydant et à droite le réducteur.

Au cours des deux expériences réalisées, nous avons montré que :

- Ag^+ est transformé en Ag ;
- Fe est transformé en Fe^{2+}.

Dans d'autres conditions, certaines expériences montreraient que :

- Ag est transformé en Ag^+ ;
- Fe^{2+} est transformé en Fe.

Nous sommes donc en présence de deux nouveaux couples :

$$Fe^{2+}/Fe$$

$$Ag^+/Ag$$

D'une manière générale, en représentant par Ox l'oxydant et par Red le réducteur conjugué, on peut écrire :

$$Ox + ne^- \rightleftharpoons Red$$

où ne^- est le nombre d'e^- mis en jeu au cours de la réaction.

Et puisque la réaction de gauche à droite est une réduction et la réaction de droite à gauche est

---

[1]. Pour alléger l'écriture des équations rédox nous écrirons $H^+_{(aq)}$ au lieu de $H_3O^+_{(aq)}$.

une oxydation, on peut grouper les 4 notions : oxydant, réducteur, oxydation et réduction dans l'écriture :

$$Ox + ne^- \underset{\text{oxydation}}{\overset{\text{réduction}}{\rightleftharpoons}} Red$$

⇒ La réaction rédox : une interaction entre deux couples

Si nous observons l'équation de la première réaction rédox réalisée en début de chapitre :

$$Cu^{2+}_{(aq)} + Fe_{(s)} \rightarrow Cu_{(s)} + Fe^{2+}_{(aq)}$$

nous constatons que les deux réactifs appartiennent aux deux couples Cu^{2+}/Cu et Fe^{2+}/Fe.

Par convention, on attribue le chiffre 1 au couple dont l'**oxydant** est le réactif de la réaction rédox.

Dès lors, nous écrivons :

– couple 1 : Cu^{2+}/Cu

– couple 2 : Fe^{2+}/Fe

Lors de la réaction précédente, l'oxydant Cu^{2+} du couple 1 réagit avec le réducteur Fe du couple 2 pour former l'oxydant Fe^{2+} du couple 2 et le réducteur Cu du couple 1.

Ce qui s'écrit :

$$Cu^{2+}_{(aq)} + Fe_{(s)} \rightarrow Fe^{2+}_{(aq)} + Cu_{(s)}$$
$$Ox_1 \qquad Red_2 \qquad Ox_2 \qquad Red_1$$

Retenons que l'oxydant Ox_1 du couple 1 capture les e^- perdus par le réducteur Red_2 du couple 2 pour se transformer en réducteur Red_1 du couple 1 pendant que le réducteur Red_2 du couple 2 se transforme en oxydant Ox_2 du couple 2.

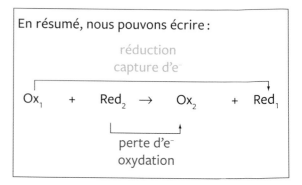

En résumé, nous pouvons écrire :

réduction
capture d'e⁻

$$Ox_1 + Red_2 \rightarrow Ox_2 + Red_1$$

perte d'e⁻
oxydation

⚙ ACTIVITÉS D'APPRENTISSAGE

1 Dans l'équation de la réaction :

$$2\,Cu^+_{(aq)} + Pb_{(s)} \rightarrow 2\,Cu_{(s)} + Pb^{2+}_{(aq)}$$

le plomb Pb :

a) est l'oxydant ;

b) est le réducteur ;

c) subit l'oxydation ;

d) subit la réduction.

Choisir les réponses correctes et justifier.

2 L'équation pondérée d'une réaction rédox est : $Mg_{(s)} + 2\,H^+_{(aq)} \rightarrow Mg^{2+}_{(aq)} + H_{2(g)}$.
Choisir, parmi les couples suivantes, les deux couples Ox/Red qui interviennent dans la réaction et les numéroter :

• Mg/Mg^{2+} ;   • Mg/H^+ ;

• H^+/H_2 ;   • Mg^{2+}/Mg.

3 Soit deux couples Ox/Red : Zn^{2+}/Zn (couple 1) et Li^+/Li (couple 2).
Écrire l'équation rédox pondérée de la réaction entre l'oxydant du couple 1 et le réducteur du couple 2, en indiquant par des flèches la capture et la perte d'e⁻.
Faire de même, pour les couples suivants :

- Ag^+/Ag et Sn^{4+}/Sn^{2+} ;
- H^+/H_2 et Zn^{2+}/Zn ;
- Br_2/Br^- et I_2/I^- ;
- Cl_2/Cl^- et Fe^{3+}/Fe^{2+}.

4 Les équations suivantes traduisent des réactions rédox.

a) $Mg_{(s)} + Cu^{2+}_{(aq)} \rightarrow Mg^{2+}_{(aq)} + Cu_{(s)}$;

b) $2\,Br^-_{(aq)} + Cl_{2(g)} \rightarrow Br_{2(l)} + 2\,Cl^-_{(aq)}$;

c) $Sn^{2+}_{(aq)} + 2\,Fe^{3+}_{(aq)} \rightarrow Sn^{4+}_{(aq)} + 2\,Fe^{2+}_{(aq)}$;

d) $2\,Ti^{2+}_{(aq)} + Co^{2+}_{(aq)} \rightarrow 2\,Ti^{3+}_{(aq)} + Co_{(s)}$;

e) $Sn^{4+}_{(aq)} + Fe_{(s)} \rightarrow Sn^{2+}_{(aq)} + Fe^{2+}_{(aq)}$.

Dans chaque équation :

– identifier l'oxydant et le réducteur parmi les réactifs et les produits ;

– repérer les deux couples rédox et les écrire ;

– écrire les équations d'oxydation et de réduction.

5 Les équations non pondérées suivantes traduisent des réactions rédox :

a) $Mg_{(s)} + Fe^{3+}_{(aq)} \rightarrow Fe^{2+}_{(aq)} + Mg^{2+}_{(aq)}$

b) $Al_{(s)} + Ni^{2+}_{(aq)} \rightarrow Ni_{(s)} + Al^{3+}_{(aq)}$

c) $Cr_{(s)} + Ag^+_{(aq)} \rightarrow Ag_{(s)} + Cr^{3+}_{(aq)}$

Pour chaque réaction :

a) identifier l'oxydant et le réducteur parmi les réactifs ;

b) écrire l'équation d'oxydation et l'équation de réduction ;

c) écrire l'équation rédox pondérée.

6 Écrire les équations d'oxydation, de réduction et d'oxydoréduction traduisant les phénomènes décrits ci-dessous.

a) Une tige d'aluminium (Al) est plongée dans une solution de $NiCl_2$ (source d'ions Ni^{2+}). Il apparaît un dépôt de nickel (Ni) et des ions Al^{3+}.

b) On fait circuler un courant gazeux de Cl_2 dans une solution de NaI (source d'ions I^-). Il apparaît une coloration brune due au diiode I_2 formé et des ions Cl^-.

c) Le zinc (Zn) réagit avec le diiode I_2 pour donner des ions Zn^{2+} et I^-.

7 **L'élément brome est présent dans l'eau de mer sous forme d'ions bromures Br⁻.**
Un procédé économique d'obtention de brome sous forme de dibrome Br₂ liquide volatil est d'oxyder, par un courant de dichlore gazeux Cl₂, l'ion bromure en dibrome liquide.

Écrire l'équation globale de la réaction d'oxydation des ions bromures avec le dichlore gazeux et y indiquer l'oxydant et le réducteur.

Utilisation de réactions d'oxydoréduction

Les « verres photochromes » de lunettes

Il existe sur le marché des lunettes dont les verres s'assombrissent au soleil : en voici le principe.

Ces verres contiennent des ions argent Ag^+ et cuivre Cu^+. Sous l'action de la lumière solaire, les ions Ag^+ sont réduits en argent métallique Ag selon l'équation :

$$Ag^+ + Cu^+ \rightarrow Ag + Cu^{2+}$$

Suite à la formation d'Ag les verres s'assombrissent.

Dès que l'intensité de la lumière diminue, les ions Cu^{2+} oxydent l'argent Ag en ions Ag^+ : les verres s'éclaircissent.

$$Cu^{2+} + Ag \rightarrow Ag^+ + Cu^+$$

Ce processus rédox réversible peut se produire très longtemps, adaptant ainsi l'assombrissement ou non des verres en fonction de la lumière solaire ambiante.

Le nettoyage d'objets en argent oxydés

Lentement, au contact de l'air, l'argent métallique Ag s'oxyde principalement en Ag_2O, solide noirâtre. C'est pourquoi, il est nécessaire de récurer les objets en argent pour leur rendre leur éclat métallique.

Une méthode simple consiste à plonger les objets dans de l'eau chaude salée (50 °C) contenue dans un récipient dont le fond est recouvert d'une feuille de papier aluminium.

Les équations traduisant la réduction des ions Ag^+ de Ag_2O en $Ag_{(s)}$ noir par $Al_{(s)}$ s'écrivent :

oxydation : $\qquad Al_{(s)} \quad \rightarrow \quad Al^{3+}_{(aq)} + 3e^-$

réduction : $\qquad (Ag^+_{(aq)} + 1e^- \rightarrow \quad Ag_{(s)}) \times 3$

oxydoréduction : $Al_{(s)} + 3Ag^+_{(aq)} \rightarrow Al^{3+}_{(aq)} + 3Ag_{(s)}$

Après environ trente minutes, il suffira de brosser légèrement l'argent Ag déposé sur les objets pour qu'ils retrouvent leur éclat métallique. ●●●●●●

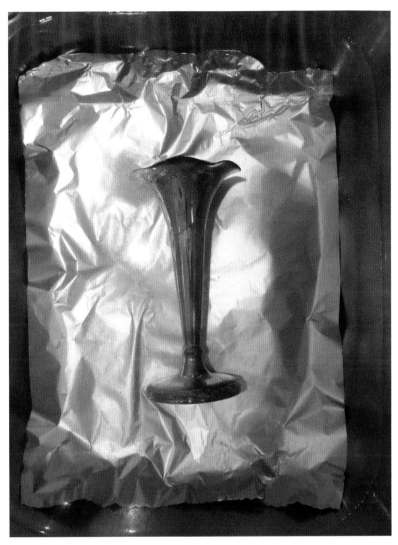

Vase oxydé plongé dans une solution salée
en présence d'une feuille d'aluminium

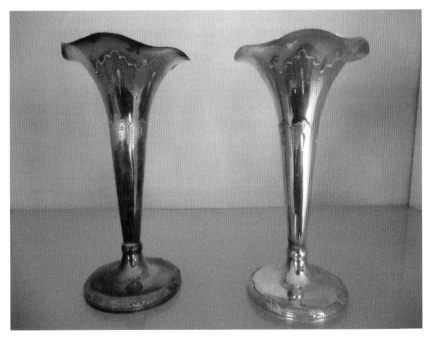

Le vase avant et après le traitement

5 Prévision et écriture des équations ioniques des réactions rédox

Une classification des couples Ox/Red basée sur la force des oxydants et des réducteurs est reprise dans une table des couples Ox/Red.

À partir de cette table, il est possible de prévoir la nature des produits formés au cours de la réaction et d'écrire l'équation ionique pondérée de la réaction rédox. ••••••

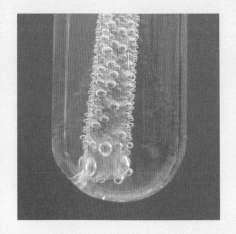

Ressources et processus à mobiliser

À la fin de ce chapitre, tu seras capable de...

SAVOIRS

citer le principe qui permet de prévoir la nature des produits formés au cours d'une réaction rédox.

SAVOIR-FAIRE

interpréter le résultat d'une expérience en vue d'établir un classement de deux couples rédox ;

expliquer « force d'un oxydant » et « force d'un réducteur » ;

lire et utiliser une table des couples Ox/Red en vue de déterminer les forces relatives des oxydants et des réducteurs ;

prévoir, à partir de la table des couples Ox/Red, la réaction de l'oxydant d'un couple avec le réducteur d'un autre couple ;

écrire les équations ioniques de réactions rédox connaissant uniquement les réactifs ;

résoudre un problème stoechiométrique impliquant une réaction rédox.

PROCESSUS

utiliser une table de potentiel de réduction afin de prédire le sens d'évolution d'une réaction chimique (A) ;

déterminer les espèces chimiques présentes dans une solution à partir des espèces introduites (A) ;

interpréter un phénomène de la vie courante, un processus industriel en utilisant sans calcul une table de potentiels de réduction (T) ;

décrire un phénomène de corrosion comme une oxydoréduction (C).

Outre les couples M^{n+}/M que nous avons rencontrés au chapitre précédent, il existe d'autres couples ne faisant pas intervenir un métal M et ses ions M^{n+}.

La manipulation suivante permettra de découvrir deux autres couples Ox/Red et de les classer selon leur tendance à capter un ou plusieurs électrons.

Nous situerons par la suite les couples Ox/Red dans une table et utiliserons cette table pour prévoir et écrire les équations ioniques des réactions rédox. •••••••

Réaliser la réaction des ions MnO_4^- avec des ions Fe^{2+}, en milieu acide

Pour ce faire :

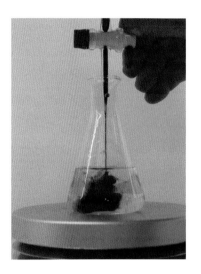

- dans un erlenmeyer de 100 mL, verser environ 10 mL de $FeSO_4$ 0,1 mol.L^{-1} (source d'ions Fe^{2+} et SO_4^{2-}) et 10 mL d'H_2SO_4 2 mol.L^{-1} (source d'ions H^+ et SO_4^{2-}) ;
- à l'aide d'une burette, ajouter petit à petit, une solution de $KMnO_4$ 0,1 mol.L^{-1} (source d'ions K^+ et d'ions MnO_4^- violets) ;
- observer que la solution violette de $KMnO_4$ (source d'ions violets MnO_4^-) se décolore immédiatement au contact de la solution de $FeSO_4$ acidifiée ;
- arrêter l'ajout dès que le $KMnO_4$ ne se décolore plus.

➡ Interprétation de l'expérience

Rappelons d'abord qu'une solution contenant des ions MnO_4^- est violette.

Si la solution se décolore, c'est qu'il y a eu réaction et que des ions MnO_4^- se transforment.

Une analyse du milieu réactionnel montrerait que :

– des ions Mn^{2+} et Fe^{3+} sont apparus dans le milieu ;

– les ions K^+ et SO_4^{2-} n'ont pas subi de transformation : ce sont des ions spectateurs.

Donc, au cours de cette réaction :

– Fe^{2+} a perdu $1e^-$ et s'est oxydé en Fe^{3+}.

L'équation de la réaction d'oxydation s'écrit :

$$Fe^{2+} \rightarrow Fe^{3+} + 1e^-$$

– MnO_4^- s'est transformé en Mn^{2+}.

Cette dernière réaction doit correspondre à une réduction, c'est-à-dire un phénomène où il y a capture d'e^- :

$$MnO_4^- + n\,e^- \rightarrow Mn^{2+}$$

De plus, la capture d'e^- s'est produite en milieu acide caractérisé par la présence d'ions H^+.

Pour traduire la capture d'e^- et la perte d'oxygène par MnO_4^-, tout en tenant compte de l'acidité du milieu, la réaction de réduction s'écrit :

$$MnO_4^- + 8H^+ + 5e^- \rightarrow Mn^{2+} + 4H_2O$$

Nous constatons que dans l'écriture des équations d'oxydation et de réduction, il y a conservation de la matière et conservation des charges.

Les deux couples Ox/Red en présence sont donc les suivants :

– couple 1 : MnO_4^-/Mn^{2+}

– couple 2 : Fe^{3+}/Fe^{2+}

Notons enfin qu'il est possible de montrer expérimentalement que la réaction inverse, c'est-à-dire la réaction entre les ions Mn^{2+} et Fe^{3+}, n'est pas possible.

Par conséquent :

● Fe^{2+} est un **réducteur plus fort** que Mn^{2+} car il a plus tendance à perdre des électrons.

● MnO_4^- est un **oxydant plus fort** que Fe^{3+} car il a plus tendance à gagner des électrons.

En généralisant, nous pouvons conclure que :

> Lors d'une réaction rédox : c'est **le réducteur** (donneur d'e^-) **le plus fort** qui **réagit avec l'oxydant** (accepteur d'e^-) **le plus fort**.

➡ Table des couples Ox / Red

Si les deux couples Fe^{3+}/Fe^{2+} et MnO_4^-/Mn^{2+} sont classés, de bas en haut, par ordre de tendance croissante à subir la réduction, on obtient le tableau suivant :

Couple Ox/Red		Équation de réduction
Force des oxydants	MnO_4^-/Mn^{2+}	$MnO_4^- + 8H^+ + 5e^- \rightarrow Mn^{2+} + 4H_2O$
	Fe^{3+}/Fe^{2+}	$Fe^{3+} + 1e^- \rightarrow Fe^{2+}$

(flèche : Force des réducteurs)

Plus un oxydant est fort, plus le réducteur conjugué est faible et vice-versa.

D'autres expériences permettent de classer de nombreux couples Ox/Red (F_2/F^-, H_2O_2/H_2O, $HClO/Cl_2$, etc.) selon la force de l'oxydant (ou la force du réducteur).

La table en annexe appelée «*table des couples Ox/Red et des valeurs des potentiels standard de réduction*» donne une liste non exhaustive de différents couples Ox/Red classés suivant leur potentiel standard de réduction $E°$.

EXTRAIT de la TABLE

Couple Ox/Red		$E°$ (volt)	Équation de réduction
	F_2/F^-	2,87	$F_2 + 2e^- \rightarrow 2F^-$
	H_2O_2/H_2O	1,78	$H_2O_2 + 2H^+ + 2e^- \rightarrow 2H_2O$
	MnO_4^-/Mn^{2+}	1,49	$MnO_4^- + 8H^+ + 5e^- \rightarrow Mn^{2+} + 4H_2O$
	Ag^+/Ag	0,80	$Ag^+ + 1e^- \rightarrow Ag$
	O_2/H_2O_2	0,68	$O_2 + 2H^+ + 2e^- \rightarrow H_2O_2$
	MnO_4^-/MnO_2	0,58	$MnO_4^- + 2H_2O + 3e^- \rightarrow MnO_2 + 4OH^-$
	Cu^{2+}/Cu	0,34	$Cu^{2+} + 2e^- \rightarrow Cu$
	H^+/H_2	0,00	$2H^+ + 2e^- \rightarrow H_2$
	Fe^{2+}/Fe	−0,44	$Fe^{2+} + 2e^- \rightarrow Fe$
	Zn^{2+}/Zn	−0,76	$Zn^{2+} + 2e^- \rightarrow Zn$
	Na^+/Na	−2,71	$Na^+ + 1e^- \rightarrow Na$
	Li^+/Li	−3,05	$Li^+ + 1e^- \rightarrow Li$

(Colonne de gauche : **Force des oxydants** ↓ ; colonne centrale : **Force des réducteurs** ↓)

Le **potentiel standard de réduction** $E°$ (volt) indiqué dans la colonne centrale de la table mesure la tendance plus ou moins forte d'un oxydant à capter un ou des électrons et donc à se réduire.

Plus la valeur $E°$ d'un couple est élevée, plus l'oxydant Ox de ce couple est fort. Inversement, plus sa valeur est petite, plus l'oxydant Ox est faible.

⇒ Analyse de la table des couples Ox / Red

L'analyse de la table en annexe des couples Ox/Red, nous permet de déduire diverses informations. Chaque couple est numéroté.

- La force des oxydants augmente de bas en haut : F_2 est le meilleur oxydant et Li^+ le moins bon oxydant.

- La force des réducteurs augmente de haut en bas : F^- est le moins bon réducteur et Li le meilleur réducteur.

- Tous les métaux sont réducteurs car ils ne peuvent que donner un ou plusieurs électrons à un oxydant.

- De nombreuses molécules ou ions se retrouvent dans des couples différents où ils jouent soit le rôle d'oxydant, soit le rôle de réducteur.

n°	Couple Ox/Red
4	H_2O_2/H_2O
25	O_2/H_2O_2

n°	Couple Ox/Red
28	Cu^+/Cu
33	Cu^{2+}/Cu^+

- Certains ions comme MnO_4^- appartiennent à différents couples suivant le milieu dans lequel ils se trouvent (acide ou basique) :

n°	Couple Ox/Red
9	MnO_4^-/Mn^{2+} (milieu acide)
26	MnO_4^-/MnO_2 (milieu basique)

- Certains oxydants comme les ions NO_3^- se comportent différemment suivant leur concentration :

n°	Couple Ox/Red
18	NO_3^-/NO (HNO_3 à 30 %)
22	NO_3^-/NO_2 (HNO_3 à 75 %)

Cette table permettra :

– de prévoir la nature des produits formés lors d'une réaction rédox ;

– d'écrire les équations ioniques des réactions rédox.

⮞ Prévision et pondération de l'équation ionique d'une réaction rédox connaissant uniquement les réactifs

Pour prévoir la réaction entre un oxydant d'un couple et un réducteur d'un autre couple, nous appliquerons le principe suivant :

> Lorsque, dans un milieu, plusieurs réactions sont envisageables, c'est, en règle générale, l'oxydant le plus fort qui réagit avec le réducteur le plus fort.

Illustrons ce principe et décrivons la méthode de pondération de la réaction pour les deux exemples suivants.

Exemple 1

Prévision et pondération de l'équation ionique de la réaction des ions MnO_4^- avec les ions Fe^{2+}, en milieu acide.

Étape 1

Repérer dans la table tous les couples qui contiennent les deux réactifs, les inscrire par ordre de forces décroissantes des oxydants.

n^0	Ox	/	Red
9	MnO_4^-	/	Mn^{2+}
24	Fe^{3+}	/	Fe^{2+}
44	Fe^{2+}	/	Fe

Solution de $KMnO_4$ versée dans une solution de $FeSO_4$

Étape 2

D'après le principe énoncé, c'est donc MnO_4^-, l'oxydant le plus fort présent dans la solution de départ, qui va réagir avec Fe^{2+}, réducteur le plus fort.

Le schéma suivant visualise la réaction :

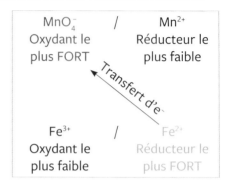

Étape 3

Écrire les équations des réactions de réduction, d'oxydation et d'oxydoréduction pondérées.

- L'ion MnO_4^- est oxydant : il subit la réduction.

  L'équation de cette réaction est écrite dans la table des couples Ox/Red :

  $$MnO_4^- + 8H^+ + 5e^- \rightarrow Mn^{2+} + 4H_2O$$

- L'ion Fe^{2+} est réducteur : il subit l'oxydation.

  Dans le tableau des couples Ox/Red, ne sont écrites que les équations des réactions de réduction.

  Mais lue dans le sens « produit vers réactif », cette réaction est alors une réaction d'oxydation traduite par l'équation :

  $$Fe^{2+} \rightarrow Fe^{3+} + 1e^-$$

- Multiplier les coefficients des deux équations des réactions par un facteur qui assure l'égalité du nombre d'électrons transférés :

  $$MnO_4^- + 8H^+ + 5e^- \rightarrow Mn^{2+} + 4H_2O$$
  $$(Fe^{2+} \rightarrow Fe^{3+} + 1e^-) \times 5$$

- Additionner membre à membre les deux équations et simplifier pour obtenir l'équation ionique globale de la réaction rédox.

oxydation : $5Fe^{2+} \rightarrow 5Fe^{3+} + 5e^-$

réduction : $MnO_4^- + 8H^+ + 5e^- \rightarrow Mn^{2+} + 4H_2O$

oxydo-réduction : $5Fe^{2+} + MnO_4^- + 8H^+ \rightarrow 5Fe^{3+} + Mn^{2+} + 4H_2O$

Exemple 2

 Prévision et pondération de l'équation ionique de la réaction entre les ions NO$_3^-$ et le cuivre

Pour ce faire :

- **sous hotte**, verser une solution d'acide nitrique concentré à 75 % dans un tube à essais ;
- introduire un morceau de fil de cuivre dans cette solution.

Interprétation

La production de vapeurs brunâtres NO$_2$ et l'apparition d'une coloration bleu-vert de la solution (ions Cu^{2+}) sont observées comme le montre la photo ci-dessus.

Étape 1

Les couples en jeu sont :

n^0	Ox	/	Red
22	NO$_3^-$	/	NO$_2$
28	Cu$^+$	/	Cu
31	Cu^{2+}	/	Cu

Étape 2

Nous constatons que le cuivre réducteur peut former soit l'ion Cu$^+$, soit l'ion Cu^{2+}.

Deux réactions d'oxydation sont donc en théorie possibles :

$$Cu \rightarrow Cu^+ + 1e^- \quad (1)$$

$$Cu \rightarrow Cu^{2+} + 2e^- \quad (2)$$

D'après le principe énoncé précédemment, c'est le Cu de l'équation (2) qui devient Cu^{2+} car il est le réducteur le plus fort.

C'est donc la réaction (2) qui a lieu.

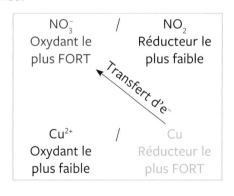

Étape 3

réduction : $2NO_3^- + 4H^+ + 2e^- \rightarrow 2NO_2 + 2H_2O$

oxydation : $Cu \rightarrow Cu^{2+} + 2e^-$

oxydoréduction : $2NO_3^- + 4H^+ + Cu \rightarrow 2NO_2 + 2H_2O + Cu^{2+}$

⇢ Corrosion et protection du fer

Lorsqu'un métal M s'oxyde en ion métallique M^{n+}, il s'agit d'un phénomène de **corrosion métallique**.

La corrosion métallique est d'autant plus facile que le métal est plus réducteur.

Ainsi le fer est facilement oxydable tandis que l'or ne s'oxyde pratiquement pas.

Formation de la rouille

La corrosion du fer se fait en présence d'eau et du dioxygène de l'air.

Le fer se transforme par étapes successives en rouille, mélange d'hydroxydes et d'oxydes de fer.

L'équation traduisant le début de la formation de la rouille s'écrit :

$$O_2 + 2H_2O + 2Fe \rightarrow 2Fe^{2+} + 4OH^-$$

Les ions Fe^{2+} et OH^- forment ensuite l'hydroxyde $Fe(OH)_{2(s)}$.

Ce dernier, en présence de dioxygène, s'oxyde pour former la rouille constituée de $Fe(OH)_3$, $Fe_2O_3.H_2O$ et Fe_3O_4.

Puisque la rouille est perméable à l'air, le phénomène de corrosion se poursuit jusqu'à attaque complète du métal.

Ce phénomène n'a pas lieu pour certains métaux tel l'aluminium.

En effet, une réaction de corrosion superficielle de Al forme une mince couche d'oxyde d'aluminium Al_2O_3 (l'aluminium devient terne).

Cette pellicule résistante et adhérente est imperméable vis-à-vis du dioxygène et de l'eau.

Dans ce cas, le phénomène de corrosion ne peut se poursuivre en profondeur.

Protection du fer par une électrode sacrificielle

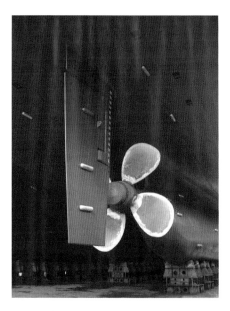

Protection du gouvernail et de la coque d'un bateau par des petites pièces de magnésium réductrices

Pour protéger des conduits enterrés en fer (canalisations, citernes à mazout, etc.) ou en contact avec l'eau de mer (coques de bateaux, etc.), un métal plus réducteur que le fer est fixé sur la pièce à protéger.

Ce métal est du zinc ou encore mieux du magnésium, plus réducteur mais plus cher.

Le magnésium plus réducteur que le fer est préférentiellement oxydé selon la réaction dont l'équation est :

$$Mg \rightarrow Mg^{2+} + 2e^-$$

Les électrons que fournit cette oxydation sont amenés vers l'objet en fer à la surface duquel O_2 est réduit en ions hydroxydes.

Ainsi ce n'est pas le fer qui s'oxyde mais le magnésium.

C'est pourquoi cette pièce métallique est appelée « électrode sacrificielle ».

Évidemment, pour que le processus de protection soit efficace, cette électrode doit être régulièrement remplacée.

1 Un apprenti jardinier place dans un récipient en fer une solution de fongicide à base de sulfate de cuivre (II) $CuSO_4$ (source d'ions Cu^{2+}).

Expliquer pourquoi il aurait été préférable de placer cette solution dans un récipient non métallique.

2 Un jeune enfant voudrait « rajeunir » sa collection de soldats de plomb en les plongeant dans du vinaigre.

Expliquer le risque de cette opération.

3 Une bague en or (Au) est placée dans une solution d'$AgNO_3$ (source d'ions Ag^+).

Y aura-t-il ou non réaction ? Justifier la réponse.

4 Parmi les oxydants suivants : Ca^{2+}, Fe^{2+} et Cu^{2+}, choisir ceux qui réagissent avec l'aluminium (Al).

5 **En utilisant la table des couples Ox/Red en annexe, prévoir la réaction entre les réactifs suivants et écrire l'équation ionique de la réaction :**

a) $Al + I_2$

b) $MnO_2 + I^-$

c) $Cl^- + MnO_4^-$

d) $ClO_3^- + Br^-$

e) $Fe + Pb^{2+}$

f) $BrO_3^- + Sn^{2+}$

g) $S^{2-} + Cr_2O_7^{2-}$

h) $Fe + I_2$

i) $Cu + Cl_2$

6 **Un technicien de laboratoire obtient de l'argent de la façon suivante : il plonge 2,43 g de Mg solide dans un erlenmeyer contenant du HCl en excès et recueille le dihydrogène dégagé dans un second erlenmeyer contenant 200 mL de nitrate d'argent 1 mol.L^{-1}. Sous l'action du gaz, les ions Ag$^+$ se réduisent en argent métallique.**

Calculer la masse d'argent obtenue lors du procédé.

R : m = 21,6 g

Fabrication des circuits imprimés

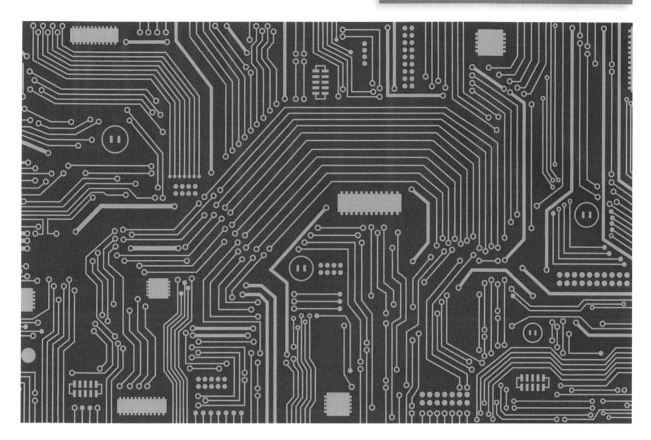

Le circuit « imprimé » fut à la base du développement extraordinaire de l'électronique (ordinateurs, TV...).

Il permet en effet de concentrer sur une plaquette de petite dimension une multitude de circuits électriques qui, anciennement, occupaient beaucoup de place dans l'appareil et demandaient un grand nombre d'heures de travail lors du montage de l'appareil.

Ainsi, les circuits imprimés ont permis la miniaturisation et la baisse de prix de différents appareils.

Pour réaliser un circuit imprimé, on recouvre une plaque de plastique d'une fine lame de cuivre. Un cache est ensuite disposé sur le tracé à imprimer : ce cache protègera le cuivre tout le long du circuit désiré.

La plaquette ainsi préparée est soumise à l'action d'un mélange d'eau oxygénée et d'acide. Aux endroits non protégés par le cache, le cuivre est oxydé et passe en solution. Les réactions traduisant ce phénomène s'écrivent :

En revanche, aux endroits protégés, le cuivre reste intact.

Ainsi, sur le support plastique, il ne reste, après réaction, que le tracé en cuivre similaire à l'allure du cache. • • • • • •

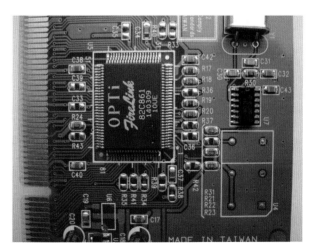

oxydation : $\quad Cu_{(s)} \longrightarrow Cu^{2+}_{(aq)} + 2e^-$

réduction : $\quad H_2O_{2(l)} + 2H^+_{(aq)} + 2e^- \longrightarrow 2H_2O_{(l)}$

oxydoréduction : $Cu_{(s)} + H_2O_{2(l)} + 2H^+_{(aq)} \longrightarrow Cu^{2+}_{(aq)} + 2H_2O_{2(l)}$

6 Les piles

Une pile électrique est le siège d'une réaction d'oxydoréduction.

Le transfert d'électrons d'un réducteur vers un oxydant s'effectue par l'intermédiaire d'un circuit électrique extérieur fermé. ••••••

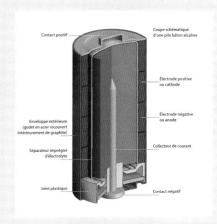

Ressources et processus à mobiliser

À la fin de ce chapitre, tu seras capable de...

SAVOIRS

préciser la transformation d'énergie qui a lieu dans une pile qui débite du courant.

SAVOIR-FAIRE

expliquer le fonctionnement de la pile alcaline à partir d'un schéma.

PROCESSUS

expliquer le fonctionnement d'une pile à partir de la réaction d'oxydoréduction (C).

Une étude de marché réalisé par l'asbl *BEBAT*[1] (*Belgique-Batterie*) révèle que, dans une famille belge moyenne, quelques 115 piles sont présentes dans la maison, y compris les « piles rechargeables » et usagées. Ce nombre élevé est-il crédible ?

En effet, de nombreux appareils domestiques fonctionnent à partir de l'énergie électrique fournies par des piles sans même que l'utilisateur ne s'en rende parfois compte.

Citons par exemple :

– les jouets télécommandés utilisant parfois jusqu'à huit piles par jouet,

– les télécommandes pour téléviseurs, décodeurs, portières de voiture, portes de garage, etc.

– les appareils domestiques comme les balances de ménage, pèse-personnes, thermomètres, etc.

Sans compter les GSM, téléphones portables, tablettes, smartphones, qui contiennent des « piles rechargeables » appelées batteries.

Le mot pile (du latin *pila*, empilement) a été utilisé par le physicien italien A. Volta (1745-1827) qui réalisa pour la première fois un *empilement* de plaques de zinc et de cuivre séparées par des morceaux de feutres imbibés d'une solution saline.

Actuellement, sur le marché, nous utilisons principalement les piles alcalines qui produisent de l'énergie électrique grâce à une réaction d'oxydoréduction. • • • • • •

---

1. Information reprise par *L'Avenir* du 30 octobre 2014.

 La pile de Volta

Le monde des piles a beaucoup évolué depuis la première pile mise au point par A. Volta.

Voici la description que Volta donne de sa pile dans une lettre datée du 20 mars 1800 :

« *L'appareil dont je vous parle (...) n'est qu'un assemblage de bons conducteurs de différentes espèces, arrangés d'une certaine manière.*

Vingt, quarante, soixante pièces de cuivre ou mieux, d'argent, appliquées chacune à une pièce d'étain ou, ce qui est beaucoup mieux, de zinc, et un nombre égal de couches d'eau, ou de quelque autre humeur (liquide) qui soit meilleure conductrice que l'eau simple, comme l'eau salée, la lessive, ou de morceaux de carton (...) bien imbibés de ces humeurs (...) ; une telle suite alternative, et toujours dans le même ordre, de ces trois espèces de conducteurs, voilà tout ce qui constitue mon nouvel instrument. »

(D'après Robert MASSAIN, *Physique et Physiciens*, Magnard, pp. 113-114.)

Cette pile n'était pas pratique car encombrante, utilisant des solutions liquides et fournissant peu de courant.

Il a fallu l'ingéniosité de chercheurs et d'ingénieurs pour progresser lentement vers les piles modernes. C'est un domaine en constante évolution, qui vise à la **miniaturisation**, la **longévité** et l'**efficacité**.

➡ La pile alcaline

La pile alcaline est une variante de la pile Leclanché.

Elle est constituée de l'extérieur vers l'intérieur :

- d'un boîtier en acier (1) qui constitue la borne positive de la pile, ce boîtier étant partiellement recouvert d'un film plastique ;

- de MnO_2 (2), mélangé à du carbone graphite, qui joue le rôle d'**oxydant** ;

- de **zinc** en poudre (3) qui joue le rôle de **réducteur** : le zinc est imbibé de KOH, d'où le nom de « pile alcaline » ;

- d'une membrane poreuse (4) entre le zinc en poudre et le MnO_2 ;

- d'une électrode métallique située au centre de la pile (5) et qui constitue la borne négative.

Un joint isolant (6) sépare la borne négative de la positive.

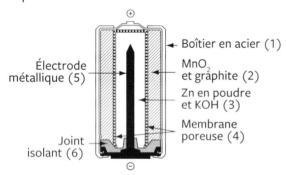

Schéma d'une pile alcaline

Coupe transversale dans une pile alcaline

La **borne négative** d'une pile fournit les électrons qui sont captés à la **borne positive** par l'intermédiaire d'un circuit électrique extérieur fermé.

La **réaction d'oxydation** qui a lieu, en milieu basique, à la borne négative peut se traduire par l'équation :

$$Zn_{(s)} + 2\,OH^-_{(aq)} \rightarrow Zn(OH)_{2(s)} + 2\,e^-$$

La **réaction de réduction** qui a lieu à la borne positive peut se traduire par l'équation :

$$MnO_{2(s)} + 2\,H_2O_{(l)} + 2\,e^- \rightarrow Mn(OH)_{2(s)} + 2\,OH^-_{(aq)}$$

Globalement, la réaction qui se produit lors du fonctionnement de la pile est :

$$Zn_{(s)} + MnO_{2(s)} + 2\,H_2O_{(l)} \rightarrow Zn(OH)_{2(s)} + Mn(OH)_{2(s)}$$

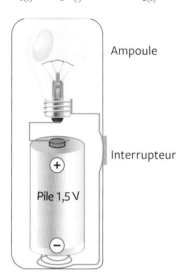

Composition d'une lampe de poche

La pile alcaline se présente sous diverses formes et développe une différence de potentiel d'environ 1,5 V.

Plusieurs éléments peuvent être associés en série pour former la pile « plate » de 4,5 V ou la pile « block » de 9V.

➡ Pile et énergie

Lors du fonctionnement d'une pile, l'énergie libérée au cours de la réaction d'oxydoréduction se manifeste sous la forme d'un courant électrique dans un circuit extérieur.

> Dans une pile qui débite du courant, de l'énergie chimique, présente dans des composés chimiques, est transformée spontanément en énergie électrique.

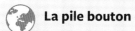 **La pile bouton**

Nous décrirons ici la pile *bouton*, largement utilisée à cause de sa miniaturisation, par exemple dans les montres, calculatrices, pacemakers, appareils auditifs, etc.

La pile « bouton » fonctionne selon le même principe que la pile alcaline, le dioxyde de manganèse étant remplacé par de l'oxyde de mercure ou d'argent.

La figure ci-dessous schématise une coupe transversale d'une pile Ag_2O–Zn.

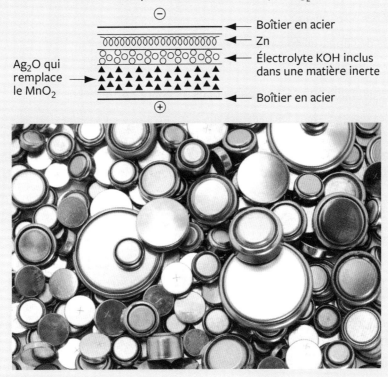

Quand la pile débite du courant, un modèle des réactions qui s'y produisent est :

- à la borne négative :

$$Zn_{(s)} + 2OH^-_{(aq)} \rightarrow Zn(OH)_{2(s)} + 2e^- \quad \text{(oxydation)}$$

- à la borne positive :

$$Ag_2O_{(s)} + H_2O_{(l)} + 2e^- \rightarrow 2Ag_{(s)} + 2OH^-_{(aq)} \quad \text{(réduction)}$$

 Le Pacemaker

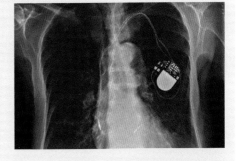

Le premier stimulateur cardiaque appelé pacemaker a été implanté en 1974. Son fonctionnement se base sur une observation faite depuis près de deux siècles par le médecin et physicien italien Luigi Galvani (1737-1798) : la stimulation électrique d'un nerf provoque la contraction du muscle relié. D'où la chirurgie cardiaque consistant à introduire dans le cœur du patient des électrodes reliées à une pile implantée dans le thorax : les impulsions électriques générées par la pile assurent un rythme cardiaque élevé et régularisent le fonctionnement du cœur. Cet appareil est un appareil de haute technologie. Programmable, il est la sentinelle du cœur en écoutant de manière permanente son rythme et en ne délivrant ses impulsions électriques qu'en cas de dérèglement du rythme cardiaque. L'appareil peut aussi stocker des informations à long terme et la programmation peut éventuellement être modifiée en fonction de ces données. Notons enfin que la durée de vie de la pile est de plusieurs années.

1 **Commenter au moins deux des recommandations suivantes relatives aux piles :**

- conserver les piles chargées au sec et au frais ;

- veiller à ce que les pôles des piles mises ensemble ne se touchent pas ;

- ne pas acheter ses piles un an à l'avance ;

- enlever les piles de l'appareil en cas de non-usage prolongé ;

- ne jamais brûler une pile ;

- ne jamais placer une pile non rechargeable dans un chargeur de piles ;

- déposer les piles usagées dans les bacs prévus à cet effet.

2 **L'ingénieur français G. Leclanché (1839-1882) fut le premier, en 1868, à imaginer une pile facilement utilisable. Cette pile porte le nom de *pile Leclanché* ou *pile saline*.**

Bien que meilleure marché à l'achat, la pile Leclanché ne se trouve plus guère dans le commerce parce qu'elle est moins étanche que la pile alcaline et parce que sa durée de vie est plus courte.

Les composants actifs sont les mêmes que ceux de la pile alcaline : le dioxyde de manganèse MnO_2 et le zinc.

Mais du chlorure d'ammonium NH_4Cl remplace le KOH de la pile alcaline. En effet, la pile fonctionne en milieu acide et les ions H^+ proviennent de NH_4^+, un acide selon Brönsted.

- Donner les équations des réactions d'oxydation, de réduction et l'équation globale d'oxydoréduction qui ont lieu lorsque la pile débite du courant électrique.

- Associer le type de réaction aux pôles positif et négatif de la pile.

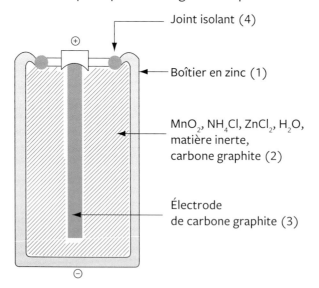

Joint isolant (4)

Boîtier en zinc (1)

MnO_2, NH_4Cl, $ZnCl_2$, H_2O, matière inerte, carbone graphite (2)

Électrode de carbone graphite (3)

L'accumulateur ou « pile rechargeable »

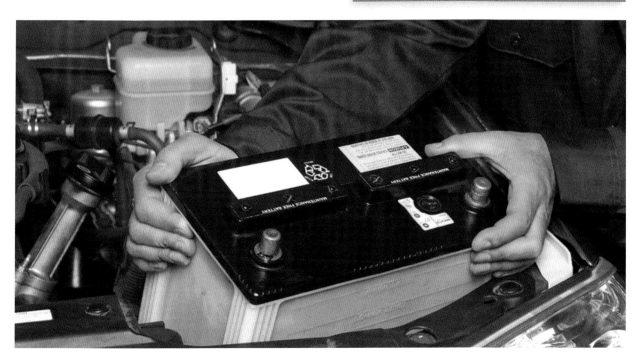

L'**accumulateur** est une « pile rechargeable ». En effet :

- lorsque l'accumulateur débite du courant, de l'énergie chimique se transforme en énergie électrique comme dans une pile ;

- lorsque l'accumulateur est relié à une source de courant, de l'énergie électrique se transforme en énergie chimique.

L'accumulateur est ainsi rechargé et peut à nouveau fournir une énergie électrique.

 Les composés chimiques composant un accumulateur ne sont pas les mêmes que dans les piles.

Il ne faut jamais brancher une pile normale à une source de courant, car elle risque d'exploser.

Quelques types d'accumulateurs

Il existe sur le marché différents types d'accumulateurs.

Citons entre autres :

- l'**accumulateur au plomb**, inventé par G. Planté[1], qui est surtout présent dans les voitures où il est communément appelé « batterie » : ce mot

« batterie » est utilisé parce qu'une série d'accumulateurs la compose ;

- L'**accumulateur Li-ion**, qui est de plus en plus présent dans les appareils portables (GSM, appareils photos, tablettes, etc.).

Accumulateur Li-ion
d'un appareil photo numérique

1. Gaston Planté (1834-1889), physicien français.

Pile ou accumulateur, que choisir ?

Le choix d'un accumulateur s'impose en cas d'usage fréquent. Cependant, il faut savoir que les accumulateurs se déchargent plus rapidement que les piles, même lorsqu'ils ne sont pas sollicités.

C'est pourquoi, l'utilisateur averti utilisera les piles pour l'alimentation électrique d'appareils qui ne fonctionnent qu'occasionnellement, par exemple les lampes de poche…

Par ailleurs, nous avons vu que les piles et les accumulateurs contiennent des composés chimiques toxiques pour l'environnement (zinc, nickel, oxyde de manganèse, hydroxyde de potassium…).

Le geste citoyen est donc d'éliminer les piles et les accumulateurs usagés via des récipients prévus à cet usage et présents dans de nombreuses grandes surfaces et dans les parcs de déchets.

Utilisation des accumulateurs dans les moyens de transport

Depuis de nombreuses années des voitures dites « hybrides » et des voitures « tout électrique » sont en circulation.

- La **voiture hybride** contient un moteur thermique couplé à un moteur électrique. Ce second moteur est alimenté par des batteries, généralement de type Li-Ion, dont la masse atteint près de deux cents kilogrammes.

Les batteries sont alors rechargées lors de l'utilisation du véhicule en mode thermique.

Batterie Li-ion de voiture électrique

- La **voiture « tout électrique »** se meut uniquement au moyen de l'énergie électrique fournie par des batteries. Dans ce cas, des recharges périodiques sont nécessaires à partir d'une source de courant extérieur. ••••••

Annexes

Tables de données

Tab. 1. Table des acides et des bases courants

Hydracides		
HF	acide fluorhydrique	ou fluorure d'hydrogène
HCl	chlorhydrique	chlorure
HBr	bromhydrique	bromure
HI	iodhydrique	iodure
H_2S	sulfhydrique	sulfure
HCN	cyanhydrique	cyanure

Oxacides		
H_2SiO_3	acide silicique	ou silicate d'hydrogène
H_3BO_3	borique	borate
H_2CO_3	carbonique	carbonate
HNO_2	nitreux	nitrite
HNO_3	nitrique	nitrate
H_3PO_4	phosphorique	phosphate
H_2SO_3	sulfureux	sulfite
H_2SO_4	sulfurique	sulfate
HClO	hypochloreux	hypochlorite
$HClO_2$	chloreux	chlorite
$HClO_3$	chlorique	chlorate
$HClO_4$	perchlorique	perchlorate
$HBrO_3$	bromique	bromate
HIO_3	iodique	iodate

Bases hydroxydées	
NaOH	hydroxyde de sodium (soude caustique)
KOH	potassium (potasse caustique)
$Ca(OH)_2$	calcium (chaux éteinte)
$Ba(OH)_2$	baryum
$Mg(OH)_2$	magnésium

Base non hydroxydée	
NH_3	ammoniac

Tab. 2. Table des principaux cations

Ion	Nom systématique
Al^{3+}	ion aluminium
Ag^+	argent
Ba^{2+}	baryum
Ca^{2+}	calcium
Cd^{2+}	cadmium
Co^{2+}	cobalt (II)
Cr^{3+}	chrome (III)
Cu^+	cuivre (I)
Cu^{2+}	cuivre (II)
Fe^{2+}	fer (II)
Fe^{3+}	fer (III)

Ion	Nom systématique
K^+	ion potassium
Li^+	lithium
Mg^{2+}	magnésium
Mn^{2+}	manganèse (II)
Na^+	sodium
NH_4^+	ammonium
Ni^{2+}	nickel
Pb^{2+}	plomb (II)
Sn^{2+}	étain (II)
Sn^{4+}	étain (IV)
Zn^{2+}	zinc

Tab. 3. Table des principaux anions

Ion	Nom systématique
Br^-	ion bromure
BrO_3^-	bromate
Cl^-	chlorure
ClO^-	hypochlorite
ClO_2^-	chlorite
ClO_3^-	chlorate
ClO_4^-	perchlorate
CO_3^{2-}	carbonate
$Cr_2O_7^{2-}$	dichromate
F^-	fluorure
HCO_3^-	hydrogénocarbonate

Ion	Nom systématique
I^-	ion iodure
IO_3^-	iodate
MnO_4^-	permanganate
NO_2^-	nitrite
NO_3^-	nitrate
OH^-	hydroxyde
PO_4^{3-}	phosphate
S^{2-}	sulfure
SCN^-	thiocyanate
SO_3^{2-}	sulfite
SO_4^{2-}	sulfate

Tableau qualitatif de la solubilité dans l'eau (à 25 °C) de quelques sels et hydroxydes

Anions / Cations		NH_4^+	Li^+	Na^+	K^+	Mg^{2+}	Ca^{2+}	Ba^{2+}	Al^{3+}	Cu^{2+}	Fe^{2+}	Fe^{3+}	Ni^{2+}	Zn^{2+}	Hg^{2+}	Ag^+	Sn^{2+}	Pb^{2+}
Acétate	$CH_3{-}COO^-$	○	○	○	○	○	○	○	○	○	○	○	—	○	○	●	—	○
Nitrate	NO_3^-	○	○	○	○	○	○	○	○	○	○	○	○	○	○	○	○	○
Chlorure	Cl^-	○	○	○	○	○	○	○	○	○	○	○	○	○	○	●	○	●
Bromure	Br^-	○	○	○	○	○	○	○	○	○	○	○	○	○	●	●	○	●
Iodure	I^-	○	○	○	○	○	○	○	○	○	○	—	○	○	●	●	○	●
Sulfate	SO_4^{2-}	○	○	○	○	○	●	●	○	○	○	○	○	○	—	○	○	●
Sulfite	SO_3^{2-}	○	○	○	○	●	●	●	—	—	●	—	—	●	●	●	—	●
Sulfure	S^{2-}	○	○	○	○	—	—	—	—	●	●	—	●	●	●	●	●	●
Carbonate	CO_3^{2-}	○	●	○	○	●	●	●	—	—	●	—	●	●	—	●	—	●
Hydroxyde	OH^-	○	○	○	○	●	●	○	●	●	●	●	●	●	●	—	●	●
Phosphate	PO_4^{3-}	○	○	○	○	●	●	●	●	●	●	●	●	●	●	●	—	●
Chromate	CrO_4^{2-}	○	○	○	○	○	○	●	—	—	—	—	●	●	●	●	—	●

○ = soluble   ● = insoluble (peu soluble)   — = n'existe pas ou se décompose dans l'eau

Table des couples Ox/Red et des valeurs des potentiels standard de réduction E^0 (en volts) à 25 °C et 1013 millibars

N°	Couple Ox/Red	E^0 (volts)	Équation de réduction
1	F_2/F^-	2,87	$F_2 + 2e^- \rightarrow 2F^-$
2	$S_2O_8^{2-}/SO_4^{2-}$	2,01	$S_2O_8^{2-} + 2e^- \rightarrow 2SO_4^{2-}$
3	Co^{3+}/Co^{2+}	1,84	$Co^{3+} + e^- \rightarrow Co^{2+}$
4	H_2O_2/H_2O	1,78	$H_2O_2 + 2H^+ + 2e^- \rightarrow 2H_2O$
5	$HClO/Cl_2$	1,63	$2HClO + 2H^+ + 2e^- \rightarrow Cl_2 + 2H_2O$
6	$HBrO/Br_2$	1,60	$2HBrO + 2H^+ + 2e^- \rightarrow Br_2 + 2H_2O$
7	BrO_3^-/Br_2	1,52	$BrO_3^- + 6H^+ + 5e^- \rightarrow \frac{1}{2}Br_2 + 3H_2O$
8	Au^{3+}/Au	1,50	$Au^{3+} + 3e^- \rightarrow Au$
9	MnO_4^-/Mn^{2+}	1,49	$MnO_4^- + 8H^+ + 5e^- \rightarrow Mn^{2+} + 4H_2O$
10	ClO_3^-/Cl_2	1,49	$ClO_3^- + 6H^+ + 5e^- \rightarrow \frac{1}{2}Cl_2 + 3H_2O$
11	PbO_2/Pb^{2+}	1,46	$PbO_2 + 4H^+ + 2e^- \rightarrow Pb^{2+} + 2H_2O$
12	Cl_2/Cl^-	1,36	$Cl_2 + 2e^- \rightarrow 2Cl^-$
13	$Cr_2O_7^{2-}/Cr^{3+}$	1,33	$Cr_2O_7^{2-} + 14H^+ + 6e^- \rightarrow 2Cr^{3+} + 7H_2O$
14	O_2/H_2O	1,23	$O_2 + 4H^+ + 4e^- \rightarrow 2H_2O$
15	MnO_2/Mn^{2+}	1,21	$MnO_2 + 4H^+ + 2e^- \rightarrow Mn^{2+} + 2H_2O$
16	IO_3^-/I_2	1,19	$IO_3^- + 6H^+ + 5e^- \rightarrow \frac{1}{2}I_2 + 3H_2O$
17	Br_2/Br^-	1,07	$Br_2 + 2e^- \rightarrow 2Br^-$
18	NO_3^-/NO (HNO$_3$ à 30 %)	0,96	$NO_3^- + 4H^+ + 3e^- \rightarrow NO + 2H_2O$
19	NO_3^-/HNO_2 (HNO$_3$ à 50 %)	0,94	$NO_3^- + 3H^+ + 2e^- \rightarrow HNO_2 + H_2O$
20	ClO^-/Cl^-	0,90	$ClO^- + 2H^+ + 2e^- \rightarrow Cl^- + H_2O$
21	Hg^{2+}/Hg	0,85	$Hg^{2+} + 2e^- \rightarrow Hg$
22	NO_3^-/NO_2 (HNO$_3$ à 75 %)	0,81	$2NO_3^- + 4H^+ + 2e^- \rightarrow 2NO_2 + 2H_2O$
23	Ag^+/Ag	0,80	$Ag^+ + e^- \rightarrow Ag$

24	Fe^{3+}/Fe^{2+}	0,77	$Fe^{3+} + e^- \rightarrow Fe^{2+}$
25	O_2/H_2O_2	0,68	$O_2 + 2H^+ + 2e^- \rightarrow H_2O_2$
26	MnO_4^-/MnO_2	0,58	$MnO_4^- + 2H_2O + 3e^- \rightarrow MnO_2 + 4OH^-$
27	I_2/I^-	0,54	$I_2 + 2e^- \rightarrow 2I^-$
28	Cu^+/Cu	0,52	$Cu^+ + e^- \rightarrow Cu$
29	H_2SO_3/S	0,45	$H_2SO_3 + 4H^+ + 4e^- \rightarrow S + 3H_2O$
30	O_2/OH^-	0,40	$O_2 + 2H_2O + 4e^- \rightarrow 4OH^-$
31	Cu^{2+}/Cu	0,34	$Cu^{2+} + 2e^- \rightarrow Cu$
32	SO_4^{2-}/H_2SO_3	0,17	$SO_4^{2-} + 4H^+ + 2e^- \rightarrow H_2SO_3 + H_2O$
33	Cu^{2+}/Cu^+	0,16	$Cu^{2+} + 1e^- \rightarrow Cu^+$
34	Sn^{4+}/Sn^{2+}	0,15	$Sn^{4+} + 2e^- \rightarrow Sn^{2+}$
35	S/H_2S	0,14	$S + 2H^+ + 2e^- \rightarrow H_2S$
36	$S_4O_6^{2-}/S_2O_3^{2-}$	0,09	$S_4O_6^{2-} + 2e^- \rightarrow 2S_2O_3^{2-}$
37	H^+/H_2	0,00	$2H^+ + 2e^- \rightarrow H_2$
38	Fe^{3+}/Fe	−0,04	$Fe^{3+} + 3e^- \rightarrow Fe$
39	CrO_4^{2-}/Cr^{3+}	−0,12	$CrO_4^{2-} + 4H_2O + 3e^- \rightarrow Cr^{3+} + 8OH^-$
40	Pb^{2+}/Pb	−0,13	$Pb^{2+} + 2e^- \rightarrow Pb$
41	Sn^{2+}/Sn	−0,14	$Sn^{2+} + 2e^- \rightarrow Sn$
42	Ni^{2+}/Ni	−0,23	$Ni^{2+} + 2e^- \rightarrow Ni$
43	Cd^{2+}/Cd	−0,40	$Cd^{2+} + 2e^- \rightarrow Cd$
44	Cr^{3+}/Cr^{2+}	−0,42	$Cr^{3+} + 1e^- \rightarrow Cr^{2+}$
45	Fe^{2+}/Fe	−0,44	$Fe^{2+} + 2e^- \rightarrow Fe$
46	S/S^{2-}	−0,48	$S + 2e^- \rightarrow S^{2-}$
47	Cr^{3+}/Cr	−0,74	$Cr^{3+} + 3e^- \rightarrow Cr$
48	Zn^{2+}/Zn	−0,76	$Zn^{2+} + 2e^- \rightarrow Zn$
49	H_2O/H_2	−0,83	$2H_2O + 2e^- \rightarrow H_2 + 2OH^-$
50	Al^{3+}/Al	−1,71	$Al^{3+} + 3e^- \rightarrow Al$
51	Mg^{2+}/Mg	−2,37	$Mg^{2+} + 2e^- \rightarrow Mg$
52	Na^+/Na	−2,71	$Na^+ + 1e^- \rightarrow Na$
53	Ca^{2+}/Ca	−2,76	$Ca^{2+} + 2e^- \rightarrow Ca$
54	Ba^{2+}/Ba	−2,90	$Ba^{2+} + 2e^- \rightarrow Ba$
55	K^+/K	−2,92	$K^+ + 1e^- \rightarrow K$
56	Li^+/Li	−3,05	$Li^+ + 1e^- \rightarrow Li$

Liste des réactifs utilisés lors des expériences décrites dans ce manuel

Liste des réactifs avec code(s) correspondant aux pictogrammes de danger

Les réactifs ayant un * dans la colonne usage ne peuvent pas être manipulés par les élèves.

Réactif	Usage	Code
H_2O déminéralisée		
$AgNO_{3(s)}$	*	3–5–9
$Ba(NO_3)_{2(s)}$		3–7
$Ca(OH)_{2(s)}$		5–7
$CaSO_{4(s)}$		
Cl_2 (à préparer sur place)	*	3–4–6–8
Cu		
$CuCl_{2(s)}$		7–9
$CuSO_{4(s)}$		7–9
Fe		
$Fe(NO_3)_{3(s)}$		3–7
$FeSO_{4(s)}$		7
HCl (< 25%)		5–7
HNO_3 (> 65%)	*	3–5
H_2SO_4 (< 15%)		5–7

Réactif	Usage	Code
$KMnO_{4(s)}$		3–7–9
Mg		2
Na	*	2–5
NaCl		
$NaClO_{(aq)}$ (eau de Javel) (< 10%)		
$NaOH_{(s)}$		5
$NH_4SCN_{(s)}$		7
$NH_{3(aq)}$ (ammoniaque) (< 25%)		5–7
Acide adipique (dans heptane)		2–7–8–9
Hexaméthylène diamine		5–7
CH_4 (gaz naturel)		2
Saccharose (sucre fin)		
Vinaigre		

Codes correspondant aux pictogrammes de danger[1]

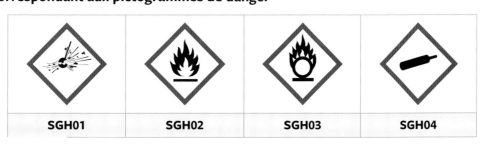

SGH01	SGH02	SGH03	SGH04

SGH05	SGH06	SGH07	SGH08	SGH09

---

1. Renseignements obtenus sur le site www.inrs.fr.

INDEX

TABLE DES MATIÈRES